KB141577

대한민국 대전환을 위한
혁신 아젠다 1

대한민국 대전환을 위한
혁신 아젠다 1

1판 1쇄 인쇄 2024년 4월 19일
1판 1쇄 발행 2024년 4월 26일

지은이 이창현·송재도·이병헌·이상호·백선희·이동연·이백순·정경영·정성장·최정묵

펴낸이 최준석
펴낸곳 푸른나무출판(주)
주소 경기도 고양시 일산서구 강선로 49, 404호
전화 031-927-9279 **팩스** 02-2179-8103
출판신고번호 제2019-000061호 **신고일자** 2004년 4월 21일

ISBN 979-11-92853-05-5 03300

책값은 뒤표지에 있습니다.
잘못 만들어진 책은 구입하신 서점에서 교환해 드립니다.

분야별 전문가들이 한국의 구조적 위기를 진단하고 혁신의 청사진을 제시한다

대한민국 대전환을 위한
혁신 아젠다 1

이창현
송재도
이병헌
이상호
백선희
이동연
이백순
정경영
정성장
최정묵

지음

대한민국의 대전환, 어떻게 해야 하는가?

이창현 국민대학교 교수, 대전환포럼 기획위원장

대한민국은 다중적 위기 속에 고통받고 있습니다. 이것은 몇 가지 현상적인 위기를 극복하면 해결되는 것이 아니라 대한민국의 구조적 위기를 해결해야 합니다. 더구나 윤석열 정부에 들어서면서 국민의 표현의 자유는 억압되고 공영 방송의 파괴가 진행돼 민주주의가 퇴행하고 있다는 지적도 많습니다.

대전환기의 구조적 위기를 극복하고 국민이 행복한 선진 국가의 길로 나아갈 것인지, 아니면 혼돈과 퇴행을 거듭하다가 갈등과 침체의 늪에 빠져 민주주의에 대한 희망이 사라진 나라로 추락할 것인지 고민이 있습니다. 단순히 총선의 승리를 넘어 새로운 공화국을 만든다는 자세로 대한민국 대전환의 청사진을 마련해야 하는 이유입니다.

다중 위기에 빠진 대한민국

우리는 일제 식민지와 6·25전쟁의 폐허를 딛고 단기간에 압축 성장을 이뤄냈습니다. 그리고 1970년대 경제발전계획에 따라 산업화와 1980년대 독재 타도를 외치면서 이뤄낸 민주화라는 쉽지 않은 과제를 동시에 실현하고, 특유의 역동성과 우수한 인적 자원을 바탕으로 경제는 물론 문화적으로도 글로벌 강국의 위치에 자리하고 있습니다. 글로벌하게 확산하고 있는 한류에 전 세계인이 열광하고 있으며 한국인도 자부심이 대단합니다.

압축적 경제 발전과 신자유주의 세계화의 여파는 외형적 성장에도 불구하고 사회·경제적 양극화를 심화시켰습니다. 1인당 GDP가 3만 달러를 넘어섰지만, 노인 빈곤과 자살률은 세계 최악입니다. 저출산에 따른 국가 소멸 위기, 자산과 산업 인프라의 수도권 집중에 따른 지방 소멸 위기를 해결하지 못하고 있습니다. 이러한 상황에서 글로벌 정치·경제 구조가 급변하고 있습니다.

미·중 패권 경쟁으로 새로운 국제 질서가 형성돼가고 있으며, 남북 관계는 일촉즉발의 위기 상황으로 치닫는 중입니다. AI 등 과학 기술 혁명과 기후 위기 등이 불러온 새로운 변화의 파고도 거칠게 밀려오고 있습니다. 그리고 러시아−우크라이나 전쟁, 하마스−이스라엘 충돌로 상징되는 국가 간 분쟁에 따라 탈냉전 이후 세계 질서가 재편될 조짐입니다.

입틀막과 공영 방송 파괴의 현실과 민주주의의 퇴행

대한민국은 민주주의의 기본이 되는 표현의 자유와 공영 방송 파괴의 위기를 겪고 있습니다. 국민 모두가 '입을 틀어 막는다(입틀

막)'로 상징되는 표현의 자유 억압을 경험하고 있으며 KBS, MBC, EBS 등 공영 방송 파괴를 심각하게 판단하고 있습니다. 표현의 자유 억압과 공영 방송 파괴가 민주주의 퇴행의 핵심 요소이기 때문입니다.

그러나 표현의 자유와 공영 방송 파괴 이슈마저도 정쟁의 이슈가 돼 있으며, 정파적인 관점으로 국민의 표현의 자유 억압과 공영 방송 파괴를 바라보고 있기에 심각한 갈등만 노출될 뿐 언론 문제를 제대로 풀어내지 못하고 있습니다.

현재 윤석열 정부는 방송통신위원회를 장악해 방송통신장악위원회로 만들었고, 방송통신심의위원회를 방송통신검열위원회로 전락시켰다는 비판을 받고 있습니다. 방송통신위원회는 5인 합의제 행정 기구임에도 불구하고 대통령 추천 2인만으로 파행 운영하면서 KBS 이사회, 방송문화진흥회 이사진의 해임을 의결하고, YTN의 공적 지분을 매각하는 등 공영 방송 파괴 행위를 자행하고 있습니다.

방송통신심의위원회 또한 야당 측 추천 위원을 임명하지 않고, 류희림 위원장이 민원 사주 등 불법적 행위를 방치하는 상황에서 정치적 심의를 지속하고 있습니다. 방송통신위원회와 방송통신심의위원회의 정치적 예속은 민주주의 퇴행을 초래합니다.

양당 체제의 극복과 정치의 대전환

대한민국의 대전환은 '정치의 대전환'으로 시작해야 합니다. 비전과 정책, 이를 실행할 제도적 기반을 만들기 위해 국민과 소통하고 설득할 힘과 책임이 정치권에 있기 때문입니다.

하지만 지금 우리 정치는 기존의 국가적 난제를 해결할 능력을 보여주지 못하고, 새로운 국가 비전의 설정과 급변하는 국제 질서에 대응하는 역할 모두에서 국민의 신뢰를 잃고 있습니다. 갈등을 반복하는 거대 양당 체제는 대한민국을 위한 '담대한 진보'를 만들기는커녕 '거대한 후퇴'로 만들고 있습니다.

정치의 대전환은 '적대적 양당 정치'를 넘어서는 정치의 새로운 품격과 문화 형성으로부터 시작해야 합니다. 상대의 실패에 기대기보다 국가적 난제 해결 능력을 경쟁하는 '진짜 정치'의 회복을 위한 다당제 연합 정치를 실현해야 합니다. 양당의 권력 독점을 견제하고 국민 참여를 강화해 민주주의를 진전시키는 제도 개선이 필수적입니다. 총선 이후에 새로운 대한민국 대전환의 계기를 마련해야 합니다.

22대 총선과 시대정신

22대 총선은 우리 정치를 크게 혁신하는 계기로 만들고 이를 바탕으로 위기의 대한민국을 대전환하는 출발점으로 삼아야 합니다. 그러려면 윤석열 정부에 대한 객관적인 평가를 기반으로 혁신의 방향을 모색해야 합니다. 대전환포럼에서 2023년 정책 전문가를 대상으로 한 조사에서는 윤석열 정부를 4無 정부라고 정의했습니다. 4無 정부는 '무책임, 무능력, 무개념, 무대포'라는 의미입니다.

즉 이번 총선은 대진환기 다중적인 위기에 처해 있는 대한민국을 더 심각한 위기로 몰아넣고 있는 윤석열 정부에 대한 냉엄한 심판이 되어야 합니다. 윤석열 정부는 선출되지 않은 권력인 검찰을 앞세워 1987년 체제의 최후 보루라 할 수 있는 민주주의 기본 질서마저 위협하는 상황입니다. 그러므로 이번 총선은 대한민국을 총체적 위기로 몰아가는 윤석열 정부의 폭주에 제동을 거는 결정적 계기가 돼야 합니다.

이번 총선을 통해 퇴행적 양당 권력을 양산하는 정치 구조를 바꿔야 합니다. 그간 개혁적 소수 정당과 시민 사회, 지식인 그룹이 정치 개혁 논의에서 연동형 비례대표제를 유지하고, 이 제도 도입의 본질적 취지인 다당제와 연합 정치를 정착해야 한다는 요구가 부분적으로 반영된 이번 선거 제도는 다당제 정치의 출발선에 서게 될 것입니다.

여기서 더 나아가 민주진보개혁 진영이 대통령선거 결선투표제나 원내교섭단체 요건 완화, 비례 의석 확대를 통한 온전한 연동형 비례 제도의 정착 등 정치 개혁 과제에 합의해 나간다면 정치 대전환을 향한 더 큰 진전이 가능할 것입니다.

22대 총선의 결과를 바탕으로 대한민국 대전환을 위한 비전과 정책, 그리고 이를 실행하는 데 필요한 국민적 합의를 형성해가야 합니다. 윤석열 정부의 폭주에 제동을 걸고, 정치의 회복을 위한 정치 개혁의 흐름을 만드는 이유는 궁극적으로 대한민국의 대전환을 이끌어가고자 함입니다.

정치는 시대정신을 읽어내고 가치와 비전에 근거한 구체 정책 프로그램의 개발과 실행을 통해 국민을 행복하게 하는 공공 서비스

입니다. 이번 총선에서 각 당이 상대방에 대한 혐오 조장이나 인기 영합적이고 단편적인 공약 소비를 넘어서 대한민국이 해결하지 못하고 있는 국가적 난제에 대한 솔루션 경쟁을 하고, 급변하는 세계 질서에 가장 효과적으로 대응할 수 있는 전략적 구상에 관한 경쟁을 하는 정치를 보여줬으면 합니다.

7개 분야의 정책 과제

많은 정책 중에서 우선 7개의 정책에 대한 구체적 제안을 담아 봤습니다. 정책 제안이 동일한 추상 수준과 형식으로 맞추려고 하지 않았습니다. 아젠다에 따라 다소 포괄적이고 종합적인 정책이 집약된 제안도 있지만, 특정한 정책 수단이 문제 해결의 핵심이라고 판단되는 경우는 이를 하나의 정책 제안으로 배치하기도 했습니다.

1장은 송재도 전남대학교 교수의 '에너지 전환을 통한 혁신·선도 국가로의 이행'입니다. 이 글에서는 "에너지 전환의 과정은 그 자체로 인류가 지향해야 할 가치를 반영하지만 변화하는 국제 환경하에서 우리가 경쟁력을 유지하기 위한 생존의 방식"이라고 주장하며, "에너지 전환을 중심으로 우리 기업들이 과감히 기존 한계를 극복하고 새로운 패러다임이 제공하는 기회의 창을 활용할 수 있도록 정부 정책이 변화해야 한다"고 주장합니다.

2장은 이병헌 광운대학교 교수의 '산업 전환과 중소기업의 공정 성장'입니다. 디지털 전환과 에너지 전환 두 축으로 전개되는 산업 전환 과정에서 "우리 경제를 스타트업, 중소벤처기업 중심으로 재편하는 계기로 활용해야 하며, 그 과정에서 소상공인과 자영업자의 생존과 성장 공간을 확보할 수 있도록 제도적 인프라를 확충해야 한다"고 밝히고 있습니다.

3장은 이상호 한국폴리텍2대학 학장의 '저출산·고령화 등 인구 구조 변화에 대응하는 고용 노동 정책'입니다. 이상호 학장은 "초고령 사회에 대응하는 포용적 전 국민 고용 안전망을 구축해야 하고, 이를 통해 일하고자 하는 모든 중장년과 고령자에게 고용기회를 보장해야 하고 워킹맘, 청년과 외국 인력 등 취약 계층의 노동 시장 참여를 제고시켜야 한다"고 밝히고 있습니다.

4장은 백선희 서울신학대학교 교수의 '저출산 사회의 해법, 육아친화 사회로의 전환'입니다. 백선희 교수는 "육아 친화적 사회 정책으로의 저출산 대응 패러다임 전환을 통해 아동과 육아하는 사람들이 행복하고, 우리 사회 모두가 행복한 사회가 돼야 한다. 육아친화 사회가 지속 가능 사회를 만들어야 한다"고 주장합니다.

5장은 이동연 한국예술종합학교 교수의 '문화에서 문명으로'입니다. 이동연 교수는 문화의 대전환은 일국의 문화 혁신을 넘어 전 지구적 문명 전환의 관점에서 살펴봐야 한다고 전제하면서 "21세기 문화 국가론 역시 탈신민적 문화 민족주의를 상상하기보다는 차이와 공존을 위한 문화의 다양성의 가치를 중시해 모두가 차별받지 않고 행복한 사회를 만드는 일에 관심을 가져야 한다"고 밝히고 있습니다.

6장은 '한반도 신평화 외교 안보 전략'이라는 주제를 이백순 국방대학교 교수, 정경영 한양대학교 교수, 정성장 세종연구소 한반도

전략센터장이 다루고 있습니다. "외세에 휘둘림을 당하지 않는 외교 전략이 요구되며 동맹에 과도하게 의존하는 안보로부터 한국의 국가 역량과 위상에 걸맞은 안보 시스템 구축이 필요하다. 국가 안보의 최대 위협인 북한의 증대된 핵미사일 능력과 의도에 맞서는 총체적인 대응 전략이 절실하다"는 입장입니다. 이백순 교수는 '국익 기반의 중심축 실용 외교', 정경영 교수는 '한국 주도의 전쟁 수행 체제 구축', 정성장 센터장은 '한반도 핵 균형을 통한 신평화 안보 전략' 수립을 주장하고 있습니다.

7장은 최정묵 국민권익위원회 위원의 '사회 변화의 4가지 증거와 대전환포럼의 과제'가 주제입니다. 최정묵 위원은 지금 대전환이 가능하려면 새로운 사회 협약과 증거 기반의 정치가 필요하다고 언급합니다. "사회 협약은 사회 구성원들이 공동의 문제 해결을 위해 국가 수준의 정책 수립에 참여해 공식적인 합의를 이루는 과정이 돼야 한다"고 주장합니다. 그리고 "증거 기반 정치(Evidence-based politics)는 정치적 의사 결정이 권위나 억측 등의 주관적 요소에 바탕을 두고 이뤄지는 게 아니라 검증된 객관적인 증거에 기반을 둬야 하며, 이럴 때만이 설득의 정치, 연대와 협력의 정치가 국민 신뢰 위에서 가능하다"고 주장합니다.

이러한 22대 총선 정책 구상이 윤석열 정부의 퇴행을 막고, 새로운 정치 연합의 가능성을 실천하면서 대한민국의 대전환을 위한 새로운 비전과 구상을 정립해 나가는 데 조금이라도 보탬이 될 수 있기를 기대합니다. 아울러 이것이 새로운 공화국의 밑그림을 그리기 위한 시도로 이어지기를 바랍니다.

차 례

1장

에너지 전환을 통한 혁신·선도 국가로의 이행

2장

산업 전환과 중소기업의 공정 성장

6-3 한반도 핵 균형을 통한 신평화 안보 전략

정성장 세종연구소 한반도전략센터장   232

7장
사회 변화의 4가지 증거와 대전환포럼의 과제 : 산업화·민주화 담론 종식과 새로운 사회 협약, 제3섹터

최정묵 국민권익위원회 위원   255

에너지 전환을 통한
혁신·선도 국가로의 이행

송재도 | 전남대학교 교수

1장
·····

에너지 전환을 통한
혁신·선도 국가로의 이행

송재도 전남대학교 교수

01 변화의 적극적인 수용만이 우리가 선택할 길

역사적 굴곡과 수많은 위기에도 불구하고 우리나라의 그간 경제적·문화적 성취는 경탄할 만한 것이다. 그러나 한국의 경제 성장률이 2% 수준으로 낮아지고 사회 곳곳에서 압축 성장의 모순들 또한 노출되고 있으며, 과거와는 다른 차원의 변화가 필요함을 많은 사람이 공감하고 있다. 관련해 크게 2가지 측면에 주목할 필요가 있다.

① 선진국 기업들에 대한 모방과 빠른 추격을 특징으로 하는 한국 기업들의 성장 전략이 한계에 다다랐으며, 한 단계 더 도약하기 위해서는 성장 전략에 근본적인 변화가 있어야 한다.

② 디지털 전환으로 대표되는 기술의 변화와 기후 위기에 대응하기 위한 에너지 전환이 세계 경제 체제의 근본적 변화를 추동하

고 있다. 이런 환경 변화는 기존 경쟁우위를 해체함으로써 모든 기업에 위협으로 작용하지만, 추격자 입장에서는 최상위 경쟁력 확보를 위한 기회로도 작용할 수도 있다.

이 글은 에너지 전환을 중심으로 우리 기업들이 과감히 기존 한계를 극복하고 새로운 패러다임이 제공하는 기회의 창을 활용할 수 있도록 지원하기 위해 정부 정책이 어떻게 변화해야 하는지 논하고자 한다. 강력한 에너지 전환 정책은 기업들이 내부적으로 인식하는 변화의 필요성과 결합해 기존의 틀을 깨는 혁신을 추동해낼 수 있을 것으로 생각한다.

그런데 본격적인 논의에 앞서 에너지 전환을 혁신의 방향성으로 삼는 것의 타당성에 대해 생각해볼 필요가 있다. 과거 기후 위기의 존재를 부정하는 시각들도 있었으나 오랜 논의를 거쳐 국제 사회는 기후 위기를 과학적 사실로 인정했다. 또 기후 변화에 관한 정부 간 협의체(IPCC)의 2018년 보고서는 지구 온도 상승을 산업화 이전 대비 1.5도 이하로 억제할 것을 목표로 삼음을 천명했다.

그러나 여전히 비관론과 무임승차에 대한 기대가 팽배해 있음도 사실이다. '어차피 남들도 못할 것 같은데 우리가 앞장서야 하는지?' 또는 '우리는 가만히 있으면서 남들이 잘해서 막아주면 가장 좋은 것 아닐까?' 하는 생각이 나름 합리적인 것으로 보이기도 한다. 현 상황은 마치 죄수의 딜레마처럼 인식될 수 있다.

에너지 전환 과정은 단지 비용만 유발하는 것이 아니다. 에너지 전환은 깨끗한 환경을 복원하고 대지의 잠재력을 고스란히 보존해 전달하는 무엇보다 중요한 가치 창출 과정이다. 또 저탄소 기술·제품 개발 경험의 축적, 탄소 배출 추적·관리 시스템의 구축, 기업의 다양한 이해관계자들과 소통·조율하는 경영 기법의 내재화와 같은 경영 전반의 변화를 수반하는 과정이다.

만약 우리 기업들이 수동적으로 대응한다면 어느 순간 변화하고 혁신하는 기업들에 멀찍이 뒤처져 있음을 느끼게 될 것이다. 그저 낮은 에너지 가격에 기대어 머물고자 한다면 탄소 누출, 오염 산업들만 떠안는 후진적인 경제 체제에 머물 것이다. 에너지 전환 과정에서의 비용은 실상 일자리를 만들고 선도 국가로 나아가기 위한 투자이기도 함을 생각해야 한다.

세계는 이런 공감대를 형성하고 있으며, 2021년 말 기준으로 이미 141개국이 탄소 중립을 선언했으며, OECD 37개국 중 선언에 참여하지 않은 국가는 폴란드뿐이다.

사람들은 누구나 얻는 것보다 잃는 것에 민감하며, 변화는 힘든 것이다. 더욱이 에너지 전환을 통해 얻는 것은 미래의 불확실한 것이고, 잃는 것은 당장의 돈이기에 소극적이기 쉽다. 그러므로 정부와 정치권은 국민을 적극적으로 설득하고 길을 제시해야만 한다. 그렇지 못해서 한국의 신재생 에너지 비율은 OECD 최하위이고, 우리는 이미 뒤처져 있다.

이 글은 변화의 적극적인 수용만이 우리나라가 선택할 길임을 주장하고자 한다. 그리고 변화를 위해 정부가 주도적으로 나아갈 방향을 명확히 제시하고 변화 압력과 유인을 제공하는 것이 필수적임을 논하고자 한다.

기존 성장 방식의 파괴 필요성[1]

우리 기업들의 과거 성장 방식은 빠른 추격자 전략으로 요약된다. 대체로 비용 효율성에 기초해 가격 경쟁을 추구하는 방식이며, 품질 차별화나 혁신을 통한 고부가가치 창출 면에서 선도적 기업들에 비해 열위에 있었다. 이런 전략적 특성은 각 기업 집단들의 조직 구조나 습득된 역량을 통해 고착화한 측면이 있다.

한국 기업들은 신속하게 규모를 키우는 양적 성장 전략을 통해 규모·범위의 경제를 확보했는데 그 결과 전방위 비관련 다각화와 상당히 통합된 수직 계열화의 특징을 갖는다. 또 신속하고 과감하게 행동하는 속도 경쟁력을 강조하며, 이를 위해 전사적 자원을 신속하게 동원할 수 있는 상명하복과 수직적 위계질서가 강조된다. 지나친 일반화로 생각할 수 있으나 같은 국가에 속한 기업들은 서로 경쟁하거나 모방하면서 상호 영향을 끼치기 때문에 갈수록 전략적 특성이 유사해지는 경향이 있다.

그런데 과거 성공적이었던 빠른 추격자 전략은 그 수명이 다했다. 우리 기업들은 반도체 공정 등 일부 산업에서 이미 글로벌 최상위권에 도달했고 많은 영역에서 글로벌 2위권의 지위를 확보하고 있다. 단순히 따라 하는 것만으로 성장할 수 없으며, 선도자의 역량을 갖춰야만 한다. 또 우리가 따라 했던 GM, 제록스, 코닥, 모토

1 　이 절의 평가는 송재용 등(2023)이 지은 《패러다임 대전환》(자의누리)을 주로 참조했다.

로라 같은 전통적 제조 기업들이 파산하거나 위기에 처하고 구글, 애플, 페이스북 같은 새로운 형태의 기업들이 급성장하고 있다.

과거와는 경쟁 방식이 달라졌다. 다양한 기술과 산업들이 융복합화되고 무형·지식 자산 위주로 경쟁의 축이 변화되면서 도처에 와해적(Distruptive) 혁신이 발생하고 있다. 기존 경쟁력이 해체되고 모든 기준에서 글로벌 최고와 직접 경쟁해야 하며, 때로는 경쟁자가 모호한 상태이기도 하다. 누군가를 따라 할 수 없고 기존에 없던 것을 창조해야만, 혁신해야만 추가적인 도약이 가능한 상황에 놓인 것이다.

문제는 기존 우리 기업들의 조직 구조·관행·역량들이 이제는 발목을 잡는 요인이 됐다는 점이다. 긴밀한 수직적 계열화는 다양한 역량·자원을 유연하게 동원하는 데 장애가 되며, 상명하복적 수직적 위계질서는 혁신을 저해한다. 비관련 다각화는 핵심 영역으로의 자원 집중을 위해 수정해야 한다. 그러나 기존의 성공 요인들을 버리고 새로운 구조와 관행, 역량을 창조하는 것은 누구에게나 어려운 일이다.

통상 한국의 현 상황을 샌드위치 위기 또는 넛크래커 위기라고 표현한다. 선도자의 위치로 도약하기 어렵고, 추격자들과의 격차를 유지하기 또한 어렵다는 것이다. 그러나 정도의 차이는 있지만 거의 모든 국가와 기업은 선발 주자와 후발 주자 사이의 샌드위치 위치에 있다. 그 자체가 위기라고 보기는 어렵다. 다만 이 상태에서 ① 기존 방식을 유지하면서 점진적인 품질 개선과 원가 우위를 추구하는 방식, ② 혁신·선도자로의 변화를 추구하는 방식 중 선택이 필요하다.

대체로 에너지 전환에 소극적인 입장은 낮은 에너지 가격, 원가 우위를 강조하며 혁신이 어렵기에 기존 관행에서 벗어나고 싶지 않은 자연스러운 반응에 기대어 있다. 그러나 이는 조금 더 늦게 익어가는 개구리가 되겠다는 입장일 뿐이다. 더 많은 산업에서 혁신·선도자로의 변화가 있어야만 근본적인 위기 탈출이 가능하다.

혁신을 위해서는 기존 방식의 파괴가 필수적이다. 정책은 현재에 머무는 것을 장려하는 게 아니라 현재를 파괴할 압력과 유인을 제공해야만 한다. 우리 사회가 그간 에너지 전환에 소극적이고 EU나 미국, 중국에조차 뒤처져왔던 것이 우리 기업들에게 도움이 됐다고 생각하는가? 그저 문제를 외면하고 변화를 늦춰왔던 건 아닌가?

변화 방향

변화의 큰 2가지 축은 디지털 전환과 에너지 전환이라고 볼 수 있다. 디지털 전환은 '지식 정보 기술이 모든 산업 영역의 다양한 기술들과 융합돼 생산성을 혁신적으로 향상시키고 새로운 가치를 창출하는 현상'으로 정의되는 4차 산업혁명으로도 설명될 수 있다.

AI나 클라우드, 통신 같은 기술 자체의 급격한 진보도 중요하지만 이런 중요 기술들이 다양한 영역과 결합하면서 제반 지식·기술의 축적과 산업의 융복합을 가속화한다는 점이 중요하다. 앞서 논의한 와해적 혁신, 무형·지식 자산 위주의 경쟁, 기술·산업의 융복합은 디지털 전환의 특성을 반영한다. 그러나 디지털 전환은 그 자체가 목적은 아니며, 가치를 창출하기 위한 수단으로 봐야 한다.

반면 저탄소 경제로의 이행을 추구하는 에너지 전환은 그 자체로 인류가 지향해야 하는 가치와 연관된다. 평균 온도 상승 1.5도

이하로 억제라는 목표는 급격한 기후 변화에 따른 자연환경과 삶의 터전의 치명적 파괴를 막아보고자 하는 노력이다. 그 한 방법으로 탄소 배출이 사회 전반과 이후 세대에 미칠 피해(외부성)를 반영해 탄소 배출에 가격을 부과하는 배출권 거래제 또는 탄소세와 같은 방식이 사용되고 있다.

2023년 탄소 중립의 부가가치를 보여주는 세계 배출권 시장의 시가총액은 €8,810억/연(약 1,260조 원/연)에 달한다.[2] 그러나 2022년 배출권 거래제에 의해 통제되고 있는 배출량은 전체 배출량의 17%에 불과하며[3], 배출권 가격은 탄소 배출의 외부성을 반영하기에 아직까지 상당히 낮은 수준으로 향후 지속적으로 상승할 것으로 예상하고 있다.

따라서 탄소 배출권 시장의 시가총액은 향후 급속히 증가할 것이라고 예측한다. 배출권 시장의 규모는 이미 매우 크며, 급격히 증대할 것이다.

더욱이 파리협약 같은 국제 협약, RE100, ESG 투자 원칙, EU의 탄소국경조정제도(CBAM)에서 보듯이 탄소 중립 실현을 위한 국제적 압력은 강화되고 있다. 탄소 배출 절감이 가치를 창출하는 수준을 넘어 탄소 배출을 수반하는 생산 과정, 제품은 아예 시장에서 존재 가치를 잃고 말 것이다. 이는 시기의 문제일 뿐 확실한 미래다.

한국의 핵심 산업으로 주목받고 있는 반도체와 배터리, 전기자

---

2   로이터통신이 시장조사기관 LSEG 분석 결과를 인용 보도하였다(2024년 2월 12일).

3   ICAP(2022), "Emissions Trading Worldwide", p.36.

동차 분야에서도 이런 변화는 뚜렷이 감지된다. 한국 반도체의 가장 위협적인 경쟁 대상인 대만 TSMC의 경우 2030년 재생 에너지 비중 목표를 40%에서 60%로 올렸으며, RE100 달성 시점을 2050년에서 2040년으로 앞당겼다. 2050 탄소 중립을 선언한 삼성전자를 앞지르겠다는 명확한 의지의 표현이다.

프랑스 정부는 전기차 주요 부품·소재를 제조할 때 발생하는 탄소 배출량을 산정해 점수를 매기는 전기차 보조금 최종안을 발표한 바 있으며, 한국 기업들이 보조금 지급 대상에서 제외될 가능성이 크다고 평가되고 있다. 탄소 중립을 실현하기 위한 노력은 미래 경쟁력을 확보·유지하기 위한 필수적인 것이다.

한편 탄소 경제에 적응하는 것은 단지 개별 기업의 노력만으로 가능하지 않다. 오늘날 생산 활동은 복잡하게 얽힌 공급망 시스템에 의해 이뤄진다. RE100 사례들에서 보듯이 애플이나 BMW 같은 선도 기업들은 자체 사업장들에서(Scope 1+2) 탄소 중립을 실현할 뿐 아니라 연관 업체들까지도(Scope 3) 탄소 중립을 요구하고 있다. 그리고 이를 위해 공급 사슬 전반에 걸쳐 표준화되고 검증 가능한 형태의 탄소 발자국 관리 시스템 구축을 추구하고 있다.

이상에서는 탄소 배출을 유발하는 활동들에 대한 관리 시스템이 구축되고 탄소 배출에 가격을 부과하는 방식으로 경제가 변화할 것이며, 탄소 배출을 유발하는 제품·생산 과정들은 경쟁력을 상실할 것이라고 주장했다.

탄소 중립을 중심으로 논의했으나 ESG로 통칭하는 경제·사회의 전반적인 변화 추세에 주목할 필요가 있다. 수자원, 각종 오염 물질의 배출 등 환경과 관련된 모든 외부성(E)이 측정·관리되며, 노동

안전, 소외 계층 보호를 비롯한 다양한 사회적 가치(S)에 대해서도 동일한 원칙이 적용될 것이다. 이의 효율적 관리를 위한 거버넌스 또한 감시되고 평가될 것이다.

ESG는 금융 투자 부문에서 발생한 용어이며, 측정과 평가를 중시한다는 점에서 기존 CSR 개념과는 구분된다. 그리고 이런 측정·평가 시스템의 정교화는 기존 시장 시스템에서 반영하지 못했던 다양한 사회적 가치의 창출(외부성)을 보상하는 방식으로 경제 시스템을 변화시킬 것이다.

ESG 투자 원칙은 금융 기관을 중심으로 ESG 우수 기업들이 더 낮은 비용의 자금 조달이 가능토록 금융 시스템을 변화시키고 있다. 소비자들 또한 개인적 효용뿐 아니라 환경·사회적 가치를 감안해 소비하는 방식으로 변화하고 있으며, B2B 거래에서도 ESG 평가 지표를 거래 관계의 신뢰성·안정성, 사회적 가치 창출을 평가하는 지표로 활용하고 있다.[4] 정부는 이런 변화를 촉진해야만 한다.

시사점

정리하자면 에너지 전환 과정에서 기존 시장 경제가 측정·관리하지 못했던 탄소 배출을 비롯한 다양한 외부성을 측정·관리하는 시스템이 구축되고, 가격을 통해 보상 또는 억제하는 방향으로 변화되고 있다. 탄소 배출권 시장, 탄소세, 금융 기관들의 변화가 이를 선도할 것이며, 정부와 소비자들에 의한 비시장적 방식의 규제·

---

4 안소현·안재현·한인구(2023), "ESG 활동이 한국 기업의 재무성과에 미치는 영향 : B2C 및 B2B 기업 유형에 따른 조절 효과", 〈경영과학〉 40(2), pp.59~75.

【그림 1-1】탄소 중립, 사회적 가치 창출을 위한 시스템의 변화

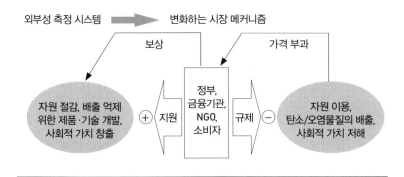

지원 시스템 또한 더불어 강화될 것이다.

이런 새로운 시스템에의 적응을 위해 기업의 운영 방식에 근본적 변화가 필요하다. 앞서 우리 기업들이 과거의 빠른 추격자 전략에 적합한 조직 구조, 관행, 역량을 보유하고 있으며, 향후 ① 기존 방식을 유지하면서 점진적인 품질 개선과 원가 우위 추구, ② 혁신·선도자로의 변화 추구의 2가지 방향 중 선택이 필요하다고 주장한 바 있다.

성장의 한계를 극복하기 위해서는 혁신·선도자로의 변화가 필수적이다. 에너지 전환이라는 거대한 변화는 위협이기도 하지만 혁신하는 기업들에 무한한 기회를 제공할 것이다. 기존 후진국형 산업들조차 생산 방식의 변화에 따라 새로운 성장 기회를 맞이할 수 있다. 한편 에너지 전환을 비롯한 다양한 사회적 가치를 구현하는 ESG 경영 자체가 변화의 중요한 방향성임을 인식할 필요가 있다.

03 정책이 선도하는 혁신

이번 절에서는 우리 기업들이 에너지 전환을 수용하고 혁신·선도 기업으로의 변화를 추진하는 과정에서 정부의 역할을 개념적인 수준에서 논해볼 것이다.

에너지 전환, ESG와 관련된 정부의 정책은 기업들의 전략 선택에 상당한 영향을 미칠 수 있다. 정부의 정책이란 기업에 대한 규제(세금, 제재 등)와 지원(재정 지원, 보조금 등), 사회 인프라 구축(배출권 거래 제도, ESG 공시 제도 등) 등을 포괄하는 것이며, 이런 정책들은 기업들에 변화의 압력 또는 유인으로 작용하게 된다.

정책에 의한 산업 구조의 변화

제도경제학자로서 노벨상을 받은 더글러스 노스(1996)는 기업을 물적 자원의 집합체로서보다는 암묵 지식의 조합체로 인식했으며, 기업이 어떤 지식과 기술을 발전시키는지는 제도가 주는 유인에 의해 결정된다고 했다. 그리고 주어진 환경·기회 아래에서 관리적 효율성을 추구하는 정태적·배분적 효율성 추구보다는 새로운 기회를 탐색하고 혁신하는 적응적 효율성을 중요시할 필요가 있음을 설파했다.

과거 우리 기업들의 빠른 추격자 전략이 정답을 아는 상황에서 신속하고 효율적인 자원의 동원과 배분을 통해 성공을 거둔 것이라면 이제 변화를 고안하고 혁신해야만 하는 상황이다.

더글러스 노스에 따르면 강력한 정책 드라이브가 기업이 발전시킬 암묵적 지식, 혁신의 방향성을 결정짓는다고 볼 수 있다. 만약 정책이 방향성을 명확히 제시하지 않는다면 기업들은 이미 보유한 암묵적 지식 아래에서 안주하게 된다. 물론 정책은 지원 제도뿐 아니라 규제도 포함하는 것이며, 이런 규제가 기업의 비용을 증가시키고 국제 경쟁력을 저하하지 않을까 우려할 수 있다. 그러나 강한 규제 또한 기업들을 더 미래 지향적인 혁신으로 유도할 수 있다.

【그림 1-2】는 산업들을 3가지 영역으로 구분하고 있다. 국내 경쟁 영역의 경우 국제 경쟁에 노출되지 않는 영역(지역 밀착형 서비스 산업 등)이기 때문에 산업의 국제 경쟁력 수준을 논의하는 것이 큰 의미가 없다. 탄소 중립 추구 영역은 높은 탄소 중립 기준을 충족시키면서 경쟁력을 유지해야 하는 산업들을 의미하는 것으로 장기적으로 지속 가능하며 성장할 수 있는 영역을 의미한다.

마지막 탄소 누출 영역은 값싼 에너지, 낮은 규제 수준에 의존해 원가 경쟁력을 유지하는 영역이며, 전통적이고 후진국들이 경쟁력을 유지하는 영역으로 장기적 성장이 불가능한 영역이라고 할 수 있다. 그러나 이런 탄소 누출 영역은 성공적인 에너지 전환을 통해 지속 가능성을 확보하고 탄소 중립 영역으로 전환될 수 있다.

【그림 1-2】 정책 선도를 통한 에너지 전환과 산업 구조 조정

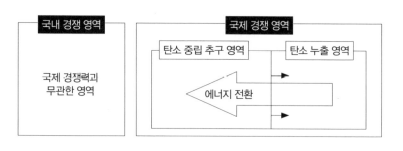

규제를 포함한 강력한 에너지 전환 정책은 기업·산업들이 탄소 누출 영역에서 탄소 중립 추구 영역으로 이동할 압력·유인을 제공하는 것이다. 국제 경쟁력을 이유로 에너지 전환 정책을 미룬다면 기업들은 탄소 누출 영역에 안주할 것이며, 장기적인 성장 잠재력을 갉아먹게 될 것이다.

우리나라는 에너지 집약적인 제조업의 비중이 상대적으로 높은 경제 구조이기 때문에 에너지 전환이 힘들 것이라는 견해가 있다. 실제 이런 저항의 결과 우리나라의 에너지 전환 실적은 OECD 국가 중 최하위에 머물고 있다. 전 세계 전력 믹스에서 신재생 에너지가 차지하는 비중은 2022년 30%가 됐다. 유럽 43%, 미국 22%, 중국 31%, 일본 22%, 호주 31% 등과 비교할 때 한국의 8.1%는 초라하기 그지없는 수준이다.[5]

현재 글로벌 RE100 가입 기업 415개 중 65%에 해당하는 270개 기업은 2030년까지 RE100을 달성하겠다고 선언한 상황이다.[6] 그렇다면 이 기업들이 신재생 에너지 조달이 어려운 한국에서 생산 공정을 유지 또는 건설할 가능성이 있겠는가? 반면 신재생 에너지 발전 비중이 44%에 달하는 독일의 경우 반도체 기업들이 줄을 서고 있으며, 삼성 또한 팹을 독일에 건설할 것이라는 전망이 나오고 있다.[7]

에너지 집약적 산업들이 신재생 에너지 기반 생산 체제로 전환하

---

5   EnerData(2023), 《세계 에너지 및 기후 통계-2023년 연감》.

6   www.there100.org

7   이새하(2023. 8 .8), "혜택이 역대급, 삼성도 가야 하나… 반도체 기업들 줄선다는 나라", 〈매일경제〉.

지 못한다면 장기적으로 국제 경쟁력을 유지할 수 없다. 강력한 에너지 전환 정책은 우리 기업들을 선도적 기업으로 변화시키고, 선도적인 기업들을 우리나라로 유치하기 위한 전략이다. 낮은 규제를 지속시키려는 시도는 과거에 머무는 것이며, 한국 경제의 도약 동력을 허무는 것에 불과하다.

정책과 개별 기업의 혁신

Nidumolu, Prahalad, and Rangaswami(2009)는 지속 가능한 혁신의 추구 단계를 【표 1-1】과 같이 5단계로 구분하고 있다. 1단계는 규제의 준수 노력으로 정의하고 있으며, 정부 규제가 혁신을 구동하는 첫 단계로 작용함을 암시한다.

특히 이 논문에서는 단지 가장 낮은 수준의 규제에 순응하는 것보다는 가장 강한 규제에 자발적으로 순응하는 것이 바람직하다고 주장한다. 특히 여러 국가에서 활동하는 기업이 국가별로 상이한 최소 요구 수준을 만족시키려 할 경우 국가별로 상이한 생산·물류 등으로 인해 사업 프로세스가 복잡해지고 규모의 경제를 감퇴시키

【표 1-1】 지속 가능한 혁신의 추구 단계

구분	내용
1단계	규제 준수 : 규제 준수와 그를 통한 혁신
2단계	가치 사슬 개선 : 생산성 향상과 비용 절감
3단계	지속 가능한 제품 서비스 개발
4단계	새로운 비즈니스 모형 개발
5단계	산업 관행과 경쟁의 규칙 전환 추구

게 된다고 주장한다.

또 높은 규제 수준에 적응함으로써 경쟁우위의 확보가 가능해진다. 예를 들어 휴렛팩커드는 이미 1990년대에 전자기판에 사용되는 납의 유해성을 인지하고 주석·은·구리를 이용한 납땜 기술을 개발했다. 이로 인해 2006년에 EU가 '유해 물질 사용에 대한 지침(Restriction of Hazardous Substance Directive)'을 도입했을 때 준비가 안 돼 있던 다른 기업들 대비 경쟁우위를 확보할 수 있었다.

사회가 발전할수록 환경이든 인권이든 사회의 기대는 높아진다. 이런 기대를 규제가 반영하므로 규제 수준도 강화하는 것이 일반적이다. 미래에 강화할 규제를 예측하고 이를 선제적으로 수용하는 것이 사회의 기대를 앞서 수용하는 CSR 활동이 될 수 있으며, 미래의 경쟁력을 준비하는 것이다.

준비된 기업들에게는 강한 규제가 경쟁우위를 확보할 기회로 작용하는 것이다. 때로는 기업들의 기술 혁신이 규제를 선도하기도 한다. 기술적 가능성을 입증해내면 규제는 이를 반영하게 되며, 이런 방식은 기업이 미래 환경을 스스로 만드는 방법이 된다.

이상의 논의는 기업 관점에서 진행한 것이었지만 반대 측면에서 보면 정부의 선도적인 에너지 전환 정책이 기업들에 미래 지향적 혁신 유인을 제공하는 것임을 의미한다. 한국과 같이 빠른 추격자 전략으로 성공한 나라에서는 기업들이 '성공의 덫'에 갇혀 혁신에 저항할 개연성이 크다.

실제 한국 수출 기업의 절반 이상이(52.2%) 공급망 내 ESG 경영 미흡 때문에 원청 기업으로부터 계약 파기 위기감을 느끼고 있지만, 대다수(77.2%)가 원청 기업의 ESG 실사에 대한 대비는 부족한

실정이라는 조사가 있다.[8]

모든 조직의 현재 전략은 2030년에 시장 리더가 되는 것에 초점이 맞춰져야 하며, 현재 사업의 효율성을 추구하는 것과 미래를 창조하는 프로젝트에 필요한 역량은 완전히 다르다.[9] 에너지 전환에 반대하고 현재에 머무르려는 것은 변화의 방향을 거스르는 것이다. 또 기업들의 이런 요구에 순응해 정책이 뒷걸음치는 것은 등대를 꺼버리는 것과 같다. 정책은 2030년의 미래가 무엇인지를 보여줄 수 있어야만 한다.

04 정책 방향

앞서 에너지 전환의 추구가 산업 전반의 혁신과 구조 변화에 중요한 역할을 수행할 수 있음을 이론적인 측면에서 논의했다. 이번 절에서는 국제적 영향력이 강한 미국과 EU의 에너지 전환 정책을 살펴보고, 에너지 전환과 관련된 중요 정책들을 논의토록 한다.

해외 사례

해외 주요국의 에너지 전환 정책들을 살펴보면 에너지 전환을 국가 경쟁력 향상의 중요 수단으로 삼고 있음을 확인할 수 있다. 미

---

8   임권택(2020. 7. 18), "수출 기업 52.2% "ESG 미흡으로 계약·수주 파기 위기감 느껴"", 〈파이낸셜신문〉.

9   비제이 고빈다라잔(2023. 1), "획기적 혁신은 기술 아닌 비즈니스 모델—작게 시작하되 크게 생각하며 키워가라", 〈DBR〉 360호.

국의 인플레인션감축법(IRA)는 정부의 지출보다 세입을 증가시킴으로써 재정 적자 감소를 통해 인플레이션 감소를 유도하겠다는 의도를 담고 있다.

그런데 전체 지출(3,690억 달러)의 84%를 에너지 안보와 기후 변화에 할당하고 있으므로 탄소 중립 실현을 위한 법으로서 의미 또한 강하다. 러시아−우크라이나 전쟁 이후 전 세계가 국제 에너지 가격의 변동에 노출되고 이 변동성이 물가 인상 압력을 유발했으며, 경제 운영에 어려움을 가중하고 있다. 이런 상황에서 신재생 에너지의 비중 증대를 포함한 에너지 전환의 과정은 에너지에 대한 해외 의존도와 가격 변동성을 낮추는 에너지 안보 수단으로 인식되고 있음에 주목해야 한다.

추가로 IRA는 전기자동차를 비롯한 탄소 중립 연관 산업들에 대한 보조금 지급 조건에 자국산 제품·부품에 대한 사용 요건을 포함해 자국 산업 경쟁력 확보를 위한 보호주의적 성격을 담고 있다. 적정 임금, 견습 요건 같은 고용 조건 또한 보조금 지급 요건에 포함하고 있어 일자리 증대를 중요한 목적으로 언급하고 있다.

로널드 레이건과 마거릿 대처 이후 전 세계를 풍미하던 신자유주의 정책이 퇴조하는 추세는 이미 2008년 경제 위기 이후 확연히 나타나고 있다. 미·중 신냉전 상황에서 정부 주도의 산업 정책을 더욱 강화하는 추세에 있다. 즉, 에너지 전환을 국가 경쟁력 강화와 일자리 확보를 위한 수단으로 적극적으로 활용해야 한다는 인식이 공유된 결과가 IRA라고 볼 수 있다.

한편 EU는 우리나라 대비 배출권 거래제를 10년 앞서 2005년에 실행했던 탄소 중립을 선도해온 지역이다. EU 경제는

1990~2018년 기간에 61% 성장하는 동안 온실가스 배출은 23% 감소시켜 탄소 배출 감소와 경제 성장이 양립할 수 있음을 보여 줬다.

2019년 12월 EU 집행위원회는 2050 탄소 중립 실현을 위한 정책 패키지를 의미하는 그린딜(European Green Deal) 계획을 발표했고 이후 후속 정책을 발표하고 있다. 본래부터 EU의 그린딜은 EU 역내 경쟁력 강화를 명시적 목표로 포함한 성장 전략으로도 언급돼왔으며, 미국의 IRA 발표는 그린딜의 성장 전략적 측면을 더욱 강화하는 계기가 됐다.

EU는 IRA에 대응하기 위해 EU 기업에 대한 보조금 지급을 확대하고, 규제를 완화하는 등의 내용을 담은 GDIP(Green Deal Industrial Plan)을 2023년 2월에 발표했다. 이 계획에서는 탄소 중립 기술과 제품에 대한 EU의 제조 능력 확대, EU의 산업 주도권 확보를 명시적인 목표로 천명하고 있다.

그리고 미국과 마찬가지로 GDIP에서도 에너지 안보와 양질의 일자리를 강조하고 있다. 특히 전체 일자리의 35~40%가 녹색 전환의 영향을 받을 수 있다고 평가하고 있으며, 양질의 일자리에 필요한 기술 교육과 기술 파트너십 구축을 강조하고 있다.[10]

EU의 행보와 관련해 추가로 언급해야 하는 이슈는 2026년부터 본격화할 것으로 알려진 CBAM이다. 이는 EU로 수입되는 제품의 탄소 발생량에 대해 EU 탄소 배출권 거래제와 연동된 탄소 가격을 부과해 징수하는 조치다.

---

10 인더스트리뉴스(2023. 2. 27), "EU, 역내 친환경 산업 육성 강화 위한 그린딜 산업 계획 발표".

이때 수출 기업이 본국에서 탄소세 또는 탄소 배출권의 형태로 이미 비용을 지불했다면 EU는 그 지불액을 차감해 징수한다. 결국 수입 제품들에 대해 EU 역내 생산에서와 동등한 탄소 배출 비용을 징수하겠다는 의미다. 이는 에너지 전환에 선도적인 국가들이 다른 국가들에 대등한 수준의 규제를 강제하는 대표적인 사례다.

미국과 EU 사례를 정리하자면 에너지 전환은 산업 경쟁력 강화, 성장, 일자리 전략이자 에너지 안보 전략이기도 함을 알 수 있다. 또 EU의 CBAM 같은 국제적 압력이 형성되고 있으며, 우리나라와 같이 국가 수준에서 에너지 전환을 회피하는 국가의 기업들은 어느 순간 준비하지 못한 채로 강력한 규제를 맞이하게 될 수 있다. 신재생 에너지와 에너지 효율 관련 산업의 성장이라는 에너지 전환이 가져다주는 기회에서 소외될 것이다.

중요 이슈

(1) 신재생 에너지 보급과 에너지 효율

신재생 에너지 확대와 에너지 효율을 통한 이용 절감은 에너지 전환 정책의 목적에 가깝다. 물론 탄소 배출을 유발하지 않는 원자력 발전 또한 탄소 중립 실현에 기여한다는 점에서 한 수단으로 인식될 수 있다.

그러나 EU의 녹색 분류 체계(Green Taxonomy)에서는 원자력 발전을 녹색 에너지로 인정하기 위해 강력한 안전 기준과 방사성 폐기물 처리와 관련된 요건들을 규정하고 있다. 그와 같은 규정들을 만족하면서 원자력 발전을 확대하는 것은 충분히 고려할 수 있다고 판단된다.

다만 탄소 중립을 실현하는 게 쉽지 않은 상황에서 원자력 발전의 확대가 신재생 에너지 확대를 지연하거나 싼 에너지 가격을 유지해 에너지 절감 유인을 저해하는 명분으로 활용되는 것은 바람직하지 않다. 이를 감안해 이 절에서 원자력 발전은 논의에서 제외하고 신재생 에너지와 에너지 효율을 중심으로 논의할 것이다.

우선 신재생 발전 비중 목표를 상향하는 것이 필요하다. 현재 '제10차 전력수급기본계획'의 2030년 신재생 발전 비중은 21.6%다. 이는 전 정부 아래에서 2021년 발표된 '2030 국가온실가스감축목표(NDC) 상향안'의 2030년 목표 30.2%와 '2050 탄소 중립 시나리오' A안의 2050년 목표 70.8% 대비 낮아졌다.[11] 신재생 발전 비중 목표를 적어도 전 정부 수준으로 상향 조정할 필요가 있다.

그리고 에너지 효율과 신재생 에너지의 상대적 경쟁력을 확보하는 관점에서 각종 에너지 가격에 탄소 배출 외부성을 반영해 요금을 현재 대비 높은 수준으로 유지하는 것이 필수적이다. 외부성을 반영한 높은 에너지 가격은 시장 원리에 의한 에너지 절감 유인을 제공한다는 점에서 가장 효율적인 에너지 전환 방식이다.

IEA의 2040년 전망치에 따르면 신재생 에너지와 CCS(Carbon Capture & Storage)의 온실가스 감축 기여도는 각각 36%, 9%인 반면 에너지 효율은 44%를 차지한다. 에너지 효율의 효과적 향상을 위해 에너지 가격의 상승은 필수적이다.

더욱이 러시아-우크라이나 전쟁 이후 전력 생산 원가의 급격한

---

11   보수적 시나리오를 담은 B 안은 신재생 발전 비중 목표를 2050년 60.9%로 삼고 있다.

상승에 못 미치는 전기요금 인상에 따라 한국전력의 2021년 이후 2023년 1분기까지 누적 영업 손실이 47.6조 원에 이르고 있다. 또 2023년 발표된 '제1차 탄소 중립 녹색성장 기본계획'에서는 탄소 중립을 위한 정부 재정 지출을 2023년 13.3조 원을 포함해 2027년까지 89.9조 원으로 추산하고 있다. 이 재원을 조달하는 계획은 아직 구체화돼 있지 않다.

만약 전력을 포함한 에너지 산업 내부에서 자체적으로 재원을 조달하지 못할 경우 추가적인 세수를 확보하거나 다른 재정 사업을 축소하는 것이 불가피한 상황이다. 외부성을 반영한 높은 에너지 가격은 한국전력공사의 누적 적자 해소, 정부의 탄소 중립 재원 확보를 위해 필수적이다. 그리고 정부의 탄소 중립 재정 지출은 일종의 투자로서 국가의 미래 경쟁력과 일자리 창출에 기여하는 것으로 단순히 비용으로 인식될 수 없는 것임을 생각해야 한다.

탄소 배출 외부성의 충실한 반영을 위해 현재 운영하고 있는 배출권 거래제에서 현 계획 대비 배출권 할당량 감소를 더 빠르게 진행함으로써 배출권 가격의 상승·현실화를 도모하고, 유상 배출권 할당량을 빠르게 증가시키는 방식이 필요하다. 또 현재 배출권 거래제는 일정 규모 이상의 온실가스 배출량을 발생시키는 업체(12만 5,000톤 이상) 또는 사업장(2만 5,000톤 이상)을 대상으로 하며, 국가 전체 배출량의 73.5%만 포함하고 있다. 따라서 배출권 거래제에 포함되지 않는 온실가스 배출원에 대한 대책이 필요하며, 배출권 거래제 대비 실행이 용이한 탄소세를 도입해 이를 경제 모든 분야에 적용할 필요가 있다.

한편 아직까지 OECD 최저 수준의 신재생 에너지 비중(발전량 기준 2021년 8.29%)을 끌어올리는 것은 탄소 중립에 필수적인 것일 뿐 아니라 기업들의 RE100 실현이나 CBAM 같은 국제적 압력에 대응, 에너지 안보를 위해서도 필요하다. 이를 위해 신재생 에너지 관련 일관된 정책, 인허가 제도를 비롯한 제도 정비, 자금 조달을 위한 기금과 금융 제도 정비 등 정책적 노력이 필요하다.

(2) ESG, 저탄소 경제 인프라 구축

2절에서는 자원 남용, 오염 물질 배출, 인권이나 노동 안전 같은 측면에서 부작용을 일으키는 활동들을 억제하고 반대로 사회적 가치를 창출하는 활동들을 지원하는 규제와 지원 정책들이 강화됨은 물론 배출권 거래제/탄소세, ESG 투자 등과 같은 방식으로 사회적 가치를 반영하는 시장 메커니즘이 형성되는 추세에 있다고 설명했다(그림 1-1 참조).

언급된 사회적 가치의 문제들은 편익과 불편익 유발·수용 주체의 식별과 가치의 크기 측정이 어려우므로 시장에서 대가를 지불하지 못하는 전형적인 외부성, 시장 실패의 사례들이었다. 그러나 측정 메커니즘과 ICT의 발전, 사회적 관심의 증대에 따라 외부성을 내재화하는 가격 부과, 보상 메커니즘들이 형성되고 있다.

배출권 거래제, RE100은 하청 업체들을 비롯한 공급 사슬상의 모든 활동에 대해 탄소 배출량을 측정하고 관리하는 시스템을 필요로 한다. 또 ESG 투자는 더 포괄적으로 탄소를 비롯한 오염 물질 배출, 자원의 남용 수준(Environment), 노동자 권익, 인권, 지역 공헌 등의 가치(Social)를 측정·평가·공시하는 시스템을 근간으로 한다. 아직까지 불완전한 측면이 있지만, 측정 방법론의 발전과 표준화가 진행되면서 기업 활동의 기본적인 인프라로 자리 잡아가고 있다.

"측정하지 못하는 것은 관리할 수 없다"라는 경구가 의미하듯이 과거에는 측정하지 못했기 때문에 시장 메커니즘이 반영하지 못했던 가치들을 이제는 관리하기 시작한 것이다. 명시적으로 정부의 관리 대상에 포함된 배출권 거래제 외에도 민간에서 자율적으로 탄소 배출을 절감하고 이를 보상하는 자발적 탄소 시장(VCM)이 확대되고 있다.

ESG 활동들을 평가하고 투자나 대출에 이를 반영하는 ESG 투자 관행 또한 확산하고 있다. 소비자(산업재 구매자 포함) 또한 ESG 평가를 구매 의사 결정에 반영하기를 원하고 있다. ESG 공시, 무탄소 제품 인증 등 다양한 방식의 소비자 의사 결정 지원 방식이 대두·개선될 것이다. 이런 변화는 측정·관리 시스템의 발전과 선순환적 관계를 형성하며 강화될 것이다.

정부는 이런 추세를 강화하는 정책 수단들을 보유하고 있다. 이미 우리 정부도 모든 코스피 상장사들이 2016년까지 기업지배구조 보고서를, 2030년까지 지속 가능 경영 보고서를 의무적으로 공시하도록 규정한 바 있다. 추가로 미흡한 비재무 정보의 공시 기준 구체화와 의무화, 공시 대상의 확대가 진행될 필요가 있다.

또 국제기구들을 포함한 기관들에 의한 ESG 평가 기준의 표준화 진척 상황을 파악하고 국제 표준에 부합하는 국내 표준을 형성하는 것을 지원해야 한다. 정부 차원에서 시장이 보상하지 못하는 사회적 가치 창출을 보상하는 다양한 정책을 구상하고 실현해 나갈 필요가 있다.

한편 대기업들은 자체적으로 사회적 가치의 측정·관리 시스템 구축이 가능하겠지만 중소기업들은 쉽지 않은 일이다. 따라서 이런 관리 시스템이 비즈니스 서비스의 형태로 충분히 제공될 수 있어야 하며, 정부가 이를 지원할 필요가 있다. 산업 사회에서 금융 인프라가 필수적인 것과 마찬가지로 저탄소 경제에서는 탄소 발자국 관리 시스템이 국가의 경제 인프라로 제공돼야 한다.

⑶ 에너지 전환 관련 산업 지원

에너지 전환은 산업계에 새로운 기회를 제공하기도 하지만 에너지 가격의 상승, 새로운 제품·공정으로의 전환에 필요한 신규 투자의 필요성 등 부담 또한 발생시킨다. 따라서 이런 부담을 완화하고 산업 경쟁력을 강화하기 위한 효과적인 산업 지원 정책을 구상하는 것이 필요하다.

특히 한국은 대외 의존적 경제 구조이므로 국제 경쟁력을 유지하고 강화하는 것이 필수적이다. 미국의 IRA, 유럽의 그린딜은 보호주의적 무역 정책의 색채를 띠고 있다. 유럽연합의 집행위원장은 GDIP를 선언하면서 "빠르게 성장하고 있는 탄소 중립 기술 분야에서 EU의 산업 주도권을 확보"하는 것을 목표로 제시한 바 있다.

미국의 IRA 또한 에너지 전환 관련 산업에서 자국산 제품에 대한 대대적인 보조금 지원 계획을 담고 있다. 이런 방향에 대응해 일본·중국·인도 등 주요국들이 녹색 산업 정책을 업데이트하고 있다. 에너지 전환을 중심으로 한 국제 경쟁의 격화에 대응할 필요가 있는 것이다.

따라서 해외 에너지 전환 관련 보호주의 정책 수준을 면밀하게 관찰해 무역 분쟁을 일으키지 않는 선에서 최대한 산업 경쟁력 확보를 위한 정부 지원을 기획해야 한다. CBAM 대상이 되는 철강·알루미늄·비료·시멘트·전기·수소 등 6개 제품군의 경우 에너지 전환을 위한 기술 개발 지원 등을 우선적으로 시행할 필요가 있다. IRA나 그린딜 아래에서 역내 생산에 부여되는 보조금 대상이 되는 제품군들에 대해 국내에서도 동등 수준의 지원은 필수적이라고 판단한다.

한편 에너지 가격 상승에 취약한 산업과 기업을 선별·정의하고 지원할 필요가 있다. 현재 탄소 배출권 무상 할당 대상 업종의 선별에는 비용 발생도(부가가치 중 탄소 배출 외부성 비용 비율)와 무역 집약도 2가지 기준을 사용하고 있다. 이 기준들을 취약 업종 선별 기준으로도 사용할 수 있다.

비용 발생도가 높은 산업은 대체로 에너지 집약도가 높고(높거나) 공정상에서 탄소 배출이 많은 산업일 것이다. 이런 산업에 높은 에너지 가격과 탄소 배출 외부성이 부과될 경우 상대적으로 높은 비용 인상이 발생할 것이다. 이 경우 그 자체로 부담이 될 뿐 아니라 국내 생산 저하와 수입 증가 문제가 발생할 수 있다. 산업의 해외 이전과 그에 따른 탄소 누출 문제, 즉 국내 탄소 배출 감소가 다른 국가의 탄소 배출 증가로 이어지는 현상이 발생할 수 있다.

무역 집약도는 국제적 경쟁에 노출되는 정도를 의미하는 것이다. 역시 해외 기업과의 상대적 경쟁력 문제(공정 경쟁)와 탄소 누출 문제와 연관된다. 우리나라의 경우 현재 이 2가지 기준에서 높게 평가하는 업종(무역 집약도 × 비용 발생도 ≥ 0.2%)에 대비 배출권을 100% 무상 할당하고 있다.

즉, 배출권 거래제 대상에 포함하고 있는 대규모 업체의 경우 취약 산업을 정의하고 배려하는 시스템이 이미 구축돼 있다. 현재 이슈는 도리어 유럽이나 미국 대비 유상 할당 비율이 지나치게 낮다는 점이며, CBAM 등을 고려해 선진국 수준으로 유상 할당 비중을 끌어올리는 것이 필요한 상황이다.

반면 에너지 가격의 상승 또는 모든 탄소 배출원에 탄소세 부과와 같은 방식을 적용할 경우 기존 배출권 거래제에 포함하지 않았던 중소기업들에 새로운 부담이 발생한다는 점을 고려할 필요가 있다. 이 경우에도 배출권 유상 할당 기준과 유사하게 비용 집약도와 무역 집약도 개념을 이용해 취약 산업을 규명하고 에너지 관련 개별소비세나 탄소세를 부분 감면해주는 지원 정책을 사용하는 것이 가능해 보인다.

그러나 이런 지원 정책은 해당 산업의 탄소 배출 절감 유인을 감소시키는 부작용이 있는 것이 사실이다. 따라서 부담을 절감해주는 정책과 탄소 배출 절감에 대한 혜택을 부여하는 정책 간 균형을 맞출 필요가 있으며, 점진적으로 지원 정책을 일몰하는 것이 타당해 보인다.

배출권 거래제에 포함돼 있는 규모가 큰 기업들의 경우 탄소 절감 투자를 위한 자원이 상대적으로 많으며, 이미 배출권 거래제를 통해 적정 수준의 유인이 제공되고 있다고 판단한다. 반면 중소기업들은 투자 자원을 확보하는 것이 어려울 수 있으며, 절감 유인이 상대적으로 낮을 수 있다(탄소세가 배출권 가격보다 낮은 경우).

따라서 배출권 거래제에 포함되지 않는 소규모 사업장에 대한 탄소 감축 유인이 별도로 필요할 수 있다. 앞서 언급된 자발적 탄소 시장(VCM)의 경우 배출에 대해 비용을 부과하기보다는 배출 감축을 보상하는 방식으로 운영하고 있으며, 이를 확산시키는 것이 효과적인 방식이 될 수 있다.

(4) 기후 변화 취약 계층 지원

에너지 전환의 과정은 상당한 비용과 투자를 수반하며, 이에 따른 부담을 사회적으로 어떻게 배분할지가 중요한 논점이 된다. 특히 필수재에 해당하는 에너지 가격의 인상은 서민 생활을 안정하는 데 위해가 될 수 있으며, 역진적인 비용 부과 방식이라고 비판될 수 있다.

그러나 기후 위기의 심각성을 고려할 때 에너지 전환을 미룰 수 없다. 필수적 조치들이 불가피한 점, 기후 위기가 취약 계층에 더 심각한 영향을 미친다는 점을 고려할 필요가 있다. 따라서 필요한 조치들을 수행하되 취약 계층을 선별해 지원하는 사회 안전망의 강화가 필요하다.

관련해 '기후 위기 대응을 위한 탄소 중립·녹색 성장 기본법'에서는 정의로운 전환을 '탄소 중립 사회로 이행하는 과정에서 직·간접적 피해를 입을 수 있는 지역이나 산업의 노동자, 농민, 중소상공인 등을 보호해 이행 과정에서 발생하는 부담을 사회적으로 분담하고 취약 계층의 피해를 최소화하는 정책 방향'이라고 정의한 바 있으며, 이의 실현을 원칙으로 삼고 있다.

정의로운 전환은 그 자체로 중요한 것이지만 2019년 프랑스에서 정부가 탄소세 부과의 명목으로 실행한 유류세 인상에 저항하는 노동자들의 대규모 시위(노란 조끼 시위)가 발생한 것에서 보듯이 에너지 전환 과정에서 국민의 동의를 얻고 추진력을 강화하는 데도 필수적이다.

특히 중요한 이슈는 탄소 배출의 외부성 반영, 아직까지 상대적으로 비싼 재생 에너지의 확산에 따른 에너지 가격의 상승이다. 전기가격의 경우 현재 종별 요금(일반(상업)용, 주택용, 산업용, 교육용, 농사용 등) 아래에서 일반용을 제외하고는 모두 원가 대비 낮은 요금을 유지하고 있다.

예를 들어 주택용 전기의 경우 서민 생활을 안정화하기 위해 일반용 대비 요금 인상을 억제해왔다. 주택용의 누진적 요금제도 또한 소득이 상대적으로 낮은 가구들이 사용량이 적을 것을 고려해 사용량이 적을 때 낮은 전기요금을 부과하는 방식을 적용한 것이다. 즉, 취약 계층에 대해 낮은 전기요금을 부과한다는 정책적 고려가 반영된 요금 체계를 유지하고 있다.

그러나 이런 방식은 취약 계층을 정교하게 정의하지 못한다. 예를 들어 전기 사용량이 많아 누진적 요금제 아래에서 높은 요금을 물고 있는 가구 중에도 단지 가구 구성원이 많은 저소득층이 포함돼 있다. 또 다양한 이유로(다음 절 참조) 원가를 정확히 반영하는 요금제로의 전환이 필요하며, 현재의 정책적 배려가 작동하기 어려운 환경으로 변해가고 있다.

따라서 전기요금은 정책적 배려를 고려하지 않고 원가에 충실한 방식으로 개선하되 별도로 취약 계층을 정교하게 정의하고 선별적으로 지원하는 방식을 고안할 필요가 있다.

한편 에너지 전환은 다양한 투자를 요구한다. 예를 들어 단열성이 강화된 건축물, 고효율 에너지 설비들(이를테면 LED 전등, 열 회수형

환기 설비)을 통해 비용 효율적인 방식으로 에너지 소비를 줄이는 것이 탄소 중립 실현에 크게 기여한다. 향후 에너지 가격의 상승은 자연스럽게 이런 효율화 투자를 유도할 것이다.

그러나 하루하루 생활을 걱정해야 하는 취약 계층, 소규모 기업들의 경우 이런 투자를 위한 재원 확보가 어려우므로 비효율적인 기존 설비들을 유지하는 경향이 발생한다. 따라서 취약 계층의 건축물 개선, 에너지 효율 설비 투자를 지원하기 위한 각종 금융 정책, ESCO 기업과 같은 조직들을 더욱 활성화하는 방안을 고민할 필요가 있다. 이런 정책들은 취약 계층의 복지를 개선하는 동시에 에너지 전환을 촉진하는 방식이 될 수 있다.

또 다른 중요한 이슈는 에너지 전환이 수반하는 산업 구조 조정 과정에서 노동자들을 보호할 필요가 있다는 점이다. EU나 미국 사례에서 보듯이 에너지 전환 전략은 일자리 증가를 목표로 하지만 기존 화석 연료 발전원들을 폐쇄하고 재생 에너지를 증가시키는 과정 등에서 실직과 재교육, 재취업이 발생하게 될 것이다. 이 과정에서 노동자들이 받는 고통을 최소화하고 삶의 질을 개선할 수 있도록 지원하는 것이 필수적이다.

이외에도 기후 위기와 함께 다양한 재난의 빈도 증가, 식료품 가격의 폭등과 같이 서민 생활의 불안정성을 가중하는 문제들이 발생하고 있다. 정부는 위기 상황에 대응할 수 있는 여유 자원을 비롯한 대응력을 확충할 필요가 있으며, 기본적인 사회 안전망 강화 또한 필수적이다.

⑸ 에너지 전환 거버넌스와 전력 산업 구조

에너지 전환은 사회 전반의 변화를 필요로 하며, 앞서 강조했듯이 에너지와 산업 정책의 전반적인 변화, ESG·저탄소 경제 인프라의 구축과 금융 시장의 제도 정비, 에너지 전환 관련 산업 정책, 기후 위기 취약 계층의 지원을 포함한 사회 안전망의 강화 등 다양한 정부 차원의 과업이 필요하다. 이런 과업들을 체계적이고 효율적인 방식으로 진행하기 위해서는 다양한 이해관계자들의 동의를 얻고 정부 부처 간의 조율을 효과적으로 수행할 수 있는 거버넌스 기구가 필요하다.

이런 거버넌스 기구의 신설은 다양한 정책 목표 중 에너지 전환을 핵심 목표로 선언하는 의미가 있다. 예를 들어 현재까지 전기요금은 물가 관리를 최우선 목표로 삼아 억제해왔으며, 기획재정부가 실질적으로 강한 영향력을 행사하고 있었다. 그러나 이제 탄소 배출 외부성을 충실히 반영한 전기요금의 인상은 필수적이며, 요금 인상과 그에 따른 취약 계층 보호를 동시에 추구하는 방식으로 목적을 조정해야만 한다.

한편 전력 산업은 발전 부문에 경쟁을 도입했는데도 불구하고 한국전력과 발전 자회사들이 핵심적인 역할을 하는 상황에 있다. 그러나 과거 대규모 중앙 집중 방식의 전력 생산은 분산 전원의 특성을 가지는 신재생 에너지로 대체되는 과정에 있으며, 전력산업 구조의 본질적인 변화를 논의하고 있다.

특히 한국전력이 독점적으로 운영하는 송배전과 판매 부문에 경쟁을 도입하는 문제와 관련된 논점들이 제기되고 있으며, 이 사안에 대해 정부는 장기적 안목으로 대응할 필요가 있다.

에너지 전환은 기후 위기라는 강한 외부성을 가지는 장기적 문제 해소를 위해 수행하는 것이다. 단기 이윤 극대화 관점이 지배하는 시장 원리만으로는 수행하기 어렵다. 또 화석 연료의 신재생 에너지로의 전환을 비롯한 산업 구조 변화를 단기간에 수행해야 한다는 측면에서도 정부의 조정과 지원이 필수적이다. 따라서 다양한 정책 목표 수용이 용이한 공기업 체제의 효과성을 부정하기 어렵다. 그렇지만 다양한 주체의 유입을 통한 혁신과 자원 동원을 위해 시장의 힘을 활용하는 것 또한 필요하기에 정책 주도성과 시장 원리의 최적 조합을 추구해야만 한다.

그런데 시장 원리, 경쟁을 강화하기 위해서는 몇 가지 전제 조건이 있다. 우선 현재의 전기요금 구조는 원가를 반영하지 못하고 있어 경쟁 도입이 다양한 부작용을 유발할 수밖에 없음에 유의해야 한다.

예를 들어 주택용에 적용하고 있는 누진적 요금제 상황에서 경쟁이 도입될 경우 신규 판매사는 원가보다 높은 요금을 부담하는 이용량이 많은 수용가를 대상으로 영업을 수행할 수 있으며, 이는 진입자의 초과 이윤 가능성과 함께 한국전력의 적자를 통한 국민 부담을 유발할 수 있다.

이와 같은 문제점을 고려하면 판매 경쟁 도입은 원가를 더 충실히 반영하는 계시별(ToU) 요금제의 정착을 전제조건으로 한다. 이는 하나의 예시며, 경쟁 도입의 부작용을 완화하기 위해서는 기본요금 수준, 종별 요금 체계와 같은 다양한 이슈에 대해 원가주의 원칙에 기반한 요금 제도 정비가 필수적이다.

단기적으로 볼 때 우리나라는 신재생 에너지의 원가가 화석 연료 발전 원가보다(외부성 반영 수준 고려) 낮아지는 그리드 패리티에 도달하지 못했기에 재생 에너지 확산과 새로운 유형의 거래 방식 확산이 어려운 상황에 있으며, 아직까지는 정책 주도의 확산이 필수적이다.

따라서 단기적으로는 화석 연료에 대한 외부성 반영 수준 강화, 요금 제도에 있어서 원가주의 실현 같은 과제들의 실행을 목표로 삼아야 할 것이다. 이는 에너지 이용 효율화 유인의 제공과 배분적 효율성의 극대화를 도모한다는 관점에서 중요할 뿐 아니라 장기적으로 그리드 패리티에 근접하게 될 때 실질적인 경쟁 확대가 가능토록 준비한다는 의미도 있다.

05 대전환의 변화를 기회의 창으로

우리나라는 빠른 추격자로부터 혁신·선도 국가로 변화하기 위해 에너지 전환이라는 세계적 변화의 시점을 충실히 활용할 필요가 있다. 에너지 전환에 저항하는 것은 기존 방식을 유지하면서 원가 우위에 기초한 과거의 경쟁 방식을 고수하려는 시도와 다름없다.

우리가 중진국 함정에 빠져 뒷걸음치지 않기 위해서는 현재를 파괴할 압력과 유인이 필요하다. 에너지 전환의 과정은 그 자체로 인류가 지향해야 할 가치를 반영하지만 변하는 국제 환경 아래에서 경쟁력을 유지하기 위한 생존 방식이기도 함을 인지할 필요가 있다.

에너지 전환의 과정은 ESG 경영 등이 표방하듯이 경제 운영 방식의 근본적 변화를 수반하며, 강력한 산업 정책과 저탄소 경제 인프라 구축, 기후 위기 취약 계층의 지원을 포함한 사회 안전망의 강화 등 정부 차원의 광범위한 정책적 개입을 필요로 한다.

그러나 현재까지 한국의 에너지 전환 대응은 끌려가는 수동성에서 벗어나지 못하고 있다. 비관론과 무임승차에 대한 기대에 편승해왔고, 비전 제시를 통한 국민 설득과 역량 통합을 시도하지 못해왔다. 적극적인 대응은 대전환의 변화를 기회의 창으로 만들 것이지만 과거의 관행에 매몰돼 변화를 주저한다면 대전환은 위협으로 다가올 것이다.

한편 이상의 주장들은 대체로 국가 경쟁력 유지를 위한 산업 정책 관점에서 제시된 측면이 강하며, 에너지 전환을 경제 성장의 수단으로 인식한다는 비판도 가능해 보인다. 기후 위기의 심각성에 대한 인식에는 사람마다 상당한 차이가 있으며, 에너지 전환, 탄소 중립이 어떤 목적보다 우선해야 한다는 인식도 존재한다.

조금 더 중립적으로 생태적 한계를 감안해 경제 성장에 제약을 부여해야 한다는 주장은 광범위한 공감을 얻고 있다. 경제 성장을 주된 목적으로 삼는 경제 운영 논리는 강한 도전에 직면하고 있다. 에너지 전환 과정은 우리의 경제 운영 방식에 대한 근본적인 숙고와 광범위한 논의의 과정을 수반해야 한다.

2장

산업 전환과 중소기업의 공정 성장

이병헌 | 광운대학교 교수, 전 중소벤처기업연구원 원장

* 이 글은 더불어민주당을지키는민생실천위원회(2023)가 펴낸 《민주당 재집권전략 보고서》 내용 중
저자의 글 일부를 요약한 것이다.

산업 전환과
중소기업의 공정 성장

이병헌 광운대학교 교수, 전 중소벤처기업연구원 원장

01 우리나라 산업과 기업이 맞이한 대전환의 과제

코로나-19를 겪고 나서 세계 경제는 새로운 국면에 진입하고 있다. 팬데믹 이후 세계 경제는 회복 국면에 진입했으나 중국을 비롯한 주요국의 성장률이 하락하면서 코로나-19 이전에 비해 성장률이 크게 낮아질 전망이다. 고금리와 원자재 가격 상승, 고물가 등이 우리나라를 포함한 세계 주요국 경제에서 일반적인 현상으로 확산하고 있다.

코로나-19 이전부터 진행된 ICT 기술 혁신과 산업의 디지털 전환은 팬데믹을 겪으면서 가속화됐으며, 이는 경기 침체 와중에서 대·중소기업 간, 전통 산업과 ICT를 활용한 신산업 간의 양극화를 심화시켰다. 코로나-19 이후 구글과 아마존 같은 글로벌 ICT 기업들은 다른 기업들보다 훨씬 바르게 성장했다.

한 분석 결과에 따르면, 2019년에 상위 10%의 기업이 하위 25%의 기업보다 2배 빠르게 성장했지만, 2021년에는 5배 빠르게 성장했으며, UN은 팬데믹 상황에서 디지털 격차가 경제적 불평등을 심화시켰으며, 이는 불평등의 새로운 얼굴(New face of inequality)이라고 명명했다.[1]

우리나라 경제도 코로나-19 이후 디지털 전환이 가속화되는 과정에서 소수 재벌 대기업으로의 경제력 집중이 심화한 것으로 나타났다. 코로나-19 대유행(2020~2021) 발생 직전 연도인 2019년에 비해 삼성그룹을 비롯한 10대 재벌의 매출과 순이익 등이 급증했기 때문이다. 삼성을 비롯한 10대 재벌 매출이 2019년 1,070조 원에서 2021년에는 1,209조 원으로 증가했으며, 이는 국내총생산(명목 GDP 기준) 대비 비중이 55.6%에서 58.3%로 증가한 것이다.[2]

팬데믹 기간 동안 성장을 지속한 대기업들에 비해 중소기업은 전 세계적인 봉쇄와 집합 금지 조치로 비대면 경제 활동이 증가하면서 생산과 매출이 크게 감소했다. 그 결과 대·중소기업 간 양극화는 심화됐다. 팬데믹 전 2015년을 100으로 할 때, 팬데믹이 시작된 2020년 제조업 생산 지수는 109로 9% 증가하지만, 중소기업의 생산 지수는 95.3으로 6% 가까이 감소했다.

이후 2022년 8월에 대기업 생산 지수는 123.4로 많이 증가했지만, 중소기업의 생산 지수는 96.8%로 거의 회복되지 못했다. 중

1   ESCAP(2022), "아시아·태평양 국가의 디지털 전환 실태와 과제", 〈해외정책동향〉 12호, 중소벤처기업연구원.

2   이정훈(2022. 6. 27), "삼성 날고 다른 재벌 '경제력 집중' 커졌는데… 윤 정부 정책은 '친재벌'", 〈한겨레〉.

[그림 2-1] 대·중소기업 간 생산성 격차[3]

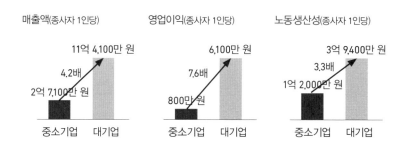

매출액(종사자 1인당)　　영업이익(종사자 1인당)　　노동생산성(종사자 1인당)

11억 4,100만 원　　　6,100만 원　　　3억 9,400만 원

4.2배　　　　　　7.6배　　　　　3.3배

2억 7,100만 원　　　800만 원　　　1억 2,000만 원

중소기업　대기업　　중소기업　대기업　　중소기업　대기업

자료: 통계청, 생산성본부

소기업중앙회가 2022년 1월에 실시한 조사에 의하면, 중소기업의 43.8가 코로나-19로 양극화가 심화됐다고 응답했다.[4] 특히 하도급 거래나 하청 생산에 종사하는 중소기업들은 팬데믹 영향으로 원부자재 구매 가격이 상승했으나, 납품 단가에 반영되지 않아 수익성이 저하됐다고 응답했다.

이러한 상황에서 대·중소기업 간 생산성 격차는 확대되고 있다. 앞의 중소기업중앙회 조사 결과에 의하면, 1인당 매출은 중소기업이 평균 2억 7,100만 원인 데 비해 대기업은 평균 11억 4,100만 원으로 4.2배 차이가 있다. 종사자 1인당 부가가치 생산액인 노동 생산성은 중소기업이 1억 2,000만 원인 데 반해 대기업은 3억 9,400만 원으로 3.3배 컸다.

이러한 생산성의 차이는 대·중소기업 간 임금의 차이를 가져오

3　중소기업중앙회(2022. 2), 신년 기자 회견 "중소기업 성장시대로의 대전환".

4　중소기업중앙회(2022. 2), 신년 기자 회견 "중소기업 성장시대로의 대전환".

고, 이는 중소기업의 인력난을 심화시키고 있다. 2019년 기준으로 종사자 1인당 월평균 급여는 중소기업이 245만 원인 반면, 대기업은 515만 원으로 중소기업의 급여 수준은 대기업의 절반에도 못 미치는 수준이다.

대·중소기업 간 임금 격차는 지난 20년간 지속적으로 확대돼왔다. 그 결과 청년들의 중소기업 취업 기피 현상이 심화됐고, 중소기업은 만성적인 인력난을 경험하고 있다.

코로나-19로 글로벌 공급망이 원활하게 작동하지 않는 상황에서 미국을 중심으로 강력한 리쇼어링과 자국 산업 보호, 첨단 기술 제품의 대중국 수출 금지 등 신보호무역주의 정책이 강화되면서 수출 의존도가 높은 우리 경제는 심각한 타격을 받고 있다. 경제 성장률 하락, 고금리 지속, 원자재 가격과 소비자 물가 상승, 제조업 생산과 수출 부진 등은 중소기업의 생존과 성장을 크게 위협할 것으로 예상한다. 특히 국제 교역 질서의 변화에 대한 대응 능력이 취약한 우리나라 수출 중소기업은 심각한 어려움에 부닥칠 수 있다.

코로나-19 이후 디지털 전환과 더불어 산업의 구조적 전환을 추동하는 또 하나 요인은 탄소 중립을 위한 에너지 전환이다. 팬데믹 상황에서 온실가스로 인한 기후 변화와 지구 생태계의 지속 가능성에 대한 우려가 전 세계적으로 새롭게 인식되기 시작했고, 2050년 탄소 중립 실현이 글로벌 의제로 부상했다. 세계 주요국들이 2025년 탄소 중립을 선언했으며, 우리나라도 2030년까지 온실가스 배출을 40% 줄인다는 NDC를 발했다.

탄소 배출 감축 정책을 가장 적극적으로 실행하는 EU는 CBAM을 2026년부터 본격 시행할 예정이다. 2023년부터는 일정 규모 이상의 기업들로 하여금 탄소 배출량 보고를 의무화할 계획이다. EU가 시행하는 탄소 국경세의 적용 대상은 역내 기업들뿐 아니라 EU에 완성품이나 부품을 수출하는 역외 기업들과 그들 업체에 공급하는 중소기업까지 해당한다. 따라서 EU에 수출하거나 수출 기업에 부품과 소재를 공급하는 우리나라 중소기업도 이에 대한 대응이 필요한 상황이다.

탄소 중립을 위한 에너지 전환 정책은 각국 정부뿐 아니라 민간의 투자 기관들과 글로벌 기업도 적극적으로 참여하고 있다. 애플과 구글 등 335개 글로벌 기업이 참여한 RE100은 기업이 사용하는 전력량의 100%를 2050년까지 재생 에너지로 충당하겠다는 캠페인이다. 이들 기업뿐 아니라 이들 기업과 거래하는 모든 기업에도 RE100을 요구하고 있다.

투자 운용사나 투자 은행들도 온실가스 감축을 투자에 반영하는 ESG 투자를 확대하고 있다. 그래서 RE100 기업과 거래하는 중소기업이나 ESG 투자를 하는 투자 기관으로부터 투자를 받고자 하는 중소기업은 온실가스 배출을 적극적으로 줄여야 하는 상황이다.

이상의 상황을 종합할 때 우리나라의 중소기업들은 향후 산업의 대전환기에 동반되는 여러 가지 복합 위기에 직면해 있다고 평가할 수 있다. 중소기업은 대기업에 비해 이러한 위기에 대한 대응 능력이 취약하다. 그래서 디지털 전환과 에너지 전환으로 추동되는 산업 전환으로 인해 대·중소기업 간 양극화는 심화될 수 있다. 특히 노동 집약적 서비스업 같은 특정 업종이나 지역을 중심으로 산업 전환이 중소기업에 큰 위기 요인으로 작용할 수 있다.

우리 경제의 잠재 성장률 제고와 일자리 창출을 위해서는 중소기업과 벤처기업이 산업 전환에 능동적으로 대응할 수 있어야 하며, 정부는 이를 적극적으로 지원해야 한다. 산업을 전환하는 과정과 그 후의 상황에서 대·중소기업 간 공정한 경쟁과 거래가 이뤄질 수 있는 시장 질서 확립을 위한 제도적 장치와 그를 위한 입법 활동을 강화할 필요가 있다. 또 중소기업과 벤처기업의 산업 전환 대응 활동에 대한 정부의 재정적 지원도 확대해야 한다.

2장에서는 디지털 전환과 에너지 전환을 두 축으로 전개하는 산업 전환이 중소기업에 미치는 영향과 이에 대한 중소기업의 대응 전략을 살펴보고, 중소기업의 성공적인 산업 전환 대응을 위한 정부의 정책 방향과 구체적인 정책 과제를 제시를 제시하기로 한다.

02 산업 전환이 중소기업에 미치는 영향

디지털 전환이 중소기업에 미치는 영향

(1) 코로나–19 이전, ICT 기술 혁신으로 촉발된 4차 산업혁명

2010년대 중반부터 AI, 빅데이터, 사물인터넷(IoT), 로봇 등 ICT 기술의 발전이 가속화되면서 제조업과 서비스업을 포함한 대부분의 전통 산업에서 이러한 기술을 광범위하게 활용해 가치 사슬을 재구축하고, 산업 구조를 재편하는 4차 산업혁명이 진행됐다.

4차 산업혁명은 정보를 자동으로 수집하고 분석해 현실과 가상의 세계를 하나로 연결한 O2O 체계를 구축하며, '초연결성', '초지능화', '융합화'에 기반해 전 산업의 디지털 전환을 촉진했다. 또 제조업과 서비스업의 융합으로 산업 인터넷, 디지털 헬스케어 등과 같은 신산업들이 창출되고 있다.

전기차 판매 후 지속적인 업그레이드를 제공하는 테슬라나 센서를 부착한 비행기 엔진을 판매한 후 센서를 통해 수집한 정보로 연비 증강, 사전 정비 등의 서비스를 제공하는 GE 등은 IoT 기술을 활용해 새로운 시장을 창출하는 대표적인 예라고 할 수 있다.

전통적인 제조업에서는 맞춤형 소량 생산과 실시간 애프터서비스를 제공하는 스마트 공장의 확산, 서비스업에서는 팬데믹을 계기로 디지털 노동 플랫폼, 스마트 물류와 스마트 서비스가 빠르게 성장하고 있다.

스마트 팩토리는 ICT를 활용해 통합화·지능화·유연화·최적화를 구현하는 지능형 생산 시스템이다. 글로벌 선도 기업을 중심으로 도입하고 운용이 확대되고 있으며 관련 기술의 혁신이 가속화되고 있다. 디지털 노동 플랫폼은 모바일 애플리케이션 또는 웹사이트를 통해 특정 부문의 노동 수요와 공급을 연계하는 시스템으로 플랫폼 이용자 수가 증가하고 있다.

스마트 물류는 IT 기술을 접목해 물류의 제반 단계를 실시간으로 통제하고 관리하기 위한 지능형 통합 물류 체계다. 미국과 중국의 빅테크 주도로 시스템 구축을 진행 중이며, 우리나라에서는 쿠팡 같은 온라인 유통 업체들이 도입을 확대하고 있다.

스마트 서비스는 다양한 형태의 서비스에 무인화·자동화·원격화 등 ICT를 적용해 기존의 서비스 제공 방식을 대체하고 보완한 것이다. 식당과 의료 등 대면 서비스 중심으로 디지털 전환을 진행 중이다.

4차 산업혁명이 확산되면서 플랫폼 기반의 비정규직 노동자와 이를 매개하는 플랫폼 시장도 크게 성장하고 있다. 글로벌 시장조사 기관 스태티스타는 2022년 기준 미국의 약 6,800만 근로자가 긱 워커(Gig Worker)로 불리는 플랫폼 노동자들이며, 2028년까지 긱 워커 수는 미국 내 근로자의 50%가 훨씬 넘는 9,010만 명에 이를 것으로 예측했다.

글로벌 긱 이코노미 시장 규모는 2018년 2,040억 달러에서 2023년 4,550억 달러로 2배 이상 급증할 것으로 전망하고 있다. 미국 시장에 비하면 낮은 수치이지만 국내 상황도 비슷한 추이를 보인다. 통계청 조사를 기준으로 보스턴컨설팅그룹(BCG)이 추산한 바에 따르면, 국내 전체 취업자 2,600만 명 중 1,000만 명이 긱 워커다.[5]

디지털 전환으로 인한 생산성 개선 효과는 기업 규모와 산업 특성에 따라서 큰 편차를 보이고 있다. 이는 대·중소기업, 전통 제조업과 첨단 기술 산업 간 경쟁력 차이를 유발하고 있다. 예를 들어 전사적 자원 관리(ERP) 시스템이나 AI에 의한 물류 자동화 기술 등은 중소기업에 비해 대기업의 생산성 증대에 크게 기여하고 있다.

4차 산업 관련 기술의 개발과 활용 정도에 대한 정보통신정책연구원(KISDI) 조사 결과를 보면, 제조업의 경우 개발 또는 활용 기업의 비중이 10.77%에 불과하다. 정보 통신업과 전기 가스업, 금

---

5   BCGKorea(2022), 〈Unlocking the potential of the Gig Economy in Korea〉.

융 보험업을 제외한 서비스업에서도 개발 또는 활용 기업의 비중이 10% 미만이다.[6]

(2) 코로나-19는 디지털 전환을 촉진하는 기폭제

세계 각국이 팬데믹에 대응한 봉쇄 조치를 통해 인간 상호 작용을 최소화하고, 비접촉 온라인 서비스 사용을 장려했다. 우리나라 정부는 비대면 바우처 같은 재정 지원을 통해 온라인 서비스 소비를 촉진했고, 이에 따라 기업들은 온라인 쇼핑, 원격 근무, 화상회의, 원격 교육을 더 많이 활용했다. 그 결과 디지털 전환을 추동하는 ICT 산업은 팬데믹 기간 동안 큰 폭으로 성장했다.

우리나라 데이터 산업의 시장 규모는 2019년 15조 5,000억 원에서 2021년 19조 3,000억 원으로 성장했다. IoT 기기 서비스 가입수는 2019년 2,144만 개에서 2021년 3,000만 개로 증가했다. 같은 기간 전 국민의 OTT 서비스 이용률은 42.7%에서 66.3%로 증가했다. 기업들의 클라우드 서비스 이용률도 2017년 17.2%에서 2020년 23.5%로 증가했으며, 스마트 공장 도입 기업 수는 2019년 7,900개 기업에서 2021년 1만 9,800개 기업으로 증가했다.[7]

(3) 산업의 디지털 전환은 중소기업에 기회인 동시에 위협

코로나-19 과정에서 급속하게 진행된 디지털 전환은 새로운 스타트업과 유니콘 벤처의 창업과 성장을 촉진했다. 【표 2-1】과 같이

---

6   장재영 외(2022), 〈코로나-19 이후 디지털 전환기 기업혁신 촉진을 위한 국가전략〉, KISDI.

7   과학기술정보통신부(2021. 10. 6), "코로나 이후 시대, 4차 산업혁명으로 촉발된 디지털 전환은 어떻게 진행되고 있나?".

코로나-19 기간 동안 부동산 임대업을 제외하더라도 연간 창업 기업 수는 증가했다. 코로나-19 영향을 크게 받은 숙박·음식점업과 제조업 창업은 감소했으나, 디지털 전환을 선도하는 업종인 ICT 업종을 포함한 전문, 과학·기술 서비스업의 창업이 크게 증가했기 때문이다.

기술 집약적 창업의 증가와 더불어 문재인 정부의 적극적인 벤처 창업 지원 정책과 민간의 벤처 투자가 증가하면서 2017년부터 제2의 벤처 붐이 조성됐다. 기술 기반 창업 기업 수는 2019년에 연간 22만 개 수준에서 2021년 24만 수준으로 증가했다. 다만, 2022년에는 23만 개로 소폭 하락했는데, 2022년 하반기 금리 인상과 경기 후퇴에 기인하는 것으로 보인다.

벤처캐피털에 의한 벤처 투자 규모는 2018년 3조 4,000억 원 규모에서 2021년 7조 6,000억 원 규모로 크게 증가했다. 이 역시 2022년에는 6조 7,000억 원 규모로 전년에 비해 11.9% 하락했다. 신규 벤처 투자가 급증함으로써 국내 벤처기업과 스타트업에 풍성한 자금을 공급하고, 이를 통해 기업 가치가 1조 원 이상인 유니콘 벤처기업도 2022년 상반기 기준으로 국내 유니콘 기업은 총 23개사가 됐다.

2021년 말 기준으로 매출 1,000억 원 이상을 달성한 벤처기업 수는 총 739개사로 2020년 말 기준 633개사보다 106개사가 증가했다. 【그림 2-2】와 같이 코로나-19를 전후한 2018년에서 2021년 사이 연간 창업 기업과 벤처 투자 규모는 2000년 1차 벤처 붐 시기보다도 더 커졌다.

팬데믹으로 인한 디지털 전환의 가속화가 스타트업과 벤처기업에

【표 2-1】주요 업종별 창업 동향 (단위: 개, %)

구분	2019년	2020년	2021년	2022년
전체 (△4.4)	1,285,259	1,484,667	1,417,973	1,317,479
	(15.5)	(△4.5)	(△7.1)	
실질 창업 (부동산업 제외)	1,005,462	1,046,814	1,100,589	1,111,718
	(2.9)	(4.1)	(5.1)	(1.0)
기술 기반 업종	220,607	228,949	239,620	229,416
	(4.0)	(3.8)	(4.7)	(△4.3)
제조업 (△8.7)	52,317	49,928	47,989	41,595
	(△4.6)	(△3.9)	(△13.3)	
도매·소매업 (7.9)	333,246	390,055	425,446	456,426
	(17.0)	(9.1)	(7.3)	
숙박·음식점업 (1.3)	185,116	166,548	161,283	156,489
	(△10.0)	(△3.2)	(△3.0)	
정보통신업 (5.5)	30,336	36,760	45,578	46,041
	(21.2)	(24.0)	(1.0)	
금융·보험업 (9.3)	7,739	8,245	10,833	8,541
	(6.5)	(31.4)	(△21.2)	
전문, 과학·기술 서비스업 (14.7)	46,413	54,411	65,134	58,035
	(17.2)	(19.7)	(△10.9)	
예술, 스포츠· 여가 관련 서비스업 (△4.9)	31,139	27,904	26,576	28,318
	(△10.4)	(△4.8)	(6.6)	

( ) : 전년 동기 대비 증감률
자료 : 중소벤처기업부(2023. 3), "주요 업종별 창업 동향"

게는 근 기회로 작용하고 있는 것으로 평가된다. 최근 경기 상황이 악화돼 일시적으로 벤처 창업과 투자가 위축되고 있으나, 중장기적으로는 벤처기업의 창업과 성장이 이어질 것으로 예측되며, 이들 기술과 지식 집약적인 기업군의 성장이 우리나라 전체 중소기업의 체질을 개선하고 경쟁력을 강화하는 데 도움이 될 것이다.

ICT와 바이오 등 신기술 분야의 창업과 벤처기업이 크게 성장하는 동안 전통 제조업과 서비스업 분야의 중소기업들은 디지털 전환에 대한 대응 능력 부족으로 코로나-19 이후 시장을 상실하고, 경쟁력이 취약해졌다.

300인 미만의 중소 제조업체 취업자 수는 2018년 222만 명에서 2021년 207만 명으로 15만 명 정도 감소했다. 같은 기간 중소 도소매업체 취업자 수는 363만 명에서 326만 명으로 감소했고, 중소 음식 숙박업 취업자 수는 222만 명에서 207만 명으로 감소했다. 같은 기간에 중소 정보통신업의 취업자 수는 68만 명에서 72만 명으로 증가했고, 기술 서비스업도 89만 명에서 96만 명으로 증가했다.[8]

중소기업중앙회가 2021년에 조사한 중소기업 디지털 성숙도 조사 결과는 디지털 전환에 대한 전통 중소기업의 대응이 제대로 이뤄지고 있지 못함을 보여주고 있다. 기업이 디지털 전환에 효과적으로 대응하기 위해서는 디지털 전환 전략을 수립하고, 새로운 비즈니스 모델을 개발하고, 이를 실행하기 위한 조직과 인력을 갖추고, ICT 기술을 확보해 현장에 적용해야 한다.

---

8   김진철(2023. 3. 24), "KOSI 중소기업 동향(2023년 3월)", 중소벤처기업연구원.

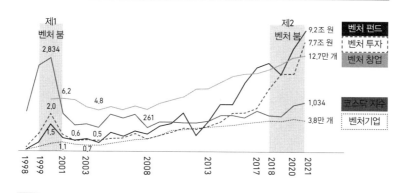

자료 : 국정백서 편찬위원회(2022),《문재인정부 국정백서》, 문화체육관광부

그런데 중소기업은 이들 모든 항목에서 준비 정도가 매우 미흡한 것으로 나타났다. 특히 제조업에 비해 서비스업의 경우, 디지털 전환을 위한 전략 수립과 실행을 위한 인적 자원과 기술의 준비 정도가 낮았다. 우리나라 중소기업의 디지털 전환 단계는 4단계 중 2단계에 해당하는 '디지털 관찰자' 수준이다. 아시아·태평양 지역 14개국 가운데 싱가포르, 일본, 뉴질랜드, 호주, 중국에 이어 6위에 해당한다는 연구 보고도 있다.[9]

위와 비슷한 시기에 산업연구원이 중소기업을 대상으로 한 실태조사에서도 중소기업의 디지털 전환 준비 정도는 매우 낮았다.[10] 특히 제조업에서는 대기업과의 거래 관계에 있는 하도급 기업에 비해 대기업과 하도급 관계를 맺지 않고 있는 독립 중소기업들의 디

9   장재영 외(2022), 〈코로나-19 이후 디지털 전환기 기업혁신 촉진을 위한 국가전략〉, KISDI.

10   조영삼 외(2021), 〈중소기업의 디지털 전환전략과 정책과제〉, KIET.

지털 전환 준비 정도가 낮았다. 서비스업에서는 개인 고객을 대상으로 하는 B2C 중소기업에 비해 기업 고객을 대상으로 서비스하는 B2B 중소기업들이 디지털 전환에 대한 준비가 더딘 것으로 나타났다.

이 조사는 산업별 차이도 분석했다. 지식 집약적 부문이 디지털 전환의 적용 기술과 영역 모두에서 높은 수준의 추진 상황을 보인 반면, 다른 산업은 그렇지 못한 것으로 나타났다. 정보 통신 서비스 같은 디지털 집약 서비스 부문은 높은 수준의 진전도를 보이는 반면 숙박·음식점업, 수송, 건설, 제조 등은 상대적으로 미흡하다. 산업별로 핵심 적용 기술도 상이하며, 디지털 적용기술의 산업 간 차이도 기업 간 격차와 비슷한 양상을 보였다.

⑷ 디지털 전환으로 온라인 플랫폼 기업과 중소기업 간 불공정 거래 문제가 증가하다

산업 전반의 디지털 전환이 이뤄지고, 중소기업들의 사업 활동에서 빅데이터와 이를 처리하는 소프트웨어와 하드웨어의 활용이 증가하고, 생산 자원의 조달과 수요처를 인터넷 중개 플랫폼을 통해 확보하는 경우가 증가하고 있다. 클라우드컴퓨팅이나 온라인 ERP 같은 ICT 솔루션 제공 업체와 온라인 플랫폼 기업에 대한 중소기업의 의존도가 심화되고 있다.

이에 따라 빅테크 등 일부 플랫폼 기업이 온라인 시장을 장악할 경우 약탈적 가격 책정을 통해 플랫폼에 종속된 생산자·유통업자에 손실을 입힐 가능성이 있고 시장 구조도 왜곡할 가능성도 크다.

예를 들어 코로나-19 기간 동안 크게 성장한 온라인 유통 플랫폼이 2023년에 접어들어 수요 성장률이 둔화됨에 따라 수익성 제고를 목적으로 판매 수수료율을 일제히 인상했다.

카카오스타일의 지그재그는 패션 상품에 적용하는 판매 수수료를 1.5%에서 4.5%로 올렸으며, 판매 수수료 0% 정책을 유지해온 에이블리도 2022년 12월부터 매출 3.0% 판매 수수료를 부과하기 시작했다. 명품 플랫폼 머스트잇은 2023년부터 판매자 수수료를 기존 8.0%에서 11.0%로 인상했다. 전자상거래 플랫폼 위메프도 입점 업체들로부터 받는 수수료를 기존 2.9%에서 3.9%로 1.0%p 인상했다.[11]

탄소 중립과 에너지 전환이 중소기업에 미치는 영향

(1) 탄소 중립과 에너지 전환은 중소기업들도 피할 수 없는 과제

탄소 중립은 주요 업종의 대기업에 국한된 문제가 아니며, 모든 업종의 중소기업도 제품과 서비스의 생산·판매 과정에서 탄소 배출을 줄이고, 신재생 에너지의 사용을 요구받고 있다. 앞서 설명했듯이 글로벌 기업의 RE100, EU가 추진하는 CBAM과 공급망 실사, 탄소 배출권 거래 제도와 탄소세, 글로벌 투자 기관과 각국의 주식 거래소에서 요구하는 ESG 공시 제도 등은 에너지 사용이 많은 제조 중소기업뿐 아니라 ICT 서비스업 분야의 벤처기업도 탄소 중립을 구체적으로 실현할 것을 요구하고 있다.

---

11 김솔아(2023. 2. 1), "에이블리·지그재그 수수료 인상… 비용 절감에 돌입한 플랫폼 업계", 〈오피니언뉴스〉.

【표 2-2】 2030 NDC 상향 및 2050 탄소 중립 시나리오　　　　(단위: 백만 톤 CO_2 eq)

부문	2018 배출량(A)	2030 NDC			2050 탄소 중립 시나리오 A안		
		배출량 (B)	감축량 (A-B)	감축률 (A-B)/A	배출량 (C)	감축량 (A-C)	감축률 (A-C)/A
에너지 전환	269.6	149.9	119.7	△44.4%	0.0	269.6	△100.0%
산업	260.5	222.6	37.9	△14.5%	51.1	209.4	△80.4%
기타(수송·건물 등)	197.5	134.6	63.0	△31.9%	29.3	168.1	△85.1%
총배출량	727.6	507.1	220.6	△30.3%	80.4	645.1	△88.6%
저감(흡수 CCUS 등)	−41.3	−70.5	29.2	70.7%	−80.4	41.3	100.0%
순배출량	686.4	436.6	249.8	△36.4%	0.0	686.4	△100.0%

자료 : 중소벤처기업부(2021. 12), 〈중소벤처기업 탄소중립 대응 지원방안〉

우리 정부는 2020년 10월에 '2050 탄소 중립 선언'을 대내외적으로 발표했다. 후속 조치로 '탄소 중립 기본법'에서 NDC를 2030년까지 2018년 대비 최소 35%를 감축하도록 법제화했다. 2021년 10월에 발표된 2030년 NDC 목표 달성 시나리오에서는 총 감축 목표를 2018년 대비 40%로 설정했으며, 국내 순배출량은 36.4% 줄이는 것으로 목표로 하고 있다.

【표 2-2】와 같이 산업 부분의 감축 목표는 대체 기술 개발 시기 등을 고려해 전체 목표인 40%보다 낮은 14.5% 감축하는 것을 목표로 하고 있다.

산업 부분 중에서 중소기업의 추정 배출량은 31%인 1.08억 톤이며, 이는 국가 전체 연간 배출량 7.28억 톤의 약 15%에 해당하는

양이다.[12]

그래서 중소기업들도 2023년까지 평균적으로 탄소 배출량을 14.5% 감축해야 하는 과제를 안고 있다. 대기업과 달리 중소기업의 탄소 배출은 특정 업종에 집중돼 있지 않다. 배출 원인도 고탄소 연료와 원료 사용, 탄소 배출 공정, 낮은 에너지 효율 등 업종별로 상이하고 복합적이다.

(2) **탄소 중립과 에너지 전환이 미치는 영향과 중소기업의 대응은 업종별로 상이하다**

탄소 중립을 위한 에너지 전환이 본격화될 경우, 중소기업에 미치는 영향은 크게 3가지로 분류해볼 수 있다

① 탈탄소 에너지 전환에 따라 생산 비용이 크게 증가하는 유형이다. 중소기업이 밀집돼 있는 업종이면서 탄소 배출량이 많은 업종으로는 화학 제품, 비철금속, 1차 금속 제조업 등이다. 이들 업종에 속한 중소기업들의 경우, 탄소 배출권을 구매하거나 탄소 중립을 위한 설비 투자 등으로 인해 생산 비용이 많이 증가할 것이다.

대표적인 중소기업 업종이면서 고탄소 업종인 석회 가공업은 생산 공정에서 이산화탄소를 많이 배출하고, 연료로 석탄을 사용함으로써 탄소 배출량은 더욱 많아진다. 생석회 1톤을 생산할 때마다 온실가스가 1톤 발생하는 것으로 알려져 있다. 생석회 제조 중소기업이 탄소 중립을 실현하는 방법은 탄소 포집 설비를 갖추거나 공정에 사용하는 연료를 신재생 에너지로 교체하는 것인데, 비용

---

12   중소벤처기업부(2021. 12), 〈중소벤처기업 탄소중립 대응 지원방안〉.

이 많이 든다.

금속 가공업 등 뿌리 업종(주조와 열처리 등)은 제조 원가 대비 전력 요금 비중이 평균 12.2% 수준으로 에너지 절감을 위한 공정 혁신이 필요하다.[13]

② 탈탄소 에너지 전환으로 인해 제품·서비스에 대한 수요가 크게 줄어드는 중소기업을 2번째 유형으로 꼽을 수 있다. 탄소 중립을 위해 포장 용기를 비롯한 플라스틱 제품의 사용의 줄이려는 움직임이 확산하고 있으므로 이들 제품을 제조하거나 유통하는 중소기업의 생산과 매출은 줄어들 전망이다.

국내 자동차 부품업체들은 에너지 전환으로 내연기관 자동차를 전기 자동차로 교체하면서 부품 수요의 감소에 직면해 있다. 한국자동차산업협동조합에 따르면 2019년 824곳(대기업 269개, 중소기업 555개)이었던 국내 부품 업체 수는 2020년 744곳(대기업 266개, 중소기업 478개)으로 9.7% 줄었다.[14]

2019년부터 하이브리드차를 중심으로 친환경차 판매가 급격히 늘면서 전기 모터와 배터리 수요 또한 큰 폭으로 증가했지만, 이 변화에 대응하지 못한 탓이다. 전체 부품 업체의 83%가 매출 100억원 미만의 영세 기업으로 미래차 전환에 투자할 여력도 없다. 국내 전장 부품을 생산하는 기업은 5%대에 그친다. 내연 기관차보다 30%가량 적은 전기차의 부품 수도 수익성 악화를 부추기는 요인이다.

13　중소기업중앙회(KBIZ) 조사를 바탕으로 했다.

14　신현아(2022. 4. 21), ""더는 못 버텨, 업체 90% 문 닫을 판"… 車 부품업계 '초비상'", 〈한국경제〉.

③ 탈탄소 에너지 전환 과정에서 오히려 수요가 증가하는 업종이 3번째 유형이다. 태양광·풍력 발전 설비나 부품 제품 제조업체, 친환경 농심품을 비롯해 탈탄소 친환경 제품 생산 업체, 폐기물로부터 자원을 회수하는 작업을 수행하는 중소기업, 탈탄소 신공정을 개발하는 중소벤처기업에 대한 수요가 증가하고 있다.

이러한 그린 분야의 우리나라 중소기업 수는 6만 2,000개로 양적으로 크게 증가했다. 다만, 기업당 평균 매출액이 16억 원으로 일반 제조 중소기업에 비해 아직 영세한 편이다.

해외의 경우 올버즈(2018), 어필사이언스(2020) 등 그린 유니콘기업이 잇따라 탄생하고 있으나 국내에는 그린 유니콘이 아직 없다. 스타스테크(친환경 제설제, 아기 유니콘), 마린이노베이션(건강한 플라스틱, 소셜 벤처) 등이 성장하고 있어 그린 벤처기업의 가능성을 확인하고 있다.

(3) 탄소 중립 경영에 대한 중소기업 전반의 인식과 추진 체계는 미비하다

애플이 2030년까지 공급망 전체에 대한 탄소 중립 선언을 선언하고, 납품 업체인 SK하이닉스와 TSMC도 RE100(100% 신재생 에너지 사용)에 동참하는 등 글로벌 기업이 공급망 전체에 대해 탄소 중립을 선언하면서 고탄소 업종뿐 아니라 모든 중소기업이 탄소 중립 요구에 직면하고 있다.

그러나 그동안 온실가스감축제도의 근간이 돼온 '배출권 거래제'와 '에너지 목표 관리제' 대상이 대기업 중심이었기 때문에 일반 중소기업의 탄소 중립에 대한 인식은 매우 부족한 상황이다. 중소기업의 53.7%가 에너지 효율 향상 사업에 참여하지 않은 이유로 "몰

랐거나 하거나 늦게 알았다"라고 응답하고 있으며,[15] 중소기업의 81%가 탄소 중립 대응 필요성에는 공감하고 있으나 절반이 넘는 56%가 준비 계획이 전혀 없는 등 구체적 대응 전략은 부재한 상황이다.[16]

중소기업은 전국에 소규모로 다수 사업장이 광범위하게 분포하고 있는데, 지역별로 업종 분포와 특성 모두 상이하다. 그래서 중앙 정부의 노력만으로는 전국에 산재한 중소기업의 저탄소화를 추진하는 데 한계가 있다. 중소기업 전반의 탄소 중립 경영 확산과 인식을 제고하기 위해서는 민간·지역 중심의 추진 체계가 필요하다.

또 중소기업의 탄소 중립 실태를 조사하고, 체계적인 지원 정책을 수립해 집행할 필요가 있으나 중소기업 탄소 중립 정책 수립을 위한 컨트롤타워와 중소기업 탄소 중립의 체계적 지원을 위한 법적 인프라 등이 미비한 실정이다. 온실가스 인벤토리 통계, 배출 현황 통계, NDC와 탄소 중립 시나리오 등 모든 온실가스 통계·전망에서 중소기업을 별도로 식별하지 않고 있는 실정이다. 중소기업의 업종별 특성 등을 고려해 탄소 중립을 효과적으로 지원하기 위해서는 관련 통계와 정보 시스템 구축이 필요하다.

(4) ESG 경영과 투자가 확대되고 있으나 중소기업의 준비와 대응은 느리다

2005년 유엔 글로벌 콤팩트(UNGC)에서 ESG 투자의 개념이 제시됐고, 2006년 유엔책임투자원칙(UN PRI)의 출범은 전 세계적으로

---

15   2021년 9월 중소기업중앙회(KBIZ) 조사를 바탕으로 했다.
16   중소벤처기업진흥공단(2021. 2), "중기 탄소 중립 대응 동향조사".

ESG 투자가 확산하는 계기가 됐다. 연기금 등 기관 투자자들이 수탁자로서 투자 의사를 결정할 때, 투자 대상 기업의 재무적 요소뿐 아니라 ESG 등 비재무적 요소를 함께 고려해야 한다는 원칙을 천명한 것이다. UN PRI 서명 기관은 2021년 초 기준 3,634개이고 이는 2019년 상반기 대비 53% 증가한 수치다. 최근 들어 기관 투자자의 ESG 고려가 더욱 가속화되고 있다.

글로벌지속가능투자연합(GSIA)에 따르면 2020년 상반기 전 세계 ESG 투자 규모는 약 40조 5,000억 달러(약 5경 5,000억 원)에 달한다.[17] 최근 각국의 탄소 배출 규제가 강화되는 것과 맞물려 자산운용사나 신용 평가사 등 글로벌 금융사를 중심으로 기업 신용도 평가에서 ESG 활동에 대한 평가의 비중을 30% 이상으로 높이고 있다.

기업의 ESG 활동을 촉진하기 위한 각국 정부의 규제도 강화되고 있다. 2014년부터 ESG 정보 '의무 공시 제도'를 발전시켜온 EU는 2021년 기업지배구조 법안(Initiative on Sustainable Corporate Governance)을 의회에 제출했으며, 2022년 12월에는 기업 공급망 전반의 인권·환경 관련 기업 책임을 의무화하는 공급망 실사 지침 합의안을 발표했으며, 2023년 5월 유럽의회 본회 표결 예상된다.

이는 EU 역내 기업의 공급망 전체를 대상으로 환경·인권에 대한 실사(Due diligence)와 부정적 영향을 최소화하기 위한 내규를 명시하고, 실제 이행 내용을 공시하도록 하는 내용을 포함하고 있

---

17 나수미(2021. 8. 9), "ESG 확산이 중소기업에 미치는 영향 및 지원 방향", 〈KOSI 중소기업 포커스〉 제21-14호, 중소벤처기업연구원.

다. 이를 위빈할 경우 벌금과 민사상 책임을 부과할 수 있다. EU는 2026년부터 탄소 국경세를 본격적으로 도입할 계획이다.

미국도 바이든 행정부 출범 후 ESG 의무 공시를 비롯해 탄소 중립 등 지속 가능성 규제를 강화하고 있다. 2021년 6월 미국의 상장 기업이 ESG 정보를 의무 공시하도록 하는 'ESG 공시 및 단순화법(The ESG Disclosure and Simplification Act)'이 미국 의회 하원을 통과했다. 미국에서도 탄소세를 부과할 계획이다.

우리나라도 2025년부터 자산 규모 2조 원 이상의 코스피 상장사의 ESG 공시를 의무화하기로 했다. 이어 2030년까지 코스피 상장사 전체로 의무화 대상을 확대할 예정이다. 정부는 2023년 말까지 공시 항목과 공시 시기, 산업별 기준, 온실가스 배출량 공시 범위 등이 포함된 ESG 공시 기준을 마련하기로 했다.

ESG 투자와 경영, 관련 규제의 확대는 중소기업의 자금 조달과 판로에 영향을 미치게 된다. ESG 투자와 관련 규제로부터 직접적인 영향을 받는 기업들은 대부분 상장된 대기업들이다. 하지만 향후 ESG 금융이 보편화하면 중소기업의 자금 조달에도 영향을 미칠 것으로 전망된다. 정책 금융 기관의 중소기업 대출이나 벤처캐피털의 투자에서도 중소벤처 기업의 ESG 활동을 부분적으로 평가하고 있으며, 이는 향후 확대될 전망이다.

ESG 확산이 중소기업에 미치는 영향은 판로 측면에서 더욱 크게 나타날 전망이다. 대기업에 원재료나 부품을 공급하는 협력사인 중소기업은 ESG 성과에 따라 공급망에 포함되거나 배제될 수 있다. 애플, BMW, DHL 등의 글로벌 대기업은 '공급망 행동 규범'을 통해 협력사 ESG 평가를 의무화하고 그 결과에 따라 협력사에 패널티를 부여하거나 신규 거래 여부 판단 시 가점을 부여하고 있다.

국내에서도 삼성, SK하이닉스, LG전자, LG화학 등 대기업은 공급 업체인 중소기업의 ESG 경영 실적을 요구하고 있다. 2022년 전경련이 조사한 30대 그룹 공급망 ESG 관리 현황 조사에 따르면, 협력사 44개의 ESG 경영 책임을 명시한 협력사 행동 규범(Supplier Code of Conduct)을 제정해 윤리·환경·노동/인권 등 분야 행동 규범에 대한 자발적 준수를 요청하고 있다.

소비자를 직접 상대하는 B2C 중소기업도 ESG 성과에 따라서 매출이 영향을 받을 수 있다. 소비자들이 소셜미디어 등을 통해 중소기업의 ESG 활동 여부를 파악하고, 이를 제품 구매 기준으로 고려하기 시작했기 때문이다. EU 등 선진국 시장에 수출을 주로 하는 중소기업들의 경우, 가장 직접적인 영향을 받고 있다. 이들 기업은 글로벌 기업이 납품 기업에 대한 ESG 관련 지속 가능 경영 요구 수준을 강화하면서 납품 배제, 거래 중단 등의 위험에 처하는 경우가 생기고 있다.

중소기업도 ESG 경영을 통해 관련 국내외 규제에 대응할 필요성이 증가하고 있으나 이에 대한 경영자의 인식과 준비 정도는 대기업들에 비해 크게 뒤처져 있다. 2021년 9월 중소기업중앙회가 조사한 결과에 의하면, 'ESG 경영 도입이 필요하다'라고 느끼는 중소기업은 53.3%였으나, 도입 환경은 '준비돼 있지 않아 어렵다'고 느끼는 기업이 89.4%에 달했다.[18]

---

18   중소기업중앙회(2021. 9. 30), "정부 K-ESG 지표에 대기업의 협력사와의 공정거래 책임 강화해야

2023년 대한상공회의소가 조사한 결과, 가장 큰 ESG 현안은 공급망 실사라고 응답한 기업이 40.3%에 달했으나, 응답한 중소 협력사 중에서 47%가 공급망 실사에 대한 대응 조치가 없다고 응답했다.[19]

03 정부의 정책 대응과 문제점

문재인 정부의 정책 대응

(1) 문재인 정부의 정책 기조

문재인 정부는 4차 산업혁명과 디지털 전환에 따른 산업 구조의 변화에 선제적으로 대응해 중소기업 중심의 경제 성장과 일자리 창출을 주요 국정 목표로 설정했다.

중소기업 중심 경제를 실현하기 위한 구체적인 전략으로는 저생산성에 따른 저임금 구조 극복을 위한 생산성 향상, 지속 가능한 중소기업 성장 생태계 조성, 기울어진 운동장을 평탄화하기 위한 공정한 거래 환경 조성 등 3가지가 설정됐다.

① 대·중소기업 간 임금 격차를 해소하고, 중소기업에서 양질의 일자리를 창출하기 위해 중소기업의 생산성을 제고하는 정책을 추

－〈중소기업 ESG 애로조사〉 결과 발표".

19 ESG경영실(2023. 2. 6), "2023년 ESG 주요 현안과 정책과제 조사", 대한상공회의소.

진했다. 이를 위해 중소기업의 우수 인재 채용, 기술 개발과 스마트 팩토리 등 4차 산업혁명에 대응하는 설비 투자에 대한 재정 지원을 확대했다.

② 중소기업의 창업과 성장에 대한 단계적 지원을 통해 지속 가능한 성장 생태계를 조성하는 정책을 추진했다. 준비된 혁신 창업에 대한 지원을 확대하고, 벤처기업의 성장을 촉진하기 위해 벤처 투자 펀드를 대폭 확충했으며, 스타트업과 벤처기업의 시장 확대를 위해 규제샌드박스와 규제자유특구를 통해 신사업 진출에 대한 규제를 완화했다.

③ 대·중소기업 간 공정한 거래 환경을 조성하고 상생 협력을 촉진하는 정책을 추진했다. 대기업의 불공정 거래에 대한 감시와 처벌을 강화했으며, 대형 마트의 골목 상권 진입 규제, 불공정 거래에 대한 징벌적 손해 배상, 기술 탈취에 대한 중소기업의 입증 책임 완화 등이 이뤄졌다.

(2) ICT 기술 보급을 통한 중소기업의 디지털 전환을 촉진하다

문재인 정부는 집권 초부터 4차 산업혁명에 대응해 전통 제조업과 서비스업에 종사하는 중소기업의 디지털 전환을 촉진하기 위한 지원을 확대했다. 스마트 팩토리 구축 지원 사업을 가장 대표적인 사업으로 추진했다.

2018년 3월에는 '중소기업 스마트 공장 확산 및 고도화 전략'을 발표하고, 중소기업의 스마트 제조 혁신 정책을 본격적으로 추진했다. 문재인 정부는 2021년까지 1조 5,000억 원을 투입해 누적 2만 5,039개의 스마트 공장을 보급했으며, 이를 통해 중소기업 스마트 제조의 저변을 확대했다.

한편 2020년 들어 코로나-19 상황에서 서비스업과 소상공인들의 디지털 전환을 촉진하기 위한 정책을 추진했다. 비대면 바우처 지원 사업은 팬데믹 상황에서 중소기업이 디지털 온라인 서비스를 비대면으로 활용할 수 있도록 업체당 최대 400만 원씩 지원했다. 그 결과 전통 제조업과 서비스업 분야 중소기업의 디지털 전환을 촉진했다. 중소기업과 소상공인 제품과 서비스의 판로를 온라인으로 확장할 수 있도록 온라인 수출, 모바일 커머스, 라이브 커머스, 스마트 스토어 등에 대한 지원도 확대했다.

⑶ 혁신 창업과 벤처기업 육성을 통한 산업 전환에 대응하다

문재인 정부는 '혁신을 응원하는 창업 국가' 건설을 목표로 디지털 전환과 탄소 중립을 주도적으로 실행할 신산업 분야의 창업 기업과 벤처기업의 성장을 촉진하기 위한 정책을 추진했다.

모태펀드 출자를 통한 벤처 투자 시장 마중물로 역대 최대 규모의 벤처펀드를 조성했다. 그 결과 2020년 벤처펀드 조성액이 6조 8,000억 원으로 사상 최초 6조 원을 돌파했고, 2021년 9조 2,000억 원으로 다시 한번 역대 최고 기록을 경신했다.

창업자들에 대해 자금 지원과 더불어 컨설팅과 멘토링을 지원해 성공 확률을 높이는 창업 패키지 지원 사업을 확대했으며, 연대 보증 폐지와 부실 채권 정리를 통해 성실 실패자의 재기 지원을 위한 기반을 조성했다.

(4) '한국판 뉴딜'의 일환으로 디지털, 그린 분야 중소기업 R&D를 확대하다

코로나-19에 대응해 문재인 정부는 새로운 성장 동력 확보를 위해 '한국판 뉴딜'을 추진했다. 일환으로 중소기업을 대상으로 한 '제조 데이터 공동 활용 플랫폼'(2021)과 '스마트 제조 혁신 기술 개발'(2022) 등을 '디지털 뉴딜' 사업으로 추진됐다.

또 'AI 기반 고부가 신제품 기술 개발'(2020), '빅데이터 기반 서비스 개발 지원'(2020), '스마트 센서 선도 프로젝트 기술 개발'(2020) 등 AI와 IoT 등 4차 산업혁명에 대응하기 위한 중소기업 기술 개발 지원 사업을 신설해 추진했다. 2022년부터는 빅 3(시스템 반도체, 바이오 헬스, 미래차) 분야 중소기업의 R&D 지원을 확대했다.

(5) 탄소 중립과 ESG 대응을 위한 지원 체계를 마련하다

문재인 정부는 탄소 중립과 ESG 확산에 대응해 고탄소 배출 업종을 중심으로 에너지 진단·설계 컨설팅, ICT 기반의 탄소 저감 공정 혁신, 고효율 설비 개체 등을 패키지로 지원하는 사업을 2021년부터 스마트 공장 보급 사업의 일환으로 추진했다.

또 대·중소기업 상생 협력 사업의 일환으로 정부와 대기업이 공동으로 조성한 상생 협력 기금을 활용해 관련 중소기업의 ESG 경영 도입을 위한 진단·컨설팅 지원과 탄소 중립, 친환경 기술 개발을 지원했다.

(6) 경영 위기의 중소기업에 대한 선제적 구조 조정과 사업 전환을 지원하다

코로나-19 영향으로 일시적인 경영 위기에 봉착한 중소기업 중워크아웃 등 은행권의 구조 조정 제도를 이용하기 어려운 소규모 채무 보유 기업에 대해 선제적 구조 개선 프로그램을 추진했다. 중소벤처기업진흥공단과 민간 은행이 협력해 발굴한 부실 징후 중소기업을 대상으로 신규 유동성 공급, 채무 조정(만기 연장, 금리 인하), 구조 개선 계획 수립 등을 연계 지원하는 프로그램이다.

비대면 디지털화와 탄소 중립 등 산업 전환에 따라 업종을 변경하거나 신사업을 추진해야 하는 중소기업을 대상으로 하는 '사업 전환 지원 제도'를 개선해 지원 대상과 예산을 확대했다.

동일 업종 내의 신산업으로의 전환을 지원 대상으로 포함했으며, 지원 예산은 2017년 1,250억 원에서 2022년 2,500억 원으로 확대했다. 2017년에서 2021년 사이 총 673개 중소기업이 사업 전환 계획을 승인받아 정책 자금 융자와 R&D 자금 지원을 받았다.

⑺ 중소기업을 위한 4차 산업혁명 인재를 육성하다

문재인 정부는 중소기업의 디지털 전환과 신산업 진출을 주도적으로 실행할 기술 인력을 양성하기 위해 다양한 인력 양성 프로그램을 설계하고 추진했다. 2017년 중소기업에 스마트 공장 보급을 통한 제조 혁신을 추진하면서, '스마트 공장 전문 인력 10만 명 양성'을 국정 과제로 설정하고, 중소기업 재직자 직무 전환 교육 과정과 고교생, 대학생 등 신규 인력 대상 교육 과정을 관계 부처 합동으로 개설했다.

특히 디지털 전환이 전 산업으로 확산하면서 소프트웨어 분야 인력 수요가 급증함에 따라 2021년 6월 '민관 협력 기반 소프트웨어 인재 양성'을 추진했다. 민간 협회-기업-훈련 기관 협의체가 수요 기업별 맞춤형 훈련 과정과 OJT형(직장 내 교육 훈련) 교육을 제공하는 '벤처 스타트업 아카데미'를 운영해 중소기업 현장 맞춤형 소프트웨어 엔지니어를 양성·공급했다.

⑻ 대·중소기업 간 공정 거래 정착을 위한 법제도의 개선을 추진하다

산업의 대전환 과정에서 대·중소기업 간 불공정 거래가 심화되고, 대응 능력이 취약한 중소기업들이 도태되면서 대·중소기업 간 양극화가 심화할 수 있다. 문재인 정부는 중소기업이 경제 성장과 고용 확대를 견인할 수 있도록 공정한 시장질서 확립, 재벌 총수 일가의 일감 몰아주기 방지와 소유·지배 구조 개선, 공정 거래 감시 역량 강화와 소비자 피해 구제 강화, 대·중소기업 간 상생 협력에 대한 인센티브 강화 등의 정책을 추진했다.

윤석열 정부의 정책 대응과 문제점

⑴ 대기업 주도의 시장 방임, 중소기업의 공정 성장 기반 조성에 무관심하다

윤석열 정부는 대기업 주도의 자유 시장 정책을 추구하면서 여러 복합 위기에 직면한 중소기업과 소상인에 대한 재정 지원을 축소했을 뿐 아니라 대기업과의 공정한 경쟁 환경 조성을 위한 새로운 정책을 내놓지 못하고 있다. 그 결과 소상공인과 중소기업 정책에 대한 국민의 긍정 평가 비율은 문재인 정부 시기인 2020년 7월 2주 차 47%에서 윤석열 정부의 경제 정책 기조가 형성된 2023년 1월 2주 차에 33%로 하락했다.

그럼에도 윤석열 정부는 문재인 정부의 성과인 중소벤처 기업 육성 성과를 인정하지 않고, 이를 계승하고 발전시킬 생각은 전혀 없는 것으로 보인다. 중소기업 지원 사업의 주무 부처인 중소벤처기업부의 2023년도 예산은 2020년 대비 30% 가까이 줄어든 13조 5,000억 원으로 편성됐다. 그 과정에서 중소기업의 디지털 전환과 탄소 중립을 지원하기 위한 예산은 대폭 삭감됐다.

스타트업과 벤처기업의 창업과 성장을 지원하는 모태펀드 예산이 40% 줄어 3,135억 원에 불과했으며, 스마트 공장 지원 사업 예산은 2022년 3,089억 원 대비 1,057억 원으로 66% 축소됐다. 스타트업 창업 지원 예산도 1조 6,126억 원에서 1조 1,478억 원으로 30% 축소됐다.

나아가 2024년도 R&D 예산을 2023년 31조 1,000억 원 대비 5조 2,000억 원(16.6%)을 삭감한 25조 9,000억 원으로 편성했다. 특히 중소기업의 R&D를 지원하는 중소벤처기업부 R&D 예산은 25.4%(1조 8,000억 원 → 1조 3,000억 원) 감액했다.

문재인 정부까지 대·중소기업 간 상생 협력의 장이며, 사회적 합의 기구 역할을 해온 법정 기구인 동반성장위원회를 무력화하면서 대통령 직속 국민통합위원회 산하에 대·중소기업 상생 특별위원회를 출범시킨 것도, 이전 정부가 발전시킨 사회적 자본과 제도를 무력화하기 위한 시도다.

대기업의 불공정 거래 행위나 산업의 디지털 전환으로 시장 지배력이 커진 온라인 플랫폼에 대한 적절한 규제 정책을 마련하지 못하고 있다. 대기업의 불공정 거래를 감시하는 공정거래위원회 소속 기업집단국을 축소했고, 반도체 등 첨단 산업 육성 정책은 대기업에 과도한 특혜를 주는 대신 중소기업에 대한 지원은 축소했다.

대형화된 온라인 플랫폼은 민간 사업자들의 자율 규제에 맡기겠다는 것이 정책 기조이며, 플랫폼의 시장 지배력 남용을 제어할 구체적인 해결책을 내놓지 못하고 있다. 최근 납품 단가 연동제 도입에 관한 법률이 국회를 통과했으나, 갑과 을 양방 합의에 따라 도입하지 않아도 되므로 대·중소기업 간 거래 규범으로 정착시키기 위한 정책적 노력이 뒤따르지 않으면 실효성이 보장되지 않는다.

(2) 대기업과 거대 플랫폼 중심의 디지털 전환 정책

윤석열 정부의 디지털 전환 정책은 일자리의 90%를 책임지고 있는 중소기업에 대한 고려 없이 대기업과 거대 플랫폼 기업 중심의 전환 정책으로 짜여 있다.

대기업이 주도하는 반도체 산업의 경쟁력 제고, 미래 모빌리티 산업, 초거대 AI 개발, 금융 분야 디지털 신산업 육성, 메타버스 플랫폼 구축을 위한 민관 협력 사업 등과 같은 디지털 전환 정책에서 대기업에 대한 세제 혜택을 강화하는 대신 중소기업에 대한 재정 지원은 축소하고 있다.

특히 '디지털 플랫폼 정부' 구축에 많은 예산을 투입할 계획인데, 이 사업도 대부분 대기업 계열 IT 회사와 네이버 등 거대 플랫폼 기업이 주도하게 될 전망이다.

(3) 에너지 절약에 중점을 둔 탈탄소 에너지 전환 정책

지금까지 윤석열 정부에서 중소기업의 탈탄소 에너지 전환을 지원하는 정책으로 내놓은 것은 2023년 3월 10일 발표한 '에너지 효율 혁신 및 절약 강화 방안'에 담겨 있는 것이 전부다. 이 대책은 반월·시화 산단의 금속 주조 등 뿌리 산업 분야 중소기업들이 생산설비를 에너지 고효율 설비로 교체할 때, 필요한 자금을 정부와 한국전력공사는 융자해주는 것으로 기존에 해왔던 지원 정책의 예산을 확대하는 것이다.

에너지 전환을 위한 신산업 분야의 스타트업과 벤처 육성, 기존 중소기업의 사업 전환 지원, 중소벤처 기업의 ESG 경영 확산을 위한 정책들은 문재인 정부에 비해 축소되고 있다.

04 산업 전환과 중소기업의 공정 성장을 위한 정책 과제

정책 방향

디지털 전환과 탈탄소 에너지 전환에 효과적으로 대응하기 위해서는 중소기업으로 하여금 제품과 서비스, 즉 사업 영역의 변화와 더불어 이를 제조하고 판매하는 방식인 가치 사슬과 이를 구성하는 자원과 역량의 변화와 혁신을 필요로 한다. 이는 중소기업의 사업 전략상 커다란 변화를 요구하는 것이다.

하지만 개별 중소기업들이 자체적인 노력만으로 이러한 변화를 만드는 것은 매우 어렵다. 중소기업에서 전략 변화의 성공 확률은 지극히 낮기 때문이다.[20] 그래서 산업 전환으로 인해 생존에 위협

---

20 Kim Youngbae, and Byungheon Lee(2002), "Patterns of technological learning among the

을 받는 모든 중소기업의 사업 전략을 변화시켜 지속 가능한 경쟁력을 갖게 하는 것은 불가능하다.

보다 거시적인 관점에서 생태계 차원에서 개별 중소기업이 아니라 전체 중소기업군이 산업 전환에 적응해 성장을 지속할 수 있도록 하는 중소기업 정책이 필요다. 이를 위해서는 다음과 같은 3가지 방향의 산업 전환 대응 정책이 필요하다.

① 산업 전환으로부터 직접적인 영향을 받는 전통 제조업과 노동 집약적 서비스업에 속한 중소기업 중에서 사업 전환이나 내부 자원과 역량의 혁신을 통해 성장을 지속할 가능성이 있는 기업군을 선별해 정책적 지원을 확대하는 것이다. 이들 중소기업이 사업 전환과 혁신에 필요한 자금·인력·기술을 정부와 대학, 연구기관, 대기업 등이 협력해 지원하는 체계를 구축할 필요가 있다.

② 산업 전환으로 인해 생존의 위협을 받고 있으나 회생 가능성이 낮은 중소기업을 대상으로 구조 조정과 퇴출이 신속하고 원활하게 이뤄질 수 있도록 지원하는 것이다. 이 경우, 정부의 정책적 지원은 해당 중소기업 종사자들의 전직을 위한 교육 훈련과 직업 알선, 중소기업 소유 경영자의 부채 정리와 신용 회복 등에 집중해야 한다.

③ 디지털 전환과 탈탄소 에너지 전환으로 새롭게 성장하는 신산업 분야에서 스타트업과 벤처기업을 육성해 전체 중소기업 중 이들이 차지하는 비중을 높여가는 정책이 필요하다. 문재인 정부에서 추진했던 스타트업과 벤처 지원 정책을 계승해 AI, 빅데이터, 클

---

strategic groups in the Korean Electronic Parts Industry", Research Policy, 31.4, pp.543~567.

라우드컴퓨팅, 스마트 팩토리, 신재생 에너지, 친환경 제품 제조업, 스마트 농어업 등 신성장 분야의 중소기업을 육성하는 정책이 필요하다.

산업 전환에 대한 대응 능력이 취약한 중소기업의 성공적인 전환을 위해서는 정부를 비롯한 외부의 지원과 협력이 필수적이지만, 전환 자체는 해당 중소기업 주도로 이뤄져야 한다. 산업 전환에 대한 중소기업의 효과적인 대응 전략이나 사업 전환 방식은 개별 중소기업이 직면한 외부 환경과 기업이 보유한 자원과 역량에 따라서 달라져야 하기 때문이다.

정부의 지원은 지역 경제 여건, 해당 업종과 중소기업의 특성을 반영해 맞춤형으로 이뤄져야 하며, 이를 위해서는 지역 단위로 밀착형 지원 체계를 구축해야 한다.

중소기업 주도의 전환이라고 해서 개별 중소기업의 독자적인 전환이 효과적인 것은 아니며, 다른 대기업이나 중소기업 또는 대학·연구 기관과의 협업이 필수적이다. 특히 같은 지역 내 동종 업종의 중소기업 간 협력, 전통 중소기업과 스타트업, 벤처기업과의 협력이 디지털 전환과 탈탄소 에너지 전환에 효과적으로 대응하는 데 필수적이다.

예를 들어 전통 제조업체와 친환경 제품을 연구개발하는 스타트업의 협력, 지역 소상공인과 온라인 마케팅 전문 벤처기업의 협력 등을 통해 전환이 효과적으로 이뤄질 수 있다.

지역과 업종 단위로 전환을 위한 중소기업과 스타트업 벤처기업 간의 협력 체계를 구축하기 위해서는 전환에 대한 정부의 지원이 중앙 정부 주도가 아니라 개별 지방자치단체 단위로 이뤄지는 것이 효과적이다. 이를 위해서는 중소기업의 공정한 전환을 지원하는 지방 정부의 예산을 확충할 필요가 있으며, 이에 대한 중앙 정부의 지역 균형 발전 교부금을 증액하거나 별도의 세원 확보를 통해 지방 재정을 확충해야 한다.

산업 전환기는 새로운 비즈니스 모델의 출현으로 기업 간 경쟁 방식의 변화가 빈번하게 발생하고, 이 과정에서 전환을 선도하는 기업과 대응 능력이 취약한 중소기업 간에 불공정 거래가 심화할 수 있다. 온라인 플랫폼 기업들의 시장 지배력이 커지면서 입점 중소기업의 이익과 영업 비밀을 침해하거나 하도급 또는 수·위탁 관계 중소기업에 대한 일방적 계약 해지, 스타트업과 벤처기업이 보유한 기술을 탈취하거나 유용하는 행위 등이 발생할 가능성이 커진다.

따라서 공정한 산업 전환을 위해서는 산업 전환을 선도하는 대기업과 플랫폼 기업들의 불공정 거래 행위에 대한 규제를 강화할 필요가 있다.

또 산업 전환이 소수의 대기업과 거대 플랫폼 주도로 진행될 경우, 중소기업과 스타트업 벤처의 시장 참여 기회가 축소될 수 있다. 최근 윤석열 정부가 추진하는 '디지털 플랫폼 정부' 사업에서 만약 클라우드와 AI를 포함한 IT 솔루션과 서비스를 대기업 주도의 컨소시엄에서 조달하게 될 경우, 관련 중소기업의 성장은 기대할 수 없다.

탈탄소 에너지 전환에서도 정부나 공공 사업자가 신재생 에너지 생산 설비나 에너지 효율화 설비를 대기업 제품 위주로 구매할 경우, 이를 생산하는 스타트업과 벤처기업의 성장 기회는 없어진다.

그래서 공공 조달 시장에서 중소기업과 벤처기업의 제품 우선 구매 의무를 강화할 필요가 있으며, 대기업이 외국에서 수입하는 제품 대비 중소벤처기업이 국내에서 생산하는 제품에 대해 파격적인 보조금을 부여할 필요가 있다.

10대 정책 과제

(1) 지역 중소기업 중심의 산업 전환을 위한 지방 정부 예산과 산학 연관 협력 사업 확대

문재인 정부는 스마트 팩토리 지원 예산을 대폭 증액해 중소 제조업체의 디지털 전환을 지원했으며, 중소 서비스업체의 디지털 전환을 위해 스마트 스토어와 라이브 커머스, 온라인 수출 지원 등의 사업을 추진했다.

하지만 윤석열 정부가 들어서면서 중소기업의 디지털 전환을 위한 예산이 매우 축소됐으며, 탈탄소 에너지 전환을 위한 연구 개발 지원 예산도 증액되지 못했다. 중소기업의 디지털 전환과 탈탄소 에너지 전환을 지원하는 예산을 확대하되, 예산 지원의 효과성을 높이기 위해서는 사업 추진 방식에서 다음과 같은 혁신이 필요하다.

① 개별 중소기업별로 단독으로 지원되는 방식을 지양하고, 산학연 컨소시엄에 대한 지원을 통해 중소기업, 대기업, 스타트업과 벤처기업 간 수평적 협력 네트워크 구축을 유도해야 한다.

② 공정한 산업 전환을 위한 중소기업 중심의 기업 간 협력은 지역 단위로 이뤄지는 것이 효과적이며, 이를 위해서는 중앙 정부의

산업 단지 육성 자금이나 중소기업 지원 예산은 블록 펀딩 방식으로 지방자치단체에 교부해 지방자치단체들이 기업과 전문가·시민의 참여로 자발적인 혁신 프로젝트를 수행토록 할 필요가 있다. 나아가 지방 재정 확충을 위한 세제 개편도 필요하다.

③ 산업 전환으로부터 직접적인 영향을 받으면서도 전환 능력이 취약한 소상공인의 경쟁력을 강화하기 위해서는 지역·업종별 소상공인들이 플랫폼을 기반으로 하는 협업 체계를 구축해야 한다. 소상공인 협력 사업에 대한 정부, 특히 지방 정부의 지원을 확대할 필요가 있다.

탈탄소 에너지 전환에 대응해 금형·용접·주조·열처리 등 뿌리산업에 종사하는 소공인들 간 협력을 통한 스마트 공장 설립을 지원해 첨단 생산 설비와 공정을 공유하는 협업 체계를 구축하도록 해야 한다.

(2) 중소기업 재직 인력의 생활 안정 지원을 통한 중소기업 인력난 해소

중소기업이 산업 전환에 효과적으로 대응하지 못하는 이유는 기술 인력과 같이 전환 과정에서 필요한 전문 인력을 충분히 확보할 수 없을 뿐 아니라 높은 이직률로 재직하고 있는 인력에 대한 교육과 훈련을 충분히 할 수 없기 때문이다.

고용 장려금을 지원하는 것은 신규 고용 여력이 없는 중소기업들의 인력난 해소에는 크게 도움이 되지 않는다. 고용 장려금을 확대하는 것보다는 중소기업 재직자들에 대한 사회적 복지를 강화하는 것이 중소기업 근무자들의 실직 소득을 높이고, 중소기업에 양질의 일자리를 유도할 수 있다.

이를 위해 ① 중소기업 근무자들에 대한 공공·임대 주택 분양 확대, ② 공단이나 중소기업 밀집 지역에 정부 보조 기숙사, 육아·유치원 시설 확대, ③ 중소기업 재직자들을 위한 교육 프로그램 확대(원격 교육 학위 프로그램 포함) 등과 같은 정책을 추진할 필요가 있다. 또 높은 임금과 성과 공유를 통해 양질의 일자리를 제공하는 우수 중소기업에 대한 인증과 평가 체계를 개선하고, 이들 기업에 대한 세액 공제 등 인센티브를 확대할 필요가 있다.

(3) 중소기업 사업 전환과 한계 기업 구조 조정 특별법 제정

사업 전환이나 구조 조정이 필요한 중소기업들은 기술보증기금, 신용보증기금, 중소벤처기업진흥공단 등 정책 금융 기관이나 민간 금융 회사들로부터 다수의 대출받은 경우가 많다.

이들 중소기업의 사업 전환과 재무 구조 개선을 위해서는 정책 금융 기관과 민간의 채권 금융 기관, 구조 조정 컨설팅 전문회사 간의 협업을 통한 채무 조정이 필요하다. 이들의 공동 출자로 사업 전환·구조 조정 전문 펀드를 지역별·업종별로 대규모 조성해 사업 전환과 구조 조정 대상 중소기업의 부실 채권 인수, 채권이 출자 전환, 사업 전환 자금 추가 출자 등의 사업을 할 필요가 있다.

'중소기업 사업 전환 촉진에 관한 특별법'(중소기업사업전환법)을 개정해 정책 금융 기관들이 M&A 펀드 조성과 SPC 설립에 주도적인 출자자로 참여하도록 할 필요가 있다. 또 이 펀드에 민간 투자를 유인하기 위해 M&A와 구조 조정 과정의 소득세, 양도차익세, 취득세 등에 대한 과세 이연, M&A 벤처펀드의 상장법인 투자(현재 최대 20%) 대폭 허용 등과 같은 유인책을 도입하는 관련 법 개정이 필요하다.

⑷ 규제샌드박스와 규제자유특구에 실험한 신사업에 대한 신속한 후속 입법 추진

문재인 정부가 2019년 규제샌드박스와 규제자유특구를 통해 시장 출시가 제한됐던 스타트업과 벤처기업의 제품과 서비스가 시장에 임시로 진입할 수 있었다. 그동안 많은 투자를 통해 신사업을 실험했으며, 실증 과정에서 사업 성과와 법령 정비 필요성이 입증된 사업에 대해서는 신속한 입법이 필요한 상황이다.

하지만 의사협회 등 일각에서는 비대면 진료와 같이 규제샌드박스를 통해 추진한 사업의 본격적인 시장 진입을 반대하는 움직임도 있다. 원활한 입법을 위해서는 이해관계자 간의 갈등을 조정하고, 신속한 도입을 위한 사회적 합의가 이뤄져야 한다.

⑸ 산업 전환을 주도하는 스타트업과 벤처기업에 대한 정부 투자 확대

제2 벤처 붐의 연착륙을 위해서는 정부의 모태펀드 출자금을 증액해 벤처캐피털의 벤처 투자 펀드 조성을 늘려야 한다. 현 정부와 일부 전문가들은 그동안의 정부 출자를 통해 시장에 충분한 규모의 벤처 투자 펀드가 조성돼 있으며, 정부의 모태펀드 출자를 줄여도 벤처 투자에 큰 영향을 주지 않을 것이라고 주장한다.

그동안 정부 출자가 확대돼 우리나라 벤처 투자가 10조 원 규모에 이르고, 국내 벤처캐피털의 총 자산 운용 규모는 50조 원 규모로 성장했으나 GDP 대비 투자 규모는 미국과 이스라엘 등 벤처 최선진국의 2분의 1 이하 수준으로 정부의 지속적인 투자 확대가 필요한 상황이다.

현재 약 4만 개에 달하는 벤처기업에서 고용이 80만 명 수준으로 4대 그룹 고용 70만 명을 넘어섰으나(2020년 벤처기업정밀실태조사 결과), 1%대 잠재 성장률을 3%대로 끌어올리고, 산업 전환 과정에서 스타트업과 벤처기업의 성장을 통해 새로운 고용을 창출하기 위해서는 투자 확대를 통해 벤처기업의 고용·생산 규모가 최소 2배 이상으로 증대될 필요가 있다.

정부의 모태펀드 출자를 증액함과 동시에 벤처 투자 규모 확대를 위해서는 정부 모태펀드와 순순 민간 펀드 간 역할 구분이 필요하다.[21] 모태펀드가 출자하는 펀드들은 창업 초기 단계, 고위험 하이테크 벤처기업, 지방 벤처기업 등 순수 민간 자본이 투자를 회피하는 대상에 집중적으로 투자해야 해야 한다.

벤처기업의 성장 단계에서 IPO를 통한 회수 단계의 투자는 순수 민간 펀드 중심으로 이뤄질 수 있도록 해야 하며, 이를 위해서는 민간 투자 펀드에 대한 투자 인센티브를 확대할 필요가 있다.

벤처기업에 대한 민간 투자를 활성화하려면 벤처기업이 발행한 비상장 주식의 거래를 활성화할 필요가 있다. 문재인 정부는 2020년 4월 규제샌드박스를 통해 민간 비상장 주식 거래 플랫폼 2곳을 허용했으나, 임시 허가 기간이 종료된 후 금융 당국의 추가 규제로 운영이 활성화되지 못하고 있다.

⑹ 중소기업의 국산 신기술 제품에 대한 공공 구매 확대와 민간 구매 보조금 지급

공공 소프트웨어 대기업 참여 제한 제도는 2013년 대기업이 공

---

21   2021년 전체 벤처펀드 9.2조 원 중 정책 금융 출자를 받아 결성된 펀드는 5.9조 원(약 64%)이다.

공 소프트웨어 조달 시장에서 점유율의 대부분을 차지하고, 중소·중견기업에 하도급을 맡기는 관행을 타파하고자 마련된 정책이다. 윤석열 정부는 '디지털 플랫폼 정부' 사업을 통해 공공 소프트웨어를 대규모로 발주할 것으로 예측되는 가운데 2023년 1월 국무총리 소속 규제혁신추진단은 공공 소프트웨어 대기업 참여 제한 제도를 ICT 분야 규제 혁신 과제로 확정하고 이를 전면 폐지하는 입법을 추진할 예정이다.

하지만 이 제도를 통해 참여를 제한하는 대상은 일반적인 대기업이 아니라 상호 출자 제한을 받은 재벌들이다. 이미 참여 제한 예외로 공공 소프트웨어 시장에 LG CNS 등 재벌 계열 IT 회사들이 참여하고 있는 상황에서 제도를 완전히 폐지하는 것은 국내 중소·중견 소프트웨어 회사들의 생존을 위협하는 것이 될 것이다.

오히려 대기업이 중소기업과 컨소시엄으로 참여하는 공공 소프트웨어 사업에서 중소기업이 제값을 받고 하도급 계약을 할 수 있도록 중소기업이 보유한 기술과 개발자 인건비 등을 현실화해야 하며, 대기업의 불공정 계약에 대한 감시와 피해 구제를 강화해야 한다.

문재인 정부는 중소벤처기업의 신기술 신제품에 대한 공공 구매를 촉진하기 위해 '혁신 조달' 제도를 도입해 조달청 예산으로 시범 구매하고, 3년간 수의 계약이 가능토록 하는 등의 조치를 취했다. 디지털 전환과 탈탄소 에너지 전환 과정에서 스타트업과 벤처기업 등 혁신형 중소기업 판로를 확대하는 효과적인 정책이나 정부의 정책 추진 의지가 없으면 실질적인 효과를 기대하기 어렵다. 중앙·지방 정부와 공공 기관을 대상으로 전체 구매 예산의 일정 비율을 혁신 조달로 구매토록 하는 '혁신 조달 목표 관리제'를 도입할 필요가 있다.

미국의 바이든 행정부는 IRA를 통해 에너지 안보 및 기후 변화 대응을 위해 전기자동차 등 관련 제품의 미국 내 생산에 대해 3,690억 달러 규모의 보조금을 주는 보호 무역 조치를 취하고 있다. 이에 대응해 우리나라도 태양광이나 풍력 발전 설비를 포함해 디지털 전환과 에너지 전환을 위해 중소기업과 벤처기업이 국내에서 생산하는 제품이나 소프트웨어에 대해 보조금을 지급하는 '(가칭) 부품소재장비, 친환경 분야 중소기업 국산 제품 구매 촉진법'을 제정할 필요가 있다.

예를 들어 신재생 에너지 발전 과정에서 필수적으로 쓰이는 인버터나 전기자동차 충전기의 경우, 현재 중국산과 독일산 등 외산 제품이 시장을 잠식해 국내 중소 제조업체들의 생산 기반이 와해되고 있는데, 이를 공정하게 전환하기 위해서는 중소기업의 판로를 확대해야 한다.

⑺ 중소기업 적합 업종, 생계형 적합 업종 제도의 개선

윤석열 정부가 들어서면서 전경련은 '중소기업 간 경쟁 품목, 공공 소프트웨어 대기업 참여 제한, 중소기업 적합 업종 지정 제도' 등 중소기업 사업 영역을 보호하는 제도를 기업 규제로 보고 폐지를 주장하고 있다.

윤석열 정부는 전경련의 입장을 수용하는 정책을 펼 것으로 예측된다. 하지만 경제적 효율성만 고려해 중소기업이 사업 영역을 보호하는 제도를 폐지할 경우 중소기업의 생존 기반은 더욱 축소

될 수밖에 없다.

중소기업 적합 업종과 소상공인의 생계형 적합 업종을 지정하는 제도의 개선이 필요한 상황이다. 4차 산업혁명과 디지털 전환으로 산업의 융·복합화가 급속히 진행되고, 플랫폼 기업들의 사업이 확장함에 따라 기존에 제한된 범위 업종이나 품목으로 한정해 중소기업 적합 업종이나 생계형 적합 업종을 지정하는 것은 실효성이 낮기 때문이다.

지정 대상 업종이나 품목을 좀 더 폭넓게 정의하는 대신 대기업의 진입 지역이나 유통 경로, 생산·판매량을 제한하는 방식의 제도 개선을 검토할 필요가 있다. 골목 상권 보호를 위해 대형 마트의 영업을 규제하는 제도를 참고할 필요가 있다.

⑻ 중소기업의 ESG 경영 지원을 위한 특별법 제정

탈탄소 에너지 전환과 ESG 경영에 대한 정책 당국, 투자자·고객의 요구가 증가하고 있으나 자원과 역량이 취약한 절대다수의 중소기업은 독자적으로 ESG 경영을 추진하기 어려운 상황이다.

중소기업의 ESG 경영 지원을 위한 적정 예산을 확보, 중소기업의 ESG 경영 가이드라인 개발과 제공, 민관 추진 협의체 구성과 운영, 중소기업의 ESG 실태 조사와 통계 구축, ESG 관리를 위한 오픈 플랫폼 구축, 민간 평가와 컨설팅 전문 기관 육성, ESG를 위한 시설 자금 투자와 융자, 대기업의 협력 중소기업 ESG 지원에 대한 동반 성장 지수 가점 부여, 세제 인센티브 제공 등을 담은 특별법 제정이 필요하다.

⑼ 한국형 디스커버리 제도 도입을 통한 중소기업 기술 보호 강화

산업 전환 과정에서 대·중소기업 간 기술 교류와 협력이 빈번해지고, 디지털 전환으로 중소기업이 보유한 정보와 기술에 대한 외부의 접근 가능성이 커지면서, 중소벤처기업이 보유한 기술에 대한 보호와 기술 탈취 행위에 대한 제재를 더욱 강화할 필요성이 있다.

문재인 정부에서 ① 징벌적 손해 배상제 도입, 영업 비밀 요건 완화, 중소벤처기업부의 중소기업 기술 침해 행위 조사 실시 등 중소기업에 유리한 형태로의 법·제도 변경, ② 기술 임치, 기술 신탁 제도 등을 통한 기술 자료 안전 장치 강화, ③ 기술 탈취 피해 기업에 대한 지원 확대, ④ 기술 침해 행위 신고 요건과 절차 완화, ⑤ 기술 침해 사건 처리 부처 간 협업 강화 등과 같은 일련의 제도 개선을 했으나 아직 부족하다.

지식 재산 소송에 '강화된 자료 제출 명령', '당사자 상호 간 증거 교환', '전문가에 의한 사실 조사' 등 특허 침해 입증을 위한 증거 수집 제도(한국형 디스커버리 제도)를 도입하는 특허법 또는 민사 소송법 개정을 추진할 필요가 있다.

⑽ 온라인 플랫폼 공정화에 관한 법률 제정

디지털 전환이 급속하게 진행되면서 온라인 플랫폼은 검색 서비스, 소셜 네트워킹 서비스, 동영상 공유 서비스, 클라우드컴퓨팅 서비스 등 개인 간 또는 개인과 중소기업·소상공인 간의 정보 공유와 거래를 중개할 뿐 아니라 중소기업 간 거래에도 깊숙이 개입하기 시작했다.

특히 스마트 공장과 스마트 스토어 보급이 확대되면서 중소기업이 생산한 정보와 영업 비밀을 플랫폼이 남용하는 사례도 증가하고 있다. 따라서 분야별로 독점적 시장 지배력이 있는 온라인 플랫폼의 불공정 거래 행위에 대한 사전·사후 규제를 강화할 필요가 있다.

온라인 플랫폼 공정화에 관한 법률은 문재인 정부에서 입법을 추진했으나 제정되지 못했다. 현재 국회에 관련 입법안 13개가 계류 중이다. 법안의 주요 골자는 ① 일정 규모 이상으로 거래상 우월적 지위에 있는 온라인 중개 플랫폼을 대상으로, ② 플랫폼에 정보가 노출되는 방법 등 거래 조건을 투명하게 공개하고, ③ 주요 항목을 계약서에 필수로 기재하고, ④ 구매 강요, 손해 전가와 부당 이득에 대한 사전 규제, ⑤ 플랫폼 입점 사업자에 대한 교섭권 부여, ⑥ 영세 사업자에 대한 우대 수수료율 적용 등이다.

05 중소벤처기업이 주도하는 산업 대전환의 미래

코로나-19를 겪고 난 세계 경제는 이제 새로운 국면에 진입했다. 고금리, 원자재와 에너지 가격 상승, 고물가와 저성장이 지속되는 상황에서 미·중 간 패권 경쟁과 그에 따른 공급망 재편이 가속화되고 있다. 여기에 더해 우리나라는 수출 감소와 무역 수지 적자, 원화 가치 하락이 겹쳐 더욱 어려운 상황으로 가고 있다.

코로나-19는 거시 경제 여건의 변화와 더불어 산업의 대전환을 촉발했다. 팬데믹 이전부터 진행된 ICT 기술 혁신과 산업의 디지털 전환은 팬데믹을 겪으면서 가속화됐다. 동시에 기후 위기에 관한 관심도 고조되면서 탈단소 에너지 전환을 위한 각국 정부의 규제, 글로벌 투자 기관의 ESG 투자, 글로벌 기업의 RE100 활동도 크게 증가했다.

지금 그리고 앞으로 몇 년간 겪게 될 산업의 대전환은 1998년 IMF 외환위기, 2008년 금융위기 이상으로 우리 기업들에 충격을 안겨줄 것이다. 물론 이러한 충격은 위기와 함께 새로운 성장의 기회를 가져올 것이고, 상황 변화에 적절히 대응한 기업과 그렇지 못한 기업 간에 양극화를 심화시킬 것이다. 과거 IMF 외환위기와 금융위기를 겪고 나서 대·중소기업 간 생산성과 임금 격차가 가파르게 커졌음이 이를 증명한다.

코로나-19로 촉발된 산업의 대전환도 대·중소기업 간, 전통 산업과 ICT를 활용한 신산업 간의 양극화를 심화시키고 있다. UN은 팬데믹 상황에서 디지털 격차가 경제적 불평등을 심화시켰으며, 이는 불평등의 새로운 얼굴이라고 명명했다. 우리나라에서도 팬데믹 이후 삼성그룹을 비롯한 10대 재벌과 '네카쿠라배(네이버, 카카오, 쿠팡, 라인, 배달의민족)'라고 하는 온라인 플랫폼의 매출과 순이익 등이 급증했고, 경제력 집중이 더 심해졌다.

산업의 대전환기를 맞이한 우리 중소기업들이 경쟁에 뒤처지지 않고, 지속적인 성장을 이룩하려면 디지털 전환과 탈탄소 에너지 전환을 적극적으로 추진해야 한다. 하지만 최근 들어 고금리와 벤처캐피털의 투자 위축으로 중소기업과 벤처기업이 전환을 위한 투자 자금을 조달하기가 매우 어려워졌다.

산업 전환 과정에서 중소기업이 소외되지 않는 공정한 전환을 하기 위해서는 정부가 보다 적극적인 역할을 해야 한다. 산업 전환을 선도하는 신산업 분야의 창업 초기 기업에 대한 벤처캐피털 펀드의 투자, 전통 산업에 있는 한계 중소기업의 구조 조정과 사업 전환에 필요한 자금 지원을 확대해야 할 시점이다.

한편 산업 대전환은 기업 간 경쟁과 협력 관계의 재편을 동반하며, 그 과정에서 대·중소기업 간 갈등과 불공정 거래도 증가할 수 있다. 플랫폼 기업과 밀접한 중소기업 간의 수수료 분쟁이나 스타트업과 대기업 간 저작권이나 특허 분쟁이 늘고 있는 것이 그 예다. 국회의 입법을 통해 대·중소기업 간 공정한 경쟁과 협력을 통해 산업 전환이 이뤄질 수 있는 제도적 장치를 마련해야 한다.

산업의 대전환을 중소기업과 벤처기업의 활동 공간을 넓히고, 경쟁력을 키우는 계기로 활용할 수 있게 된다면 우리 경제는 지금의 저성장을 극복할 수 있을 것이다. 특히 스타트업과 벤처기업에 대한 투자가 확대되고 그들의 고용이 지금보다 3배 이상 증가할 수 있다면 우리 경제는 3% 이상의 잠재 성장률을 달성하면서 선진국형 경제 성장을 지속할 수 있을 것이다.

이를 위해서는 산업의 대전환기를 우리 경제를 스타트업, 중소벤처기업 중심으로 재편하는 계기로 활용해야 하며, 그 과정에서 소상공인과 자영업자의 생존과 성장 공간을 확보할 수 있도록 제도적 인프라를 확충해야 한다.

저출산·고령화 등 인구 구조 변화에 대응하는 고용 노동 정책

이상호 | 한국폴리텍2대학 학장

3장
·····

저출산·고령화 등
인구 구조 변화에 대응하는
고용 노동 정책

이상호 한국폴리텍2대학 학장

01 문제 제기와 상황 진단

저출생과 고령화가 사회적 이슈가 된 지는 오래됐다. 기대수명이 길어지고 출산율이 하락하면서 인구 피라미드가 역삼각형으로 빠르게 변하고 있다. 2020년 이후 절대 인구는 감소하기 시작했고, 2025년은 대한민국이 세계에서 가장 빠른 속도로 초고령화 사회로 진입하는 해가 될 것으로 예상한다.

이미 오래전부터 저출생으로 인한 부작용은 사회적으로 큰 문제로 제기됐고, 고령화로 인한 인구 구조의 변화가 초래하는 사회경제적 영향은 시대적 도전으로 다가오고 있다. 저출산과 고령화는 지방 소멸과 세대 갈등의 촉발제가 되고 있으며, 대한민국의 지속 가능한 발전과 복지 국가로의 도약을 가로막는 가장 중요한 제약 조건으로 작용하고 있다.

이러한 이유로 지난 십 수년간 정부는 출산율을 제고하면서 고령화 추세를 완화하기 위해 수많은 정책 수단을 동원하고 엄청난 재원을 투입했다. 하지만 2014년 1.2에 이르던 합계출산율은 지난 10년 동안 급격하게 감소해 2023년 현재 0.7조차 유지하지 못했다. 이는 지금까지의 저출산 대책과 고령화 대응 방안이 사실상 실패했다는 것을 의미할 뿐 아니라 우리가 설계하고 실행했던 기존 법 제도와 정책에 대한 근본적인 재고를 요구하고 있다.

신생아 출생률을 높이고 고령 인구의 기초 생활을 지원하는 데 집중된 대증요법은 제대로 된 성과를 거두지 못했다. 이제부터라도 향후 20년 동안 초고령 사회의 구조적 문제점을 해결하기 위한 단계적이고 종합적인 대안을 준비해야 한다.

이러한 의미에서 우리 사회가 봉착하고 있는 인구 구조의 급격한 변동은 기존 노동 시장 정책과 고용 노동 관련 제도의 대전환을 요구하고 있다. 출산율 제고를 통한 인구의 양적 증가 수준으로 접근할 것이 아니라 초고령 사회로 특징지을 수 있는 인구 구조 변화가 초래할 수도 있는 축소 사회와 소멸 국가라는 시대적 도전에 능동적으로 대응하기 위한 '인구 종합 대책 2050'이 필요하다.

이러한 문제의식에 따라 3장은 먼저 저출산과 고령화로 대표되는 초고령 사회의 현황과 실태를 살펴보고 이로 인해 나타나고 있는 인구 구조의 변화가 미치는 사회경제적 영향을 진단할 것이다. 이어 지난 20년 동안 추진됐던 저출산·고령 사회 관련 정부 대책을 간략히 평가하고 인구 구조 변화에 능동적으로 대응하는 데 필요한 고용 노동 정책의 핵심적 과제 몇 가지를 제안하고자 한다.

02 초고령 사회의 현황과 실태

저출산과 고령화 위기에 빠진 대한민국

지속적인 저출산으로 인해 절대 인구가 감소하고 세계 최고 수준의 고령화로 인해 인구 구조가 역삼각형으로 변하고 있다.

저출산 추세를 살펴보면, 합계출산율은 38년째 인구 대체율 (2.1명)보다 더 낮다. 2022년에는 0.78을 기록하면서 세계 최하위 수준을 유지하고 있다. 이 수치는 전 세계 201개국 중 201위(2020년 UN 세계 인구 전망 보고서)에 해당하는 것으로 OECD 국가 중 유일하게 합계출산율이 1보다 낮다.

한편 기대수명 증가와 저출생이 가속화되고 2025년 초고령 사회로 진입하는 것이 분명해지고 있다. 2018년 고령 사회에 진입하고 난 후 고작 7년 만에 초고령 사회가 되는 것이다. 전체 인구 중 65세 이상 고령자의 비중이 2000년에 7.2%에 불과했으나 2021년 16.6%를 기록하고 있다.

이러한 추세에 따라 고령 인구의 비중이 2025년 20.6%에 도달할 것으로 보이며, 초고령 사회에 진입한 이후 다른 변수가 없다면 2050년에는 그 비율이 40.1%에 이를 것으로 예측된다. 출생 연도가 1955년에서 1963년 사이인 '베이비붐 세대'가 고령자가 되면서 우리나라는 2025년 세계에서 가장 빠른 속도로 초고령 사회에 진입하게 된다. 일본은 고령 사회에서 초고령 사회에 도달하는 데 35년이 걸렸는데 우리나라는 이보다 10년이 더 짧아진 25년이 걸릴 것으로 보인다.

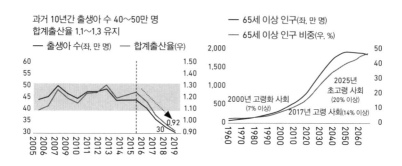

【그림 3-1】출생아 수와 합계출산율 추이[1]   **【그림 3-2】우리나라 노인 인구 추이[2]**

절대 인구 감소로 인한 초고령 사회에 진입

출생아 수 감소와 고령자 증가로 인한 사망자 수의 증가로 연간 기준 절대 인구가 감소하기 시작했다. 총인구는 2021년부터 계속 하락하기 시작해 2070년에는 3,766만 명 수준에 도달할 것으로 예상하는데 이 수치는 2020년 대비 약 27.3%가 줄어든 수치다. 이러한 감소율은 인구 5,000만을 보유한 국가 중에서 2번째로 높으며, OECD 39개국 중에서 4위에 해당한다.

한편 이러한 인구의 자연 감소 추세로 인해 인구의 절대량은 2028년 5,194만 명을 정점으로 해 감소 추세로 전환되고, 2050년에는 4,774만 명으로 줄어들 것으로 예상한다. 15세 이상부터 64세에 이르는 생산가능인구도 급격하게 줄어들어 2020년 3,736만 명

---

1   관계 부처 합동(2020. 8. 27), "인구구조변화 대응방향", p.1.

2   관계 부처 합동(2020. 8. 27), p.1.

【그림 3-3】 절대 인구 변화(2017~2067)[3] 【그림 3-4】 생산연령인구 변화(2017~2067)[4]

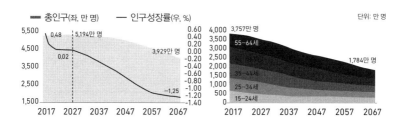

에서 2050년 2,449만 명으로 약 1,290만 명이 줄어들 것으로 보인다. 만일 인구의 자연 감소 추세를 제어하지 못한다면 2052년 이후 매년 50만 명 이상 절대 인구가 줄어들 것으로 예측한다.

한편 약 710만 명에 이르는 베이비붐 세대(1955~1963년생)의 은퇴가 본격화되면서 고령자의 비중이 급증해 2033년에는 그 숫자가 1,427만 명에 이를 것으로 보인다.

역삼각형 인구 구조 변화로 인한 사회경제적 충격

이상과 같은 인구 구조의 변화는 시차를 두고 노동 시장은 물론 지역·산업 등 사회 경제 전반에 광범위한 영향을 미칠 것으로 전망된다. 먼저 저출생 추세로 인해 발생할 수밖에 없는 절대적 인구 감소는 제조업과 농림어업은 물론 서비스업까지 전반적인 수요를 감소시키고 이로 인해 국내 시장과 내수가 위축될 것으로 보인다.

---

3   관계 부처 합동(2020. 8. 27), p.2.

4   관계 부처 합동(2020. 8. 27), p.2.

특히 유소년과 청소년을 대상으로 하는 업종과 산업은 급격한 축소가 불가피한 실정이다. 2030년 초등학생 수가 2020년 대비 약 41.5%가 줄어들 전망이기 때문에 학령 인구의 급격한 감소로 인해 교육 관련 시설·인프라의 과잉, 학생 미충원으로 인한 재정 악화가 예상된다.[5]

한편 학령 인구의 감소로 전반적인 인력 공급이 줄어들면서 신규 인력의 초과 수요가 발생할 것으로 보인다. 고용노동부의 조사에 따르면, 2030년을 기준으로 약 38.5만 명의 필요 인력이 부족할 것으로 예측된다. 생산가능인구 감소로 인해 우리나라 경제의 성장 기반이 약화하고 부양비 부담이 증가할 것으로 예상한다.

생산가능인구가 2019년을 정점으로 매년 30만 명에서 50만 명씩 줄어들고 있으며, 특히 19세 이상 35세 미만 청년 인구가 빠르게 감소하고 있는 것이 가장 큰 문제다. 이러한 노동 공급의 감소로 인해 소비와 투자가 위축되고 성장 잠재력이 줄어들고 있다. 2011년부터 2015년 사이 평균 잠재 성장률은 3.2%이고 노동 투입 성장 기여도가 0.7이었는데, 2021년과 2022년 평균 잠재 성장률은 2.0%이고 노동 투입 성장 기여도는 마이너스(-)로 하락할 것으로 보인다.

한국은행(2018)은 이러한 저출생과 고령화 추세가 그대로 유지된다면 2030년대 중반 이후 한국은 제로 성장에 이르고 정부의 재정 적자가 누적되면서 인플레이션이 1%에 불과한 장기 불황 경제로 진입할 수도 있다고 경고한다.

---

5   저출산고령사회위원회·관계 부처 합동(2022. 12. 28), "인구구조 변화와 대응방안", p.4.

【그림 3-5】 생산연령인구 변화　　　　**【그림 3-6】 노동 투입 잠재 성장 기여도**

【그림 3-5】 생산연령인구 변화

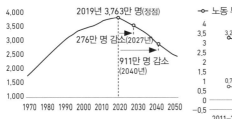

【그림 3-6】 노동 투입 잠재 성장 기여도

자료 : 통계청, 〈장래인구추계〉[6]　　　　자료 : 한국은행[7]

축소 사회와 국가 소멸을 제어할 수 있는 종합적인 인구 대책 필요

생산가능인구 감소로 인해 국민 1인당 부양 부담이 증가해 세대 간 갈등이 심화할 수도 있다. 2030년 이후 약 710만 명에 달하는 베이비붐 세대가 만 75세 이상을 의미하는 초고령층에 진입하면 노년 부양비는 급등할 것으로 보인다. 2020년 21.8에 불과한 노년 부양비가 2030년 38.6, 2050년 78.6, 2070년에는 무려 100.6에 이를 것으로 예상한다.

특히 한국의 노인 빈곤율은 OECD 국가 중에서 가장 높은 수준인 38.9%에 이르기 때문에 초고령 사회에 대비한 사회경제적 대응 체계를 빠르게 갖추지 못하면 사회경제적 위기에 봉착할 것이다.[8]

절대 인구의 감소와 저출생 추세로 생산가능인구는 줄어들 수밖

6　저출산고령사회위원회·관계 부처 합동(2022. 12. 28), p.4.

7　저출산고령사회위원회·관계 부처 합동(2022. 12. 28), p.4.

8　저출산고령사회위원회·관계 부처 합동(2022. 12. 28), p.5.

에 없다. 이러한 상황에서 경제활동인구를 확보하기 위해서는 여성, 청년과 고령자 등 기존에 노동 시장에 진입하지 않았던 생산가능인구를 경제 활동에 참여시켜야 한다. 이를 위해서는 다각적이고도 종합적인 노동 시장 활성화 정책이 필요하다.[9]

여성의 경제 활동 참여는 꾸준히 증가해왔지만, 아직도 OECD 국가 중에서 가장 낮은 편에 속하고 남녀 간 경제 활동 참여율 차이는 2018년 기준으로 19.7%에 이를 정도로 매우 크게 나타나고 있다. 여성의 경제 활동 참여율을 높이기 위해 일·가정 양립정책의 강화, 남녀 성별 격차를 조장하면서 양성평등을 저해하는 요인을 줄이고 여성의 경력 단절을 줄이면서 재취업을 활성화할 수 있는 지원 정책을 개발해야 한다.

청년층의 실업률은 상당히 심각한 상황이다. 명목 실업률은 전체 수치의 3배 이상에 이르고, 구직 단념자를 포함하는 실질 실업률은 20%를 넘어서고 있는 실정이다. 청년층의 구직 기간이 장기화하고 노동 시장의 이탈을 의미하는 니트화 추세도 강화되고 있다.

청년기의 실업은 인적 자원의 축적 기회를 가로막는 요인으로 작용하며 고용과 소득에 부정적인 영향을 미치는 이력 현상을 초래하기도 한다. 또 청년층의 고용 불안과 실업은 저출산 경향을 심화시키고 사회의 지속 가능성을 훼손한다.

생존 연령의 상승과 신체 능력의 향상으로 고령자의 노동 공급은 지속적으로 증가하고 있지만, 고령자를 위한 양질의 일자리를

---

9   관계 부처 합동(2020. 8. 27), "인구구조변화 대응방향", p.5.

찾기란 대단히 힘들다. 고령자와 청년 간 선호하는 일자리가 다르므로 세대 간 일자리 경합의 가능성은 적지만, 질 낮은 일자리를 양산하는 저가 경쟁을 초래할 위험성이 존재한다. 생산가능인구의 감소로 인한 노인 부양비의 급격한 증가가 예상되는 만큼 고령자의 경제 활동 참가를 증가시킬 수 있는 다양한 방안을 마련해야 한다.

초고령화 사회로 진입하면서 고령자의 비중이 급격하게 늘어나면서 지역·제도·산업의 중심 주체로서 고령자의 영향력이 더 커질 것으로 보인다. 지역의 경우 인구 유출로 인한 지방 소멸이 본격화되면서 빈집 등 유휴 자원의 활용, 공공 행정 서비스의 사각지대 발생 등 다양한 문제점이 발생하고 있다.

특히 20~30대 청년층이 진학·결혼·직장 등의 사유로 수도권과 대도시로 이주하면서 지방 소멸 현상이 전면화되고 있다. 2020년 서울과 경기도를 포함하는 수도권의 인구가 다른 비수도권 인구를 초월했다. 제도의 경우 고령자의 증가에 따라 교통과 주거는 물론 사회 전 분야에 걸쳐서 실버 세대를 위한 법 제도 개선과 인프라 구축이 요구된다.

한편 실버 세대를 위한 새로운 소비 수요가 활성화되면서 요양·돌봄, 헬스와 여가 문화 등 고령 친화 산업이 성장할 수 있는 기반이 구축되고 있다.[10]

이상과 같이 저출산과 초고령화로 인한 인구 구조의 변화가 사회 전반에 미치는 영향이 심각하므로 정부는 물론 노사와 시민 사회 차원에서도 적극적이고 종합적인 대응 전략을 마련해야 한다.

10　관계 부처 합동(2020. 8. 27), "인구구조변화 대응방향", p.6.

03 정부의 인구 관련 정책의 검토와 평가

출산율 제고와 시혜성 노인 지원책에 집착하면서 골든 타임을 놓친 정부

2000년대 초반 과거 정부의 강력한 출산 억제 정책으로 인해 발생한 낮은 출산율이 지속하면서 사회적으로 저출산 문제가 지속가능한 발전을 위협하는 상황에까지 이르게 된다. 이후 출산율을 높이기 위한 정부의 대응 정책에도 불구하고 저출산과 고령화 문제가 점점 더 심각해지면서 국가 차원의 종합적인 대책이 필요하다는 인식은 확산했다.

이에 따라 2005년 5월 저출산·고령사회기본법을 제정하고 이에 기반해 2006년 6월 1차 기본계획과 시행계획을 수립했다. 한편 노무현 정부는 2005년 9월 저출산·고령사회기본법에 근거해 저출산·고령화에 대응하는 정책 총괄 기구로 대통령직속위원회를 설치하고 5년 주기로 저출산·고령화 관련 국가 및 지방자치단체의 기본계획과 시행계획을 수립하는 법적 근거를 마련했다.[11]

그러나 이후 이명박 정부, 박근혜 정부를 거쳐오면서 2차, 3차 저출산·고령사회 기본계획을 수립하고 다양한 정책을 실행했지만, 대체로 기존의 정책을 재구성하거나 일부 제도를 도입하는 수준에 거친 것으로 평가된다. 세계 최저 수준의 합계출산율은 2000년대 말

---

11   조진우(2021), "저출산·고령사회기본법의 문제점과 개선과제", 〈법학연구〉 제32권 1호, 11–42, 충남대학교 법학연구소, p.14.

초저출산을 의미하는 1.3 미만을 기록한 이후 계속 감소하고 있으며, 만혼과 비혼 추세로 상승세를 보일 기미조차 보이지 않는다.

고령 사회 대책은 기초연금과 장기요양보험의 도입과 같은 노후 소득보장제도를 일부 도입하고 있지만, 노인 빈곤율은 계속 높아지고 자살률 또한 세계 최고 수준을 보이고 있다. 이러한 현실로 인해 정부의 저출산 대책은 여성을 출산 대상으로 인식하고 있으며, 고령자 대책 또한 노인 복지 차원에서 이뤄지는 시혜성 지원 정책으로 면피하고 있다는 비판을 받기도 했다.[12]

이러한 문제의식에 따라 문재인 정부는 2019년 관계 부처 합동으로 인구정책TF를 구성하고 종합적인 대응책을 발표한다. 지금까지 출산율 제고 중심의 인구 정책이 급속한 인구 구조 변화 양상에 대응하는 데 한계가 있다는 판단 아래 저출산·고령사회위원회가 추진 중인 출산율 향상 정책을 보다 내실화하고 인구 구조 변화에 대한 우리 사회의 적응력을 강화하기 위한 4대 핵심전략과 20대 인구 정책 과제를 마련한다.[13]

생산연령인구 확충 대책, 저출산 완화와 학령 인구 감소 등과 같은 절대 인구 감소 대책, 고령 인구 증가 대책, 복지 지출 증가 대책 등으로 이뤄진 4대 핵심 전략은 기존에 사안별로 파편화돼 있던 저출산·고령화 대책을 인구 정책이라는 새로운 패러다임으로 재구성하고 국민적 문제의식을 제고시켰다는 평가를 받는다.

한편 2020년 1월 기획재정부 1차관을 팀장으로 구성된 제2기 범

---

12 손욱 외(2017), 〈인구구조 고령화의 영향과 정책과제〉, 한국은행 경제연구소, p.110.
13 관계 부처 합동(2019. 9. 18), "인구구조 변화의 영향과 대응방향".

부처 인구정책TF는 그해 8월 1기 정책 과제를 더욱 구체화하고 신규 과제를 추가하면서 경제 활동 참여 확대, 지역 공동화 선제 대응, 노동 생산성 제고, 고령화에 대응하는 산업·제도 설계라는 4가지 기본 방향을 정하고 세부 정책 과제 13개를 발표한다.[14]

이와 같이 2000년대 초반 이후 정부는 저출산·고령사회기본법 제정을 기점으로 관련 대통령 직속 위원회를 설치하는 등 초고령 사회에 대비하는 다양한 정책을 개발하고 제도적 틀을 마련했다. 하지만 이러한 정부 대책은 대체로 출산율을 높이기 위한 지원 정책과 같이 저출산 문제 해결에 집중된 측면이 강하다. 반면 급격한 고령화 추세에 대해 노인 복지 차원의 단기 대응에 그치고, 인생 이모작에 걸맞은 중장년 일자리 정책이나 고령자의 경제 활동 활성화를 위한 제도 개선은 미비한 측면이 존재한다.

재탕과 삼탕으로 점철된 윤석렬 정부의 저출산고령 사회 대책

한편 2021년 5월 윤석열 정부가 들어서고 난 후 7월 정부는 관계 부처 합동으로 3번째 인구정책TF의 논의 결과를 '인구 구조 변화 영향과 대응 방향'이라는 제목으로 발표한다.[15]

정부는 인구 감소, 지역 소멸, 초고령 사회 임박 등 3대 인구 리스크에 대응하기 위해 인구 절벽 충격 완화, 축소 사회 대응, 지역 소멸 선제 대응, 사회의 지속 가능성 제고 등을 인구 구조 변화에 대한 적응력을 강화하는 4대 핵심 전략으로 설정하고 학부모 여성

---

14 관계 부처 합동(2020. 8. 27), "인구구조변화 대응방향".

15 관계 부처 합동(2021. 7. 2), "인구구조 변화 영향과 대응방향".

의 돌봄 부담 완화, 고령자의 경제 활동 기회 제공, 지역 거점 도시 육성, 의료 접근성 확대, 맞춤형 돌봄, 요양·의료서비스 제공 등 5가지 주요 정책 과제를 추진한다.

이러한 내용은 이후 인구 구조 변화에 대응하기 위한 윤석열 정부의 4대 분야 국정 과제로 발전한다. 먼저 경제활동인구를 확충하기 위해 여성·고령자·외국인 등의 노동 시장 참여를 높이고 인적 자본의 생산성을 제고시키고자 한다.

그리고 학령 인구와 병력 자원의 부족, 지역 소멸에 대응하기 위한 종합 대책을 마련하고 축소 사회로 치닫고 있는 지방의 취약지역에 유망 산업을 유지하고자 한다. 고령 사회를 대비하기 위해 의료, 돌봄·요양 서비스 같은 복지 시스템을 안정화하고 5대 저출산 요인을 개선해 출산율을 높이고자 한다.

이어 2022년 12월 윤석열 정부는 저출산고령사회위원회와 관계 부처 합동으로 '인구 구조 변화와 대응 방안'를 발표했다. 여기서 정부는 인구 위기에 대응하고 구조 변화에 적응하기 위해 다시금 경제활동인구 확충, 축소 사회 적응, 고령 사회 대비, 저출산 대응이라는 4대 분야에서 일과 생활의 조화를 이루고 차별 없는 출산과 양육 환경 조성, 외국 인력 규제 완화와 체계적 이민 정책 수립, 생애 주기별 돌봄 체계 구축, 고령자 고용 연장과 복지 제도 개선, 학령 인구 감소와 지방 소멸 대응, 정책 효과성 평가로 제도와 정책 개선 등 6가지 핵심 과제를 제시한다.[16]

이상과 같이 윤석열 정부가 추진 중인 인구 정책 중에서 고용 노

---

16 관계 부처 합동(2022. 12), "인구구조 변화와 대응방안".

동 문제와 관련성을 지닌 정책 과제를 중심으로 평가하면 다음과 같다.

① 여성·고령자·외국인 등의 노동 시장 참여를 촉진하기 위한 인센티브 정책을 추진하고 있지만, 경제활동인구의 확충으로 이어질 만큼 가시적인 조치는 불투명한 상태다.

윤석열 정부의 경제활동인구를 확충하기 위한 대책은 주로 여성 경력 단절 문제 해결에 관련된 정책에 집중돼 있고, 출산·육아와 관련해 기존 제도의 적용 대상과 범위를 확대하는 내용이 대부분이다. 채용 과정부터 승진까지 주로 여성에게 발생하는 성차별을 줄이기 위한 실질적인 대책은 부족하고, 성별근로공시제 같은 자율적인 수단에만 의존하고 있다. 노동 시장의 성차별을 개선하지 않으면 여성의 경제 활동 참여 제고에 근본적인 한계가 있을 수밖에 없다는 사실을 다시 한번 확인할 필요가 있다.

한편 육아 휴직과 관련해 사용 제한 완화는 유의미하지만, 정작 중요한 문제라고 할 수 있는 육아 휴직 사용권을 실질적으로 강화할 방안에 대해 구체적인 보완 대책을 제시하지 못하고 있다. 노동 행정 차원에서 시행하고 있는 지침이나 가이드라인 마련으로 긍정적인 효과가 나타날 수 있을지는 의문이며, 육아 휴직 사용권 제한에 대한 강력한 처벌 또는 주기적인 근로 감독이 오히려 더 필요한 것으로 보인다.

고령자의 노동 시장 참여율을 높이기 위해 한국형 계속고용제도 도입을 언급하고 있지만, 정년퇴직자를 비롯한 중고령자의 재고용에 대한 보조금 지원 외에 뚜렷한 제도 개선 내용은 보이지 않는다. 특히 고령자의 경제 활동 참가율을 높이는 데 가장 확실한 정책이라고 할 수 있는 법정 정년 연장은 노동 시장 내부의 격차와 불평등을 조장하지 않도록 보완 대책이 반드시 필요한 사항인데 이에 대한 사회적 공론화는 이뤄지지 않고 있다.

한편 생산가능인구의 확보를 위해 외국인 고용은 불가피한 것으로 보이지만, 단기 필요 외국 인력에 대한 규제 완화 조치 외에 뚜렷한 대책을 내놓고 있지 못하다. 이주 노동자의 활용 없이 건설, 제조, 농림어업의 경제 활동이 사실상 어려운 상황을 고려할 때 외국인 고용허가제도를 정주형 외국 인력 활용 정책으로 전환하고, 기존 이주 노동자에 대한 숙련화 교육과 전문 인력 유입을 위한 적극적 이민 정책을 본격적으로 추진해야 한다.

또 이러한 중장기적인 이민자 정주 정책의 추진을 위해서는 현재 확충하고자 하는 비전문 인력에 대한 인권 보호 방안을 병행해야 한다. 특히 임금 체불 문제에 대해 효과적인 대책이 마련되지 않으면 이주 노동자의 불법 노동을 제어하기란 불가능할 것이다.

② 정책 효과성을 고려하지 않은 개별 정책 추진으로 국민 체감도가 떨어지고 총괄 기구의 부재로 인해 정책 조율이 미흡하고 종합적 대응에 실패했다.

집행률과 실적 위주로 이뤄지는 정책 평가로 인해 저출산·고령화 문제를 해결하기 위해 투입된 대규모 재정 투입의 효과성을 제대로 확인하지 못하고 있다. 복잡하고 단절적인 각종 지원 정책과 제도 간 상충 관계는 물론 정부 부처 간, 중앙 정부와 지방자치단체 간 유기적 협력의 부족으로 국민의 정책 체감도는 아주 낮은 수준에 머물러 있다.

지금까지 인구 관련 정책의 컨트롤 타워 기구라고 할 수 있는 저출신고령사회위원회가 본연의 역할을 제대로 수행하지 못함으로써 백화점식 대책을 남발하거나 선택과 집중을 통한 정책 효과를 제고시키지 못했다. 이러한 상황에서 인구 문제에 대한 체계적이고 종합적인 해결 방안을 마련하기 위해서는 구조 개혁에 대한 이해관계자의 이견을 조율하고 전 국민적 공감대를 형성하기 위한 공론화 과정이 필요할 것으로 보인다.

04 초고령 사회 대응을 위한 고용 노동 정책

저출생·고령화로 인한 인구 구조 변화에 적극적으로 대응하기 위해 추진하고 있는 정책 중에서 노동 시장·고용과 관련된 주요 내용을 간추려보면 크게 고령자의 계속 고용, 노동 시장 취약 계층의 고용 활성화, 사회 통합형 이주 노동자와 이민 정책, 생애 주기별 포용적 고용 안정망 구축 등으로 나눠 살펴볼 수 있다.[17]

일하고자 하는 모든 중장년과 고령자에게 고용 기회 보장해야

초고령화 사회로 치닫고 있는 우리 사회의 인구 구조적 특성을 고려할 때 부족한 생산가능인구를 늘리고 경제 활동 참가율을 높이기 위해서는 중장년층을 비롯한 고령자의 노동 시장 참여를 촉진하고 고용을 활성화해야 한다.

---

17   성재민 외(2022), 〈인구감소 시대의 고용정책 방향〉, 경제인문사회연구회 총서 ; 손욱 외(2017), 〈인구구조 고령화의 영향과 정책과제〉, 한국은행 경제연구소 ; 이태석 외(2020), 《인구구조변화에 대응한 구조개혁방안》, 한국개발연구원.

고령자의 고용 활성화 방안은 다양하지만, 가장 많이 언급하는 것이 현행 60세로 규정된 법정 정년을 연장하는 방안이다. 현재 고령화 추세를 고려할 때 자연스럽게 제기할 수 있는 제도 개선안이지만, 이로 인한 부작용을 고려할 때 법정 정년을 점진적으로 연장하는 게 타당하다.

특히 법정 정년 연장의 혜택이 대기업과 공공 기관에 종사하는 고령 노동자에게 집중될 것으로 예측되므로 노동 시간 단축, 교육 훈련과 임금 구조 개편을 연계하는 방안을 모색해야 한다.

정년 연장으로 인한 부정적 효과를 최소화시키기 위해 연금 수령 시기 조정 등을 포함하는 노후소득보장제도의 개혁, 생애 주기별 노동−교육 훈련−여가 시간의 조정을 통한 일자리 보장, 노동 시간과 소득 보전을 조응시키는 점진적 퇴직 제도의 도입 등도 고려해야 한다.

한편 고령자가 기존 직장에서 정년 연장을 통해 고용을 유지하는 것이 아니라 다양한 방식의 고용 연계를 통해 지속 가능한 일자리를 만들어내는 계속 고용 방안을 개발해야 한다. 고용 연장형 임금 조정제를 실노동 시간의 단축과 연동시키거나 재교육과 전환 훈련을 전제로 한 배치 전환과 다른 기업으로의 전직 등도 고려할 수 있다.

더 나아가 기존 일자리 유지가 힘들거나 해당 기업이 사업 전환을 할 수밖에 없는 경우라면 초기업 차원의 전직지원센터를 통해 새로운 일자리를 찾는데 필요한 재취업 지원 서비스를 의무화하거나 유급 휴가 훈련 수당과 장기 훈련 급여를 강화하는 방안도 마련해야 한다.

다른 한편 고령자를 법정 정년 이상으로 고용하는 기업에 보조금을 지급하거나 사회적 가치를 실현하는 일자리에서 일하는 노동자에게 지원금을 지급하는 방안도 고려할 수 있다.

워킹맘, 청년, 외국 인력 등 취약 계층의 노동 시장 참여를 제고해야

저출산·고령화로 인해 발생하고 있는 생산가능인구의 감소 추세를 역전시키기 위해서는 여성과 청년층의 노동 시장 참여를 촉진하는 방법 외에 다른 방안이 없다.

먼저 여성의 경제 활동 참가율을 높이기 위해서는 경력 단절을 사전에 방지하고 노동 사회의 양성평등 문화를 강화해야 한다. 재직 상태에 있는 여성 노동자의 지속 가능한 고용을 위해 경력 단절을 초래할 가능성이 큰 출산, 육아와 보육 시기에 돌봄 서비스를 확대하고 관련 근무 시간, 휴가·휴직 제도를 보다 강화해야 한다.

여성의 생애 주기에 맞는 맞춤형 고용 유지 지원 서비스를 제공하고 당사자의 선택권을 보장할 수 있는 법 제도의 개혁이 필요하다. 특히 육아 휴직, 노동 시간 단축, 돌봄·가사 지원 서비스 등과 같은 기존 제도를 교차 선택할 수 있도록 해 근로와 가사를 병행하는 워킹맘의 선택권을 확대해야 한다.

또 유연 근무제와 재택근무 등 가정 친화적인 근무 방식을 개발하고 양성평등을 지향하는 노동 시장의 환경을 구축하기 위해 성차별 시정, 성별 격차 축소 등을 지향하는 기업·현장 문화를 조성해야 한다.

한편 청년층의 노동 시장 참여율은 40% 선에 머물러 있을 정도로 아주 낮은 편이다. 더 큰 문제는 구직 활동을 아예 포기하는 니트(NEET) 현상이 심각해 실질 실업률이 25%에 이른다는 사실이다. 이들의 노동 시장 참여율을 높이려면 먼저 청년들의 눈높이와 선호에 맞는 다양하고 질 좋은 일자리와 쾌적한 노동 환경을 제공해야 한다.

이들이 충분히 탐색하고 준비한 상태에서 자신이 원하는 일자리를 찾을 수 있도록 한국형 청년 보장제를 제대로 제도화해야 한다. 적어도 학업·취업과 교육 훈련이라는 3가지 활동에서 6개월 이상 이탈하지 않도록 하는 것이 필요하다.

청년층의 절대적 규모가 축소될 수밖에 없는 상황에서 향후 청년 일자리는 고생산성-고부가가치-고품질을 담보할 수 있는 산업 생태계를 지향하는 방향으로 재구축해야 한다.

사회 통합을 지향하는 정착형 외국인 고용 노동 정책을 추진해야

초고령 사회로의 진입은 한국 사회로 하여금 기존 외국 인력 정책의 전면적 개편을 요구하고 있다. 단순 노동력의 활용 관점에서 제도화된 고용 허가제를 우수 해외 인력의 국내 정착을 궁극적 목표로 하는 사회 통합형 이주 노동자 정책으로 전환해야 한다.

이를 위해서는 고용 허가제로 대표되는 외국인 도입 관리 체계를 전면 개편하고 현재 수십만에 이르는 비합법 체류자가 합법적인 정주와 근로를 할 수 있도록 특단의 조치가 필요하다. 물론 중장기적으로 다양화되고 있는 외국 인력 수요에 능동적으로 조응하고 산업 수요와 노동 시장의 여건에 맞게 외국인 노동력을 양성하고 공급할 수 있는 외국인 노동 정책이 필요하다.

이를 위해 외국 인력이 수도권으로 집중되고 지역 불균형이 발생하는 상황을 타개하려면 지역과 산업 특성을 고려한 이민자 외국인 활용 정책이 필요하다. 이에 대한 관리·지원 체계에 대한 지방 정부의 역할 강화와 권한 이전도 필요하다.

단순 외국 인력만이 아니라 전문 인력까지 포함하는 취업 비자 외국인을 모두 포괄할 수 있는 외국 인력 통합 관리 체계를 구축하고 이를 위한 법 제도를 개편하는 것이 필요하다. 이를 위해 각 부처로 흩어져 있는 외국 인력 관리 제도를 통합하되 각 부처의 전문성을 고려하는 통합 운영 방식을 마련해야 한다.

궁극적으로는 외국 인력 정책을 단순히 노동력의 활용 측면만이 아니라 초고령 사회에 대응하는 인구 정책 일환으로 사회 통합적인 이민 정책을 본격적으로 제도화할 필요가 있다. 정주 단계별 교육 문화 서비스 제공, 종합적인 이민 촉진 정책의 수립, 외국인 특성을 고려한 사회 포용 방안, 이민자 정주 정책 등을 마련해 인구 구조의 변화에 대응하는 적극적 대안으로 이주 노동자의 사회 통합 전략을 마련해야 한다.

초고령 사회에 대응하는 포용적 전 국민 고용 안전망을 구축해야

초고령 사회에 대응하기 위한 고용보험제도는 고용 형태에 얽매이지 않고 일하는 사람이면 누구나 일정 소득과 교육 훈련의 기회를 제공 받을 수 있는 생애 주기별 사회 안전망으로 기능해야 한다. 이를 위해서는 기존 근로소득에 한정된 보험료 징수 체계를 전체 소득으로 확장하는 소득 기반 고용보험제도로 전환해야 한다.

그리고 근로복지공단, 건강보험공단 등으로 분산된 사회 보험 체계를 통합하는 동시에 소득세 등 조세 체계와의 연계를 위해 국세

청에서 일원화해 조세·보험료를 원천징수하는 것이 필요하다. 준자영업, 플랫폼 노동, 단기 아르바이트 등 비정형 노동이 더욱더 확산할 것이 분명한 노동 시장 상황에서 전 국민을 대상으로 하는 포용적 고용 안전망을 구축하려면 노동 시간과 고용형태가 아니라 실제 소득을 보험료·실업 급여 산정의 기준으로 만들어야 할 것이다.

한편 고령자의 고용을 활성화하려면 포용적인 고용 안전망이 필요하다. 고령자의 구직 활동과 노동 시장 참여율을 높이고 필요한 재원을 확보하기 위해 중단기적으로 보험료율과 가입 기간을 점진적으로 늘리면서 적용 대상을 보다 확대해야 한다. 고령 노동자의 고용이 증가하고 계속 고용이 안착하면 취업 기간이 늘어날 것으로 보이기 때문에 증가한 재원으로 고용 안전망의 사각지대에 있는 이들에 대한 사회 보험 지원 확대도 가능할 것이다.

고령 노동자에게 적합한 일자리는 노동자의 선택권이 보장된 유연한 근무 시간 제도를 운영해야 하며, 이러한 파트타임 노동에 기반한 실업 급여 산정 방식(최저선 조정/노동 시간 비례 실업 급여)을 새롭게 개발할 필요가 있다.

다른 한편 절대 인구가 감소하고 개별 노동 시간이 줄어드는 상황에서 국민 경제의 지속 가능한 발전을 담보하려면 단위 시간당 생산성과 효율성을 높여야 한다. 바로 이러한 측면에서 생애 주기에 조응하는 일과 여가의 균형적 시간 재구성이 필요하다. 또 비근로 시간을 단순히 자유 시간으로 활용하는 것이 아니라 재교육과 전환 훈련을 통한 재충전의 기회로 삼아야 한다.

이런 이유로 기존 고용보험제도가 보장하고 있는 피고용인의 직업 능력 개발 기회를 전 국민으로 확대하고 이를 위한 재원 확보

차원에서 직업 능력과 고용 안정 계정에 대한 노동자의 기여분을 신설할 필요가 있다. 이러한 고용 보험의 재정에 대한 노동자의 분담 원칙은 노동자로 하여금 헌법적 권리로서 근로권 외에 교육 훈련권에 대한 사회적 정당성을 강화하는 데 일조할 것이다.

저출산 사회의 해법, 육아 친화 사회로의 전환

백선희 | 서울신학대학교 교수

4장
·····
저출산 사회의 해법,
육아 친화 사회로의 전환

백선희 서울신학대학교 교수

01 문제 제기

우리 사회의 가장 큰 문제는 상상을 뛰어넘을 정도로 진행되는 초저출산과 고령화일 것이다. 특히 초저출산의 상황은 매우 심각하다. 지금의 한국 상황을 보고 국가 소멸, 인구 지진 등의 말들을 언급하지만, 아직 5,000만 명 이상의 인구가 유지되고 그 영향이 장기적으로 나타나다 보니 정부와 시민들의 체감은 약한 것 같다.

물론 정부의 저출산 대책이 쏟아져 나오고 막대한 예산을 투입해도 문제가 더욱 심각해지는 현 상황을 보면 정책이 미온적이거나 방향이 잘못됐거나 혹은 둘 다라고 할 수밖에 없다.

우리나라의 인구 변화는 구조·속도·수준에서 비정상성을 보인다. 흔히 인류가 경험할 수 없는 수준의 저출산·고령화가 진행되고 있고 그 끝을 예측하기 힘들다. 저출산에 대한 국가적 대응이 늦었다는 문제도 있지만, 그 이전에 정부는 산아 제한 정책 조질 실패로 저출산을 야기한 책임이 있다.

또 지금은 그 위기와 사회적 영향에 비해 장기적 국가 대응 계획도 없을 뿐 아니라 지금의 정책도 문제 해결적이지 못하다. 기존의 육아 부담 경감 중심, 출산율 제고 중심의 정책으로는 악화하는 저출산 문제를 해결하지 못할 것이다.

02 대한민국의 인구 변화 : 구조·속도·수준의 비정상

1960년부터 2060년까지 대한민국 100년의 인구 변동을 보면 구조·속도·수준에서 다음과 같은 비정상적 특징을 보인다.

비정상적 인구 구조, 역피라미드형으로의 진행

1960년 인구 2,500만 명의 우리나라 인구 구조는 안정적 피라미드형이었다. 한국전쟁 후 높은 출산율로 인구가 급증하자 정부는 1960년대부터 1980년대까지 출산율을 낮추는 인구 억제 정책을 펼치게 된다.

그럼에도 1955~1963년생 베이비부머 자녀 세대인 에코 세대(1979~1992년생)[1]가 한 해 100만 명까지 태어나면서 우리나라 인구는 2020년에 5,183만 6,239명으로 정점에 이르게 된다.

문제는 인구 억제 정책의 '대'성공으로 합계출산율이 1960년

---

1   통계청(2012. 8. 2), 보도 자료 "베이비부머 및 에코세대의 인구·사회적 특성분석".

【그림 4-1】 연령별 인구 분포와 총인구수 : 1960년, 2024년, 2060년

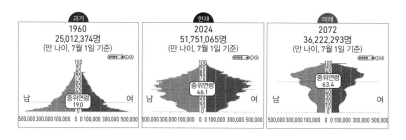

자료 : 통계청(2024. 2. 10.), "인구로 보는 대한민국 '인구상황판'"

6.0에서 1983년에 대체 출산율(2.1) 이하인 1.65로 급락한 이후에도 출산율 하락 추세는 멈추지 않고 2022년에 0.78명으로 떨어지게 됐다는 것이다. 베이비붐 세대가 점차 고령 인구로 진입하면서 2024년 현재 우리나라의 인구 구조는 항아리형으로 바뀌었다.

나아가 주 결혼·출산 연령대인 30대 인구의 감소, 1.0 미만의 합계출산율, 향후 에코 세대의 고령 인구 진입 등으로 우리나라 인구 구조는 역피라미드형으로 전환해갈 것이다. 이러한 비정상적 인구 구조로는 대한민국의 지속 가능성을 기대할 수 없다([그림 4-1] 참고).

통계청 자료에 따르면([표 4-1] 참고) 1960년에서 2060년까지 100년 동안 우리나라의 중위 연령은 19.0세에서 61.5세로 42.5세가 높아지고, 65세 이상 노인 인구 비율은 2.9%에서 44.2%로 15배 상승하며, 노령화 지수[2]는 6.9에서 636.9로 92배 급증하게 된다.

---

2   유소년 인구 100명당 고령 인구 비율이다.

【표 4-1】100년의 인구 변화 (단위: 명, %, 세)

구분	1960년	2024년(현재)	2060년	2072년
총인구수	25,012,374	51,751,065	42,302,086	36,222,203
유소년 인구 비율	42.3	10.6	6.9	6.6
생산연령인구 비율	54.8	70.2	48.9	45.8
고령 인구 비율	2.9	19.2	44.2	47.7
총부양비	82.6	42.5	104.5	118.5
노령화 지수	6.9	181.2	636.9	726.8
중위 연령	19.0	46.1	61.5	63.4

비고 : 유소년 인구 비율(14세 이하 인구 비율), 생산연령인구 비율(15~64세 인구 비율), 고령 인구 비율(65세 이상 인구 비율), 총부양비(생산인구 100명당 유소년 인구와 고령 인구 비율), 노령화 지수(유소년 인구 100명당 고령 인구 비율)
자료 : 통계청(2024. 2. 19), "주요 인구지표(성비, 인구 성장률, 인구 구조, 부양비 등)/전국"

2024년 현재 유소년 인구는 10.6%로 감소하고 고령 인구는 19.2%로 증가하면서 중위 연령도 46.1세로 높아졌지만, 생산연령인구가 전체 인구의 70.2%를 차지하고 있으므로 유소년과 고령 인구에 대한 이들의 부양 부담(총부양비)은 1960년대보다 오히려 가벼워졌다.

그러나 현재의 저출산, 고령화, 인구 감소 경향이 고착화됨에 따라 약 35년 후인 2060년의 부양 부담은 지금의 2.5배 이상이 될 것이다. 통계청 장래 인구 추계에 따르면, 2072년이면 우리나라는 인구 2명의 1명이 노인인 나라가 될 것이다.

비정상적 속도의 저출산·고령화 진행

세계의 많은 나라에서 저출산·고령화 현상이 나타나고 있다. 그런데 우리나라만큼 그 속도가 빠른 곳이 없다. 변화의 '속도'가 빠를수록 사회적으로 대응할 시간은 줄기 마련이다. 지난 50년간 우리의 합계출산율은 OECD 평균과 비교해 두드러질 정도로 급속히 하락했다(【그림 4-2】, 【그림 4-3】).

대표적 저출산 국가의 하나인 일본과 비교해서도 매우 가파르게 합계출산율이 떨어진 것을 알 수 있다. OECD 국가 중 초저출산의 기준인 1.3 미만으로 진입한 국가는 독일(1993), 이탈리아(1993), 스페인(1993), 한국(2002), 일본(2003)을 포함해 총 10여 개국이 있는데, 그중 우리나라만이 초저출산 상태가 지속되고 있고 나머지 국가들은 초저출산율 상태를 벗어났다.

다만 2021년 현재 이탈리아와 스페인이 다시 초저출산 상태로 진입해 합계출산율 1.29를 기록하고 있지만 1.3에 가깝다. 우리나라에서 저출산 극복 국가로 회자되곤 하는 프랑스는 단 한 번도 초저출산 상태인 적이 없고 가장 낮은 합계출산율이 1.66(2003~2004)이었다.[3] 우리나라는 2003년 이후로 OECD 국가 중 합계출산율이 낮은 순위로 1위를 달리고 있다.

고령화도 마찬가지다. 1960년의 65세 이상 고령 인구는 불과 2.9%로 OECD 국가 중 가장 낮았으나 2010년 고령화 사회(노인 인구 7% 이상)로 진입한 뒤 8년 만인 2018년에 고령 사회(노인 인구 14% 이상)로, 다시 7년 만인 2025년에 초고령 사회(노인 인구 20% 이상)로 진입하는 속도의 신기록을 세우고 있다. 이로 인해 OECD 내 고령 인구 비율 순위는 2018년 30위에서 2025년 19위로, 2044년에는 1위

---

3   통계청(2024. 2. 20), "합계출산율(OECD 회원국)".

【그림 4-2】 OECD 평균 합계출산율

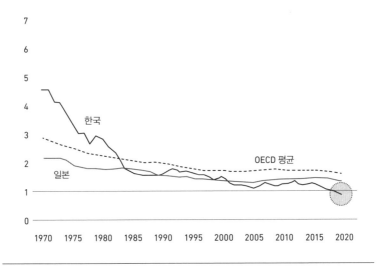

자료 : KBS(2022. 5. 22), "[팩트체크K] 한국이 일본보다 먼저 소멸한다?"

【그림 4-3】 우리나라 합계출산율과 출생아 수

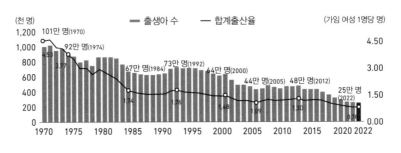

자료 : 통계청(2023), "보도자료 : 2022년 출생 통계(2023. 8. 30)"

로 등극하게 된다.

2024년 현재 고령 인구비가 가장 높은 일본(30.2%)은 고령화 사회에서 초고령 사회로 가기까지 우리와 같이 15년(1969년 → 2004년)이

【표 4-2】 우리나라 65세 이상 고령 인구비와 OECD 내 순위   (단위: %)

구분	1960	1970	1980	1990	2000	2010	2018	2020
비율	2.9	3.1	3.8	5.1	7.2*	10.8	14.3*	15.7
순위	37	36	36	34	34	32	30	28
구분	2025	2030	2040	2044	2050	2060	2070	
비율	20.6*	25.5	34.4	36.7	40.1	43.8	46.4	
순위	19	7	3	1	1	1	1	

* 우리나라는 2000년에 고령화 사회(고령 인구 7% 이상), 2018년에 고령 사회(고령 인구 14% 이상) 진입에 이어 2025년에 초고령 사회(고령 인구 20% 이상)에 진입하게 된다.
자료 : 통계청(2024. 2. 19), "부양인구비 및 노령화지수(OECD회원국)"를 참고로 작성했다.

걸렸지만, 이탈리아(24.9%)는 60년 이상(1950년 8.1% → 2006년), 핀란드 (23.9%)는 49년(1956년 → 2015년)이 걸렸다. 기간이 길수록 사회는 안정적으로 고령화를 준비할 수 있는데, 우리에게는 그러할 시간이 허락되지 않는다.

비정상적 수준의 합계출산율과 고령 인구 비율

우리나라 인구 구조 위기의 3번째 특징은 구조와 속도 외에 비정상적 '수준'의 합계출산율과 고령 인구 비율이라는 데 있다. 이미 각각 최저와 최고를 기록하고 있지만, 그 정도가 '인류가 경험하지 못한(할)' 기록이라는 데 문제의 심각성은 몇 배가 된다.

2021년 OECD 회원 38개국 합계출산율 평균이 1.58일 때 우리나라는 그것의 절반 수준인 0.81이었다.[4] 2024년에는 0.68(중위 수준 기준)이 될 것이라는 예측치도 암울하지만, 저위 수준으로 추계할

---

4   OECD, Family Database, 통계청(2023), "보도자료 : 2022년 출생 통계(2023. 8. 30)".

【그림 4-4】 고령 인구 비중

자료 : 통계청, 〈장래인구추계〉

경우 2026년의 합계출산율은 0.59까지 추락할 것으로 보인다.[5]

이쯤 되면 우리나라는 초저출산을 지나 초초저출산(1.0 미만-필자)도 아닌 극초저출산(0.7 미만-필자) 사회라고 명명해야 할 것 같다. 출생아 수마저 2024년에 22만 명으로 주저앉고 급기야 2061년에는 겨우 15.5만 명의 신생아가 태어날 것이라 하니 인류가 경험하지 못한 출산율로 인해 대한민국이 종말의 길로 가고 있다는 말이 이상하게 들리지 않을 지경이다.

2070년에 고령 인구가 46.4%가 된다는 추계치 역시 인류가 한 번도 경험하지 못한 것이며, 우리나라가 아니면 그 어떤 국가도 미래에 경험하지 못할 수치다. 이 시기 고령 세대를 부양해야 할 부담이 어느 정도일지 가늠조차 되지 않는다. 우리나라 상황이 매우 심각한 이유는 브레이크 없는 질주를 하고 있기 때문이다.

---

5 통계청(2024. 2. 25), "〈장래인구추계〉, 2072, 장래 합계출산율/전국".

1명이 1명을 부양해야 하는 사회의 도래와 지방 소멸

이러한 비정상적 인구 구조가 가져온 대표적 결과는 생산연령 인구의 급감과 부양 인구의 급증이다. 생산연령인구(15~64세)는 2017년에 최고 수준인 3,762만 7,748명이었으나 2024년 3,632만 7,585명으로, 2070년에는 1,711만 1,187명으로 반 토막이 된다.

일반적으로 생산가능인구가 1% 감소하면 GDP가 약 0.59% 감소하고, 피부양 인구가 1% 증가하면 GDP는 0.17% 감소한다고 한다. 다른 요인이 동일하다는 가정하에 인구 구조의 변화만으로 2050년의 GDP는 2022년 대비 약 28.38% 감소할 것이라 한다.[6]

19~34세의 청년 인구는 1993년에 최고 수준인 1,397만 4,000명에서, 2024년 기준 1,044만 4,000명으로 감소하고, 2055년에는 지금의 2분의 1 수준인 470만 5,000명으로 떨어질 전망이다. 청년 인구의 감소는 국가 경제뿐 아니라 혼인 건수와 출생아 수에 직접적 영향을 미치면서 다시 저출산·고령화에 영향을 미치는 악순환을 가져올 수 있다.

이로 인해 사회적 부양 부담은 상상을 초월하는 수준이 될 것이다. 2017년을 기준으로 우리 사회는 주로 유소년을 부양하는 사회에서 주로 노인을 부양해야 하는 사회로 전환됐다. 1966년에 역대 최고의 유소년 부양비(82)를 기록했으나(노인 부양비 5.9), 2017년에 유소년 부양과 노인 부양 부담비가 역전됐으며(유소년 17.9, 노인 18.8), 2066년에는 유소년 부양비가 13.8, 노인 부양비가 100.8에 이를 것이라 한다.

---

6 한국경제인협회(2023. 5. 18), "[한경연] 인구 구조 변화가 GDP에 미치는 영향".

[그림 4-5] 유소년 부양비와 노인 부양비를 포함한 총부양비

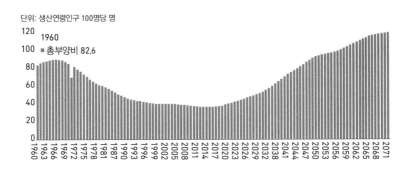

단위: 생산연령인구 100명당 명

자료 : 통계청(2024. 2. 10), "인구로 보는 대한민국 '총부양비(유소년+노년 부양비)'"

　유소년과 노인, 양 집단에 대한 생산 인구의 부양 부담, 즉 총부양 부담은 1966년에 88.8이라는 최고 수준에서 2012년에 36.2라는 최저 수준으로 떨어졌다. 그러나 불과 한 세대 후인 2058년의 총부양비는 지금의 2배 이상인 101.2를 기록하게 될 것이다(2024년 42.5).

　총부양비가 높아진다는 것은 사회적 부양을 위한 공공 지출을 크게 증가해야 한다는 것을 의미한다. 대표적으로 공공 부조, 노령 연금, 의료비, 요양비 등이 이에 해당하는데, 지금의 인구 변화 추세대로라면 현재의 재정 구조로는 감당 가능하지 않을 것이다.

　비정상적 인구 구조의 또 다른 결과는 대한민국의 소멸 위험이다. 감사원 보고서(2021)에 따르면, 저출산으로 인해 소멸 위험이 점차 높아져, 2047년에 우리나라의 모든 시·군·구가 소멸 위험 단계에 진입하게 된다고 한다. 겨우 23년 후의 일이다. 누구도 상상하기 싫지만 가까운 우리의 미래이다. 저출산의 문제는 범 국가적 문제이기 이전에 지역의 문제이며, 이미 지방자치단체 중에는 극초저출

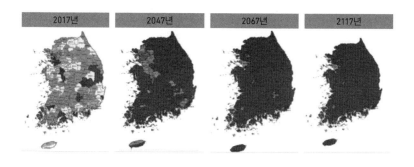

비고 : 고용정보원이 통계청의 시·군·구별 장래 인구 추계를 바탕으로 현 수준의 합계출산율(0.98명)을 지속한다는 가정하에 예측했다. 주황색은 소멸 위험 진입 단계를, 빨간색은 고위험 단계를 의미한다.
자료 : 감사원(2021. 7), 〈감사 보고서 : 인구구조변화 대응실태 Ⅰ(지역)〉, p.30

산-초고령 사회에 진입해 복합적 문제에 직면한 경우도 있다.

03 저출산·고령화의 원인과 영향

저출산 원인의 복합성

지역 소멸 위험까지 회자되는 지금, 어쩌다 이렇게까지 됐을까라는 탄식이 나오게 된다. 저출산의 원인은 아주 다양하지만, 정부는 그 원인을 크게 사회경제적 요인, 문화·가치관 측면의 요인, 인구학적 경로에서 찾고 있다. 사회경제적 측면에서 노동, 교육, 주거, 일·가정 양립, 기존 돌봄 정책의 한계를 지적하고, 문화·가치관 측면에서 전통적 가족 규범과 청년층의 인식과 태도의 변화를 주요인

【표 4-3】 저출산의 원인 진단

사회경제적 요인	문화·가치관 측면 요인
• 노동 시장 격차와 불안정 고용 증가 • 교육에서의 경쟁 심화 • 결혼·출산의 실현을 가로막는 높은 주택 가격 • 성차별적 노동 시장, 일·가정 양립의 곤란 • 잔존하는 돌봄 공백	• 전통적·경직적인 가족 규범과 제도 지속 • 청년층의 인식과 태도 변화

자료 : 대한민국정부(2021), "제4차 저출산·고령 사회기본계획 2021~2025", pp.16~23

으로 지목한다.[7]

또 인문·사회적 측면에서는 저출산 원인을 발전주의적 성장으로 인한 과도한 경쟁·집중과 일 쏠림, 저성장 시대 속 구조적 불평등과 청년의 불안, 여성에게 쏠린 가사·돌봄 노동과 사회 속 성차별로 진단하기도 한다.[8] 저출산 현상은 어느 한두 가지로 설명할 수 없는 구조적이며 복합적인 문제에서 비롯되고 있다. 여기서 분명한 것은 우리 사회의 차별, 격차, 과도한 경쟁, 불안정성, 경직성이 지금의 현상을 만들어가고 있다는 것이다.

저출산·고령화 인구 구조의 전방위적 영향

인구 변화는 사회적·경제적 영역 모두에 지대한 영향을 미친다. 특히 인구 변화가 거시 경제에 미치는 경로를 확인하면 인구 문제는 경제 문제라고까지 말하게 될 것이다.

【그림 4-7】에서 보듯이 총인구가 감소하는 반면 부양비가 증가하

---

7 대한민국정부(2021), "제4차 저출산·고령 사회 기본계획(2021~2025)".

8 대한민국정부(2021), "저출산의 근본적 원인 분석을 위한 인문사회 포럼」 결과"(보건복지부, 2020년 6~8월 진행), p.21.

【그림 4-7】 인구 구조가 변화가 거시 경제에 미치는 경로

인구구조 변화	경제 성장 요인별 영향	경제 영향
총인구 감소 (2070년은 2017년의 74%) 부양비 증가 (2070년은 2017년의 3.3배)	(노동) 공급 하락 및 생산성 하락 (총수요) 시장 규모 하락 및 소비 성향 하락 (저축) 저축률 하락 (투자) 기업 투자 유인 하락	경제성장률 하락 경상수지 하락 물가 수준 하락

자료 : 대한민국정부(2021), "제4차 저출산·고령 사회기본계획 2021~2025", p.24

는 인구 구조 변화는 노동 공급과 생산성 하락, 시장 규모와 소비 성향 축소, 저축률 하락, 기업 투자 요인 하락을 이끌게 된다. 그 결과 경제 성장률이 둔화되고 경상 수지는 악화된다. 인구 구조 변화가 비정상적 경로를 걸을수록 이러한 문제는 더욱 심화하고 악순환될 것이다. 일본의 잃어버린 30년의 주요 원인 중 하나가 심각한 저출산·고령화라는 사실을 부인하는 사람은 없을 것이다.

사회 영역에서의 영향은 이미 체감하고 있다. 우리는 이미 교육·의료·주택 등 각 영역에서 일부는 초과 공급으로, 일부는 초과 수요로 나타나고 있다. 어린이집과 초등학교의 폐원·폐교가 해마다 급증하는 한편, 노인 요양 시설 수요가 커지자 어린이집과 학교가 노인 요양 시설로 전환되기도 한다.

시설뿐 아니라 돌봄 인력과 교사들의 수요·공급에도 혼란이 야기되고 있다. 경제적 측면에서 사회적 재정 지출 부담은 커지나 생산 인구가 감소하게 되는 것도 조세 부담 구조와 수준에 매우 큰 변화를 불러일으킬 것이다.

저출산·고령화 추세를 누구도 되돌릴 수 없을 것이다. 그러나 끝

【표 4-4】인구 변화의 영향

경제 성장 저하와 재정 부담 심화	사회 영역별 수급 불균형
• 노동 공급, 노동 생산성, 총수요, 저축, 투자에 부정적으로 작용해 경제 성장률이 하락한다 • 생산연령인구 감소 등으로 인해 세입(노동+자본)은 감소하나 사회 지출과 복지 비용은 매우 빠르게 증가한다	• 고용·교육·의료·주택 등 영역별로 일부는 초과 공급, 일부는 초과 수요가 발생하는 등 사회 영역별 수급 불균형이 발생한다

자료 : 대한민국정부(2021), "제4차 저출산·고령 사회기본계획 2021~2025", pp.24~27

모르고 달려가는 급행열차의 속도와 종착점을 제어하고 더 먼 시점으로 이동시켜 감당 가능한 수준으로 전환해가야 한다. 심각한 저출산은 경제 사회 구조를 심각하게 뒤흔들 수 있기 때문이다.

04 저출산·고령화 문제에 대한 대응과 한계

정부의 저출산·고령사회기본계획의 수립과 추진

우리나라는 저출산·고령화 문제에 대응하기 위해 '저출산고령사회기본법'을 제정하고, 이 법을 근거로 2006년 이후 5년 단위로 기본계획을 수립해 시행해오고 있으며 현재는 4차 계획이 시행 중이다.

각 저출산·고령사회기본계획 중 '저출산'을 중심으로, 그 목표와 세부 목표를 중심으로 살펴보자. 노무현 정부는 제1차(2006~2010) 계획을 통해 '출산·양육에 유리한 환경 조성'이라는 목표와 출산·

양육에 유리한 환경 조성이라는 과제를 제시했다. 이 시기에 특히 영유아 보육정책에 많은 투자와 발전이 있었다.

이명박 정부는 제2차(2011~2015) 계획을 통해 '점진적 출산율 회복' 목표를 제시했는데 이 시기에 결혼·출산에 대한 지원이 확대된 것이 특징이다.

박근혜 정부는 제3차(2016~2020) 계획을 통해 '아이와 함께 행복한 사회'라는 목표와 함께 합계출산율을 1.21(2014)에서 1.5(2020)로 올리겠다는 구체적 수치를 제시했다. 청년 일자리와 주거 대책을 저출산 대책으로 제시했다는 것이 특징이다.

문재인 정부에서 마련한 제3차 수정본(2016~2020)은 '삶의 질 향상, 성 평등 구현'을 목표로 설계했다. 정책 목표로 '성 평등'을 처음으로 강조했다는 것이 특징이며 당시 '함께 돌보고 함께 일하는 사회'를 과제로 제시했다. 문재인 정부의 제4차(2021~2025) 계획은 제3차 수정본의 연장선상에서 있다고 할 수 있으며, '개인의 삶의 질 향상, 성 평등하고 공정한 사회'라는 목표에서 보듯이 삶의 질을 강조했다는 것이 특징이다.

윤석열 정부는 현재까지도 국가의 종합 계획인 '저출산·고령사회 기본계획 수정본'을 발표하지 않았다. 다만 '2023년 저출산·고령 사회정책 추진 계획'이라는 단기 정책을 통해 문재인 정부의 영아 수당을 확대한 부모급여(2023년 시행, 만 0~1세, 2004년 0세 기준 월 100만 원)와 초등 돌봄 정책인 늘봄학교 등을 추진 중이다.

1차부터 4차까지의 저출산 정책 목표와 과제를 보면 저출산의 원인과 대책으로서 무엇을 강조하는지가 나타난다. 1차 때는 육아 지원을, 2차 때는 육아 이전의 결혼과 출산 지원 확대를, 3차 때는 결

【표 4-5】 저출산·고령사회기본계획의 비전, 목표, 저출산 관련 추진 과제

구분	비전과 목표	저출산 관련 추진 과제
제1차 (2006~2010)	• 비전 : 모든 세대가 함께하는 지속 발전 가능 사회 구현 • 목표 : 출산·양육에 유리한 환경 조성, 고령 사회 대응 기반 구축	• 출산과 양육에 유리한 환경 조성 : 결혼·출산·양육에 대한 사회적 책임 강화, 일과 가정의 양립·가족 친화 사회 문화 조성, 건전한 미래세대 육성
제2차 (2011~2015)	• 비전 : 저출산·고령 사회에 성공적인 대응을 통한 활력 있는 선진국가 도약 • 목표 : 점진적 출산율 회복, 고령 사회 대응 체계 확립	• 출산과 양육에 유리한 환경 조성 : 일·가정 양립 일상화, 결혼·출산·양육 부담 경감, 아동 청소년의 건전한 성장 환경 조성
제3차 (2016~2020)	• 비전 : 모든 세대가 함께 행복한 지속 발전 사회 구현 • 목표 : 아이와 함께 행복한 사회, 생산적이고 활기찬 고령 사회(합계출산율 목표 2014년 1.21명 → 2020년 1.5명)	• 아이와 함께 행복한 사회 : 청년 일자리와 주거 대책 강화, 난임 등 출생에 대한 사회책임 실현, 맞춤형 돌봄 확대와 교육 개혁, 일·가정 양립 시각지대 해소
제3차 (2016~2020) 수정본	• 비전 : 모든 세대가 함께 행복한 지속 가능 사회 • 목표 : 삶의 질 향상 성 평등 구현, 인구 변화 적극 대비	• 함께 돌보고 함께 일하는 사회 : 출산 양육비 부담 최소화, 아이와 함께 하는 시간 최대화, 촘촘하고 안전한 돌봄 체계 구축, 모든 아동 존중과 포용적 가족 문화 조성, 2040세대 안정적인 삶의 기반(일·주거·교육) 조성
제4차 (2021~2025)	• 비전 : 모든 세대가 함께 행복한 지속 가능 사회 • 목표 : 개인의 삶의 질 향상, 성 평등하고 공정한 사회, 인구 변화 대응 사회 혁신	• 함께 일하고 함께 돌보는 사회 조성 : 모두가 누리는 워라밸, 성 평등하게 일할 수 있는 사회, 아동 돌봄의 사회적 책임 강화, 아동 기본권의 보편적 보장, 생애 전반 성·재생산권 보장

자료 : 대한민국정부(2006), "제1차 저출산~고령 사회 기본계획(2006-2010)" ; 대한민국정부(2011), "제2차 저출산~고령사회기본계획(2011-2015)"; 대한민국정부(2016), "2016-2020 제3차 저출산~고령사회기본계획"; 대한민국정부(2019), "제3차(2016~2020) 저출산~고령사회기본계획(수정본)"; 대한민국정부(2021), "제4차 저출산~고령사회기본계획(2021~2025)"

혼 이전의 청년 일자리와 주거 대책으로 관심이 확대됐다. 3차 수정본에서는 성 평등 사회로의 전환을, 4차에서는 삶의 질을 강조하는 정책을 펼쳐왔다. 현 정부에서는 현금 지원(부모급여)을 강조하고 있다. 시대에 맞는 향후 저출산 대책의 방향을 모색해야 한다.

저출산 정책에 투입한 예산에 대한 효과성에 의문을 제기하는 경우가 다수 있다. "15년간 280조 원 쏟아붓고도 '저출생 현상'은 계속"된다는 비판이다.[9] 합계출산율 1.08(2005)일 때 저출산 대책을 시작했지만 2022년 현재 0.78로 주저앉았기 때문이다.

그러나 【그림 4-8】에서 보듯이 출산율 회복의 경험도 있다. 제1차 기본계획 추진으로 합계출산율은 2010년 1.23명으로 증가했으며, 제2차 기본계획 추진 기간 동안 합계출산율 1.23을 유지한 바 있다. 경제적 위기에 직면해 합계출산율이 하락되기도 했으나 다시 회복한 경험도 공통적이다.

우리나라 합계출산율은 제3차 기본계획 시기부터 본격적으로 하락했다. 정책 추진에 따라 출산율 하락을 제어하지 못할 수도 있지만, 반등의 기회가 있을 수 있다는 희망을 가져본다. 실제 독일 등 적지 않은 국가에서 출산율이 반등한 경험이 있다.

기존 해법의 한계

저출산 대책 3차 계획이 우리나라 합계출산율을 방어하지 못한 이유에는 여러 가지가 있을 수 있다. 정치·경제·사회·문화적 거시 환경이 변하면서 결혼과 출산에 관한 관심과 여건이 저하된 결과

---

9   이호준(2023. 2. 23), "15년간 280조 원 쏟아붓고도 '저출생 현상'은 계속", 〈경향신문〉.

【그림 4-8】주요 저출산 대책과 합계출산율

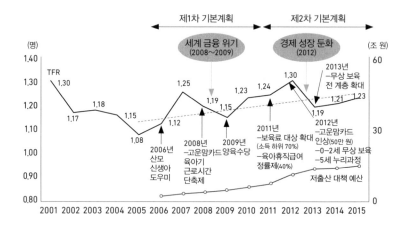

자료 : 대한민국정부(2016), "2016~2020 제3차 저출산~고령사회기본계획"

일 수도 있으며, 저출산에 대한 정부의 원인 진단과 대처가 소극적이어서 나타난 결과일 수도 있다. 접근 방법의 문제일 수도 있다.

그동안 초저출산 인구 구조 위기에 대한 해법은 명시적으로 표현하든 하지 않든 출산율을 높여야 한다는 것이었지만 점점 출산율 하락에 반등을 가져오지 못하고 있다. 기존의 접근 방법의 한계라 할 수 있다. 기존 저출산 대책 접근 방법은 인구학적 관점 또는 경제학적 관점에서 접근해왔다고 볼 수 있다.

경제학적 관점에서 미래 노동력 확보를 위해 출산율을 높여야 한다고 주장하고, 인구학적 관점에서 출생아 수가 많거나 적으면 산아 제한 정책이나 인 구장려 정책으로 조절하자고 한다. 결혼·출산·육아의 주 연령대인 청년들에게 아이를 낳으라고 사회는 무언의 압박을 한다. 저출산 문제 해결을 위해 '청년을 푸시 하는 사

146

회'인 것이다.[10]

청년들만 수단화된 것이 아니다. 아이들도 현재 시민으로서의 대우보다는 미래 노동력으로, 인구 유지를 위한 작은 단위로 간주하는 경향이 있다. 물론 최근 청년 일자리와 주거, 아동에 대한 존중이 저출산 대책으로 등장했지만 충분하지 않다.

또 문재인 정부의 3차 기본계획 수정본에서 '함께 돌보고 함께 일하고 사회' 성 평등을 추진하고 있지만, 여전히 저출산 정책은 결혼·출산·육아 세대인 청년 세대에만 집중하고 있다. 저출산 문제가 청년 세대들의 인식과 행동의 변화만 있으면 되는지 되물을 필요가 있다.

05 정책 제안 :
우리 모두가 '함께 육아'하는 육아 친화 사회 구축

저출산 정책 패러다임 전환이 필요성

앞서 살펴본 우리나라의 비정상적 인구 구조와 저출산에 대한 대응 등을 바탕으로 현재의 문제를 다음과 같이 진단할 수 있다.

① 대한민국은 인류가 경험하지 못한 '초초저출산(1.0명 이하)' 국가이며, 더 나아가 '극초저출산(합계출산율 0.7명 이하)' 상태에까지 이

---

10   백선희(2024. 1. 11), "저출산 사회의 극복, 육아 친화 사회로의 패러다임 전환"(리셋코리아행동 준비세미나-1차 : 경제/부동산/저출산/평화).

르세 되는데, '한국 사회가 초위기의 사회로 진입한다는 것을 의미한다.'[11]

② 국민 대상으로 한 저출산 극복에 대한 지나친 강조는 오히려 사회 불안과 출산·육아 기피를 조장한 경향도 있으며 청년 세대만 푸시하고 있다.[12]

③ 중앙 정부는 저출산 관련, 1~4차 저출산 계획을 추진하면서 약 380조 원을 투입했으나 사회적 효과가 미비하고, 저출산의 상황은 더 심각해지고 있다. 2024년 합계출산율은 0.7 미만으로 예측한다.[13]

④ 저출산의 원인은 사회경제적 불평등과 밀접한 연관이 있다. 소득 격차(대기업 vs. 중소기업 임금 격차), 고용 안정성의 격차(정규직 vs. 비정규직), 자산 불평등(집값 상승으로 인한 세대 간 불평등), 젠더 불평등(육아 등 가족 돌봄)의 문제가 출산과 육아에 영향을 미치고 있다.

이러한 진단에 근거할 때 저출산 대응의 효과를 높이기 위해서는 저출산 정책의 패러다임을 전환하지 않을 수 없다.

육아와 돌봄민주주의[14]

우리는 출산과 육아에서도 돌봄민주주의 사회가 돼야 한다. 돌

---

11 백선희(2023. 6. 1), "저출산 극복? 육아 친화 사회로의 패러다임 전환이 필요하다", 〈저출생 극복, 무엇부터 해결해야 하나?"〉(더불어민주당 박성준 의원실 토론회 자료집).

12 백선희(2023. 6. 1), "저출산 극복? 육아 친화 사회로의 패러다임 전환이 필요하다" ; 백선희(2024. 1. 11), "저출산 사회의 극복, 육아 친화 사회로의 패러다임 전환".

13 서병곤(2022. 9. 5), "380조 쏟아붓고도 韓 출산율 꼴찌… "저출산 정책기조 확 바꿔야"", 〈이투데이〉.

14 백선희(2023), "육아 친화 사회로의 패러다임 전환", 〈대한민국 대전환을 위한 싱크탱크·시민사회

148

봄민주주의는 모두가 돌봄에 대한 권리와 책임이 있는 사회다. 자녀 출산과 육아가 부모만의 책임인 시대는 끝났다. 출산과 육아가 부모와 정부만의 책임인 시대도 끝나야 한다. 우리 모두의 책임으로 인식하고 실천해야 한다.

아이 1명은 부모와 가족만의 아이가 아닌 상호 간에 영향을 주는 사회 구성원이다. 초저출산으로 인한 출생아 수 감소가 이미 다른 사회 구성원의 삶의 질에 영향을 미치고 있다. 이들은 시장과 공적 영역에서 수요자로서 영향을 미치고, 이들이 성인이 되면 노년 세대와 사회의 많은 체계가 생산자인 이들에게 의존하게 된다. 즉 아이 한 명 한 명을 잘 키우는 것은 아동의 시민권을 보장해주는 동시에 타인의 삶의 질과 사회의 지속 가능성을 만들어가는 것이다.

인간은 누구나 돌봄을 받게 되므로 누구나 타인의 돌봄에 책임이 있다는 돌봄민주주의 관점에서 사회의 모든 주체, 즉 정부와 기업, 다양한 사회 조직, 시민 등도 육아의 주체가 돼야 한다. 또 아동 누구나 돌봄을 받을 권리가 있으므로 육아정책에서 중산층 가정이라 해서 배제하지 않는 보편적 정책을 펼쳐야 한다.

육아정책 돌봄과 대상의 변화뿐 아니라 정책 범위 확대도 필요하다. 육아는 현금 얼마와 의료서비스와 어린이집 이용으로 해결되는 것이 아니라는 것을 우리는 잘 안다. 기존의 임신·출산·육아정책을 넘어 고용·주거·교통·도시 환경·문화 등 모든 사회경제 정책과 사회 문화를 육아 친화적으로 전환해야 한다.

공동 세미나 : 더 넓은 정치·더 깊은 혁신·더 나은 미래〉, 대전환포럼, 생활정치연구소, 6월민주포럼, 지식협동조합 좋은 나라, 한국지역경영원, LAB2050.

육아 친화 사회 정책 방향과 개요

이제 지금의 저출산·육아정책은 '모든 아이는 우리 모두의 아이들이다(All Children are All Our Children)'라는 사회적 책임을 갖고, 우리 사회 모든 구성원이 '함께 육아'하는 '육아 친화 사회'로 패러다임을 전환할 필요가 있다.[15]

【표 4-6】'육아 친화 사회' 조성을 위한 방향과 개요

기본 방향	함께 육아하는 사회, '모든 아이는 우리 모두의 아이
정책 비전	① 아이가 행복하고 육아하는 사람이 행복한 사회 ② 아이와 육아하는 사람을 존중하는 사회 ③ 육아하기 좋은 환경을 조성하고 육아에 참여하는 지역 사회
기본 이념	아동권, 부모권, 노동권, 성 평등
정책 대상 (생태학적 접근 고려, 6개 대상으로 범주화)	① 어린이(태아~초등학생) ② 보호자(예비 부모 포함) ③ 사회적 육아 제공자(보육 교사 등) ④ (지역 사회) 기업 ⑤ 지역 사회 구성원 ⑥ 지역 사회 환경
정책 목표	① 어린이의 건강하고 행복한 출발 ② 육아자의 역량 제고와 육아 지원 ③ 일-육아 양립 환경 조성과 노동 시장 복귀 지원 ④ 사회적 돌봄 기관의 질 제고와 유기적 연계 ⑤ 지역 사회 구성원의 육아 참여 활성화 ⑥ 육아 친화적 지역 사회 문화와 물리적 환경 조성
접근 방법	포괄적·통합적·융합적·협력적 지역 사회 기반 접근

자료 : 백선희(2023), "저출산 정책의 한계와 육아 친화 사회로의 패러다임 전환의 필요성 모색", 〈사회복지 정보와 자원〉(13). pp.17~37 ; 백선희(2023. 6. 1), "저출산 극복? 육아 친화 사회로의 패러다임 전환이 필요하다", 〈저출생 극복, 무엇부터 해결해야 하나?〉(더불어민주당 박성준 의원실 토론회 자료집)에서 일부 보완했다.

---

15 백선희(2023), "저출산 정책의 한계와 육아 친화 사회로의 패러다임 전환의 필요성 모색", 〈사회복지 정보와 자원〉(13), pp.17~37.

'육아 친화 사회'는 사회 공동체 구성원의 함께 육아를 통해 아이가 행복하게 성장하고 육아하는 사람이 행복하게 육아와 일을 양립할 수 있는 사회·경제·문화·물리적 환경을 조성한 지속 가능한 사회를 의미한다.[16] 육아 친화 사회의 정책 비전과 이념, 정책 대상과 목표에 대한 구상은 다음과 같다.

육아 친화 사회는 기존 저출산 정책과 목적, 주체, 대상, 방법, 기업과 지역 사회의 역할, 접근 방법 등에서 다음과 같은 차별성이 있다.

정책 과제 제안

육아 친화 사회를 구축하기 위해서는 전방위적 노력이 필요할 것이다. 그중 몇 가지를 사례로 제안하자면 육아 친화 사회 정책으로의 패러다임 전환을 선포할 '육아 친화 사회 조성 지원에 관한 법률(안)', 지방 소멸 대응 정책으로 지방 중심의 '육아 친화적 커뮤니티(클러스터) 조성 사업', 일·육아 양립과 기업의 책임 있고 적극적인 기여를 촉구하는 '일·육아 친화적 휴가 제도와 육아 친화 기업 문화 확산', 임신과 출산 과정부터 국가의 보호와 보장이 이뤄진다는 확실한 사회적 신뢰를 줄 수 있는 '원스톱 임신·출산 통합지원센터 설치'다.

16　백선희·노혜진(2023) 연구에서 '도시'를 '사회'로 변경한 것이다. 백선희·노혜진(2023), 〈과천시 육아 친화 도시 실현을 위한 정책 연구〉, 과천시의회.

【표 4-7】 기존 저출산 정책과 '육아 친화 사회' 정책과의 차별성

구분	육아 부담 경감 중심 저출산 정책	육아 친화 사회 조성 중심 정책
정책 목적	• 저출산 극복	• 아이와 육아자의 행복
정책 주체	• 중앙 정부 중심	• 정부와 모든 사회 구성원
정책 대상	• 부모(보호자)	• (대상 확대) 아동, 보호자, 사회적 육아 제공자, 기업, 지역 사회 구성원, 지역 사회 환경
정책 방법	• 개별 서비스, 비용 지원 중심	• 서비스와 비용 지원 외 육아자 역량 제고 • 고용 연계 • 지역 사회 문화와 환경 변화 등
기업 역할	• 소극적	• 적극적
지역 사회 역할	• 거의 없음	• 적극적
정책 반응성	• 중앙 정부 중심으로 경직 • 육아 관련 욕구, 문제에 대한 반응 늦다	• 지방 정부, 지역 사회 중심으로 유연 • 육아 관련 욕구, 문제에 대한 반응 빠르다
접근 방법	• 개별적·단편적 중앙 정부 중심 접근	• 포괄적·통합적·융합적·협력적 지역 사회 기반 접근
기대 효과	• 양육 부담 경감 • 출산율 제고	• 삶의 질 제고 • 공동체성 제고 • 사회 문화 변화 • 출산 선호도 제고 등

자료 : 백선희(2023), "저출산 정책의 한계와 육아 친화 사회로의 패러다임 전환의 필요성 모색", 〈사회복지 정보와 자원〉 (13). pp.17~37 ; 백선희(2023. 6. 1), "저출산 극복? 육아 친화 사회로의 패러다임 전환이 필요하다", 〈저출생 극복, 무엇부터 해결해야 하나?〉(더불어민주당 박성준 의원실 토론회 자료집)에서 일부 보완했다.

(1) '육아 친화 사회 조성 지원에 관한 법률(안)' 제정[17]

육아 친화 사업의 범주가 매우 다양해 체계적·통합적으로 추진하기 위해 조례 제정이 필요하다. 육아에 대한 부모·시민·정부·기업의 책임 규정, 육아 친화 도시 계획 수립, 육아 친화 사업에 관한 규정, 육아 친화 사회위원회 운영, 육아 친화 기금 조성 등의 내용을 포함한다.

(2) 지방자치단체, '육아 친화적 커뮤니티(육아 친화 지역 사회 클러스터) 100개 조성' 사업[18]

지방자치단체 육아정책은 출산과 육아가 지역의 정주로 이어지도록 하는 것이 중요하며, 지방자치단체의 지속 가능성에도 긍정적 영향을 미칠 것이다.

'한 아이가 성장하기 위해서는 온 마을이 필요하다'고 하지만 실제 정책은 어린이집 확충과 보육료 지원, 현금 지원(아동수당, 양육수당, 부모급여 등)에 치중해 있을 뿐 육아 과정에서 필요한 다양한 자원에 대해서는 총체적으로 접근하지 못한다. 육아에 필요한 자원(교육·문화·보건 의료 자원 등)의 결핍은 인구 유출로 연결된다.

지방자치단체 전체에 육아 인프라를 고루 배치하는 것은 비효율적으로 선택과 집중이 필요하다. 청년 인구와 영유아 인구가 많은 지역을 중심으로 육아 인프라 등을 갖춘 육아 친화적 커뮤니티(육아 친화 지역 사회 클러스터)를 구축해 결혼, 출산, 육아하기 편한 사회

---

17 과천시 사업으로 제안한 '과천시 육아 친화도시 조례 제정'(백선희·노혜진, 2023)을 참고했다.

18 과천시 사업으로 제안한 '육아 친화적 아파트공동체 커뮤니티 조성 지원 사업'(백선희·노혜진, 2023)을 참고했다.

환경을 조성할 수 있다(신혼희망타운 설치 지역 등 우선 검토). 육아 친화적 커뮤니티에는 인프라, 문화, 복지, 보건, 돌봄, 교육, 육아 공동체 등의 요소들을 종합적으로 고려해야 한다. 참고로 2021년 10월 기준, 행정안전부 지정 인구 감소 지역과 관심 기초지방자치단체는 107개다.

(3) 일-육아 친화적 휴가제도와 육아 친화기업문화 확산[19]

육아 휴직 사용을 '월' 단위에서 '일' 단위로 조정하고 출퇴근 근로 시간 유연제 도입 기업을 적극 지원할 필요가 있다(우선 지원대상 기업).

부모 각각 최초 1개월 출산 휴가 또는 (출산 휴가 + 육아 휴직) 의무 사용을 지원하되, 이 시기 소득 대체율과 급여 상한선을 상향할 필요가 있다. 고용 보험 미가입자 등에 대해서도 유사한 정책 지원이 이뤄질 수 있도록 해야 한다.

이외에도 임신·출산·육아 친화 기업 인증 사업 실시와 출산 휴가, 육아 휴직 등을 자유롭게 사용할 수 있는 기업 문화 문화 조성도 필수적으로 동반돼야 한다.

(4) 원스탑 임신·출산 통합지원센터 설치[20]

임신 출산 단계에 원스톱 사회적 지원으로 출산과 출생에 대한

---

19 서울 강북구 사업으로 제안한 '육아 친화 기업 문화 지원'(백선희·안현미, 2023)과 과천시 사업으로 제안한 '생애 첫 한 달 부모-자녀 애착 단계 시간 지원 사업(출산 휴가·육아 휴직)', '함께 육아 기업 네트워크 구축과 육아 친화 기업 인증 사업'(백선희·노혜진, 2023)을 참고했다.

20 서울 강북구 사업으로 제안한 '원스톱 임신출산지원센터 확충'(백선희·안현미, 2023)과 과천시

사회적 책임을 강화해야 한다. 현재 임신·출산 단계 사회서비스는 의료서비스, 현금 지원 중심의 산모·신생아 지원인데 이것으로 국가가 충분히 지원한다고 할 수 없으며 분절적이기도 하다. 임신을 확인한 후 등록하면 출산 시까지 일대일 케어하는 시스템을 마련할 필요가 있다.

육아 친화 사회는 곧 지속 가능 사회

"우리는 긍정적이고 유연한 정책 접근, 책임 주체의 다원화와 참여, 새로운 육아 문화와 인프라 조성 등을 통해 육아 문제에 대한 대응 수준을 높여 인구 위기에 대응해야 한다. 이에 '육아 친화적 사회' 정책으로의 저출산 대응 패러다임 전환을 제안한다".[21]

"우리 사회의 목표는 합계출산율 1.3 회복이 아니라 '이상적 자녀 수'와 현실을 고려해 선택한 '현실적 자녀 수'의 격차를 좁혀줄 수 있는, 실질적으로 '자유로운 선택'을 할 수 있도록 우리 사회 구성원 모두가 함께 사회·경제·문화적 여건과 환경을 조성해주는, 그래서 아동과 육아하는 사람들이 행복하고, 우리 사회 모두가 행복한 사회가 돼야 한다. 육아 친화 사회가 지속 가능 사회를 만들 것으로 기대한다."[22]

사업으로 제안한 '임신·출산 통합지원센터 설치와 원스톱 맞춤 지원 사업'(백선희·노혜진, 2023)을 참고했다.

21 백선희(2023. 6. 1).

22 백선희(2023), "육아 친화 사회로의 패러다임 전환".

문화에서 문명으로 : 21세기 문화 국가 전략 리포트

이동연 | 한국예술종합학교 교수

문화에서 문명으로 : 21세기 문화 국가 전략 리포트

이동연 한국예술종합학교 교수

01 21세기 문화 국가를 위한 아젠다

아젠다 1 : 국민이 문화의 주인이 되는 문화 국가

나는 우리나라가 세계에서 가장 아름다운 나라가 되길 원한다. 가장 부강한 나라가 되길 원하는 것은 아니다. 내가 남의 침략에 가슴이 아팠으니, 내 나라가 남을 침략하는 것을 원치 아니한다. 우리의 부력은 우리 생활을 풍족히 할 만하고, 우리의 강력은 남의 침략을 막을 만하면 족하다. 오직 한없이 가지고 싶은 것은 높은 문화의 힘이다.[1]

---

[1]   김구(2022), 《백범일지》, 돌베개, p.432.

백범 김구 선생이 꿈꾸는 문화 국가의 목표는 문화의 힘을 튼튼하게 길러 대한민국이 한 단계 높은 수준으로 도약하는 것이다. 한 나라의 미래는 경제적 부와 군사적 힘만으로 결정할 수 없다. 풍족한 생활과 튼튼한 안보가 한 나라의 힘을 결정하는 필요조건이라면 문화는 충분조건이다. 문화 없는 국가는 미래 희망이 없다는 것이 김구 선생이 생각하는 문화 국가론의 요체다.

19세기 이후 근대적 문화 국가의 이념은 문화 제국주의의 지배 논리로 작용했다. 제국주의는 문화를 식민지 지배의 수단으로 오랫동안 그러나 21세기 문화 국가는 국가가 문화를 이용해 국민과 식민지 위에 군림하는 것이 아니라 국민과 개인이 문화의 주인이 되도록 그 토대와 환경을 마련하는 국가를 의미한다.

문화 국가는 국민의 문화적 권리를 신장하고, 예술인의 표현 자유를 보장하며, 공동체의 문화 다양성을 보호하고 증진하는 것을 목표로 한다. 문화 국가 안에서 국민과 개인은 어떠한 제한과 차별 없이 문화적 삶을 향유할 수 있으며, 높은 수준의 문화적 역량을 가질 수 있도록 간섭받지 않고 충분한 지원받을 수 있어야 한다.

【표 5-1】문화 국가의 책임과 역할

영역	목표
국가의 책임	지원하되 간섭하지 않고, 보장하되 차별하지 않고, 진흥하되 공정하게 지원
개인의 자유	개인이 자유롭게 문화를 향유하고, 창의적인 문화를 생산할 수 있는 권리
사회의 다양성	공동체가 대립하지 않고, 문화적 차이를 인정하고 다양성을 이해하는 사회

21세기 문화 국가를 만들기 위해서는 국가의 능력만으로는 부족하다. 문화 국가의 성공적인 모습은 국가와 개인, 공동체 모두가 행복하고 즐거운 문화 사회를 위해 서로 유기적으로 책임과 역할을 다해야 한다.

아젠다 2 : 포스트코로나 시대, 문화의 대전환

지금, 그 어느 때보다 우리는 문화가 필요하다.

　-유네스코 예술 회복력 운동(레질리아트 무브먼트)에서

코로나-19는 전 세계인에게 큰 고통과 공포를 가져다줬다. 직장을 잃고, 친구들을 만나지 못하고, 세계 시민은 감염에 대한 불안감에 시달리고 있다. 우리는 지금 집단 우울증에 빠져 있다.

포스트코로나 시대, 문화는 인류는 엄청난 도전에 직면해 있다. 코로나-19의 위기는 우리 삶의 모든 층위에 영향을 미친다. 공공 보건, 노동 시스템, 사회 상호 작용, 정치적 논쟁, 공공 공간의 사용, 경제, 환경, 그리고 문화적 삶 등등. 코로나-19는 우리 공동체의 문화적 삶을 아주 심하게 강타했다. 이미 임시직 자기-고용 프리랜서 활동이 이미 익숙한 (문화 예술) 노동자들은 어떤 수입도 올리지 못하고 수달 동안 현장을 떠나 있다. 공동체의 문화적 삶 속의 모든 자발적 참여들은 코로나-19로 인해 큰 위험에 처해 있고, 우리 민주주의의 삶의 질과 복지도 역시 마찬가지다.[2]

2　Culture21 Committee(2020. 4. 21), "The cultural mobilization in the COVID-19 pandemic-Briefing and

코로나-19가 만연했을 때 극장·미술관·도서관이 문을 닫았다. 그러나 이러한 상황에서도 문화는 우리에게 절실하게 필요하다. 팬데믹 상황에서 문화가 안전보다 우선할 순 없지만, 궁극적으로는 안전이 문화를 지배할 수는 없다. 그 이유는 문화는 인류와 인간의 근본이고, 지금 힘들고 지친 사람들의 일상을 위로할 수 있고, 집단 우울증에 빠진 우리 사회를 치유할 수 있는 창조적 힘을 갖고 있기 때문이다. 그러한 문화적 가치와 역할은 그냥 주어지지 않는다.

코로나-19는 인류에게 새로운 삶의 전환을 요구한다. 우리는 지금 포스트코로나 시대에 살고 있다. 포스트코로나 시대에도 여전히 팬데믹 공포에 시달리고 있고, 코로나-19 이전의 시절로 안전하게 돌아갈 수 없다는 것을 잘 알고 있다.

기후 위기와 지구 생명의 고통 속에서 인류가 '인류세

【표 5-2】 문화의 대전환

전환의 내용	문제의식
인식의 전환	문화는 특별한 것이 아니라 일상적인 것이고, 우리가 일상적으로 살고 있는 삶의 양식의 총체다. 문화는 일상의 삶을 회복하고 치유하는 모든 이를 위한 것이다
가치의 전환	문화의 가치는 돈과 숫자로 환산될 수 없는 한 시대 국가와 개인, 사회의 의식과 생활 수준을 결정한다. 문화의 교육적·경제적·생태적 가치에 대한 새로운 정의가 필요하다.
시대의 전환	4차 산업혁명과 포스트코로나 시대에 대응하는 문화의 생산과 소비, 창작과 향유, 창조와 기술의 새로운 융합을 위한 국 가문화 정책의 체질 개선이 필요하다.

Leaning Note".

(Anthropocene)'라는 어려운 시절을 극복하기 위한 문화의 대전환이 필요하다. 그렇다면 포스트코로나 시대, 문화의 대전환은 어떻게 마련해야 할까?

아젠다 3 : 21세기 세계 문명의 대안으로서 문화 한류

근대 문화도 경제처럼 수입보다는 수출이 필요해요. 나는 한국의 문화를 수출하기 위해서 세상을 떠도는 문화 상인입니다.[3]
근대 유럽사와 세계사가 펼쳐지는 과정에서 유럽 밖의 지역에서 이뤄진 모든 공헌을 깡그리 무시하고 '예외적인' 유럽 내부의 원인과 결과만을 보려는 태도는 비좁은 터널 안에서 밖을 내다보는 '터널 역사관'이다.[4]

2020년 영화 〈기생충〉 아카데미 4관왕 수상, BTS 빌보드 3개 주요 차트 동시 석권 등 코로나-19의 어려운 상황에서도 한국은 전 세계 문화 예술, 엔터테인먼트계의 리더 중의 하나로 부상했다.

열악한 코로나-19 속에서도 한국은 역대 최고 흥행 뮤지컬 〈오페라의 유령〉을 전 세계에서 유일하게 공연한 나라다. 세계적인 예술의 도시 파리의 극장들이 문을 닫은 사이에 서울은 〈노트르담 드 파리〉 뮤지컬을 세계에서 유일하게 공연하기도 했다.

한류는 문화 콘텐츠 분야에서만 아니라 피아니스트 조성진의 쇼

---

3   김영태(2016. 7. 31), "시게코, "백남준과 함께 사는 것 자체가 내게는 아트였다"", 〈노컷뉴스〉.
4   안드레 군더 프랑크(2023), 《리오리엔트》, 이희재 옮김, 이산.

【표 5-3】 문화 한류의 위상과 도전

쟁점	내용
문화 키워드	BTS, 블랙핑크, 〈기생충〉, 〈미나리〉, 〈리니지〉, 이날치, 조성진, 손열음, 임지영, 김기민
차별화된 경쟁력	안전한 방역, 완벽한 온라인 디지털 환경, 창의적이고 열정적인 문화 에너지
선도적 역할	아시아 문화의 거점, 디지털 글로벌 문화의 플랫폼, 대안 문화 흐름의 문화 연대와 협력

팽 콩쿨 우승, 바이올리니스트 임지영의 퀸 엘리자베스 콩쿨 우승 등 순수 예술 분야에서도 크게 두각을 나타내고 있다.[5]

최근 국악 그룹 이날치밴드의 〈범 내려온다〉를 담은 한국관광공사 홍보 영상 유튜브가 조회 수 3억 뷰 기록, BTS 멤버 슈가의 〈대취타〉 뮤직비디오가 유튜브에서 2억 뷰를 기록하는 등 전통예술을 소재로 한 문화 콘텐츠가 해외에서 큰 인기를 얻고 있다.

1990년대 후반부터 시작된 한류는 드라마·케이팝을 거쳐 뷰티·패션·푸드 등 문화 한류로 확산돼 지금은 클래식·무용·미술·국악 등 예술 한류에 이르기까지 한국 문화가 동시대 세계 문화에서 대안적인 흐름을 형성하고 있다. 한류는 유럽과 미국의 제1세계 문화와 동남아시아, 남미, 아프리카의 제3세계 문화의 중간에서 새로운 대안 문화를 만드는 위치에 있다. 문화 한류가 동시대 세계 문명의 대안 문화로 부상하고 있다.

---

5   이동연(2011), "예술한류 시대 전통예술 지원정책의 새로운 방향", 〈한국전통공연예술학〉 제7집, 한국전통공연예술학회.

문화 한류는 21세기 문명의 전환에서 글로컬 문화의 새로운 대안적 흐름을 주도할 수 있다. 문화 한류를 통해 한국의 문화 콘텐츠 산업의 경쟁력을 높이고, 미국과 유럽 중심의 문화 트렌드에 변화를 주도할 수 있으며, 온라인 디지털 환경과 열정이 넘치는 한국의 문화가 포스트코로나 시대 글로벌 문화의 새로운 흐름을 만들 수 있도록 적극적인 지원과 협력이 필요하다.

02 문화 국가 실현을 위한 10대 실천 과제

문화 국가 수립을 위한 법-제도 체계 마련

문화의 위상과 가치를 높이는 문화 국가 수립을 위한 법, 제도 정비를 통해 국민이 문화의 주인이 되는 '문화 국가론'의 기본 이념과 철학을 구현해야 한다.

백범 김구 선생의 문화 국가론에 관한 심층적인 연구를 통해 자생적인 문화 국가론의 이론적 토대를 마련하고자 한다. 국가가 문화 위에 군림하는 것이 아니라 국민이 문화의 주인이 되는 문화 주권론의 이념적 체계를 구상하는 문화 법-제도 체계의 혁신이 필요하다.

실천 과제

- 문화 국가론을 위한 개헌 : 전문에 문화 국가, 문화민주주의, 국민의 문화적 권리 명시, 사회권 안에 있는 기본권으로서 문화권을 독립화
- 문화기본법 개정 : 국민의 문화적 권리와 문화의 사회적 가치 확산의 강조를 위한 문화기본법 개정
- 예술인권리보장법 개정 : 예술인의 노동 권리 보장과 성 평등을 위한 처벌, 권리 보장 강화
- 예술기본법 제정 : 예술인의 표현 자유와 창작 활동을 영위하기 위한 사회 보장 제도 보장 입법화
- 국민문화권 선언 : 표현의 자유, 문화 참여와 접근, 여가와 참여 문화 활동 등 국민의 문화적 권리를 보장하는 국가 수준에서의 선언문

한국 문화의 정체성과 문명 전환을 위한 '컬처 코리아'(CK) 플랜

오랜 역사를 통해 형성된 한국 문화의 원형과 한국 문화 정체성을 형성하는 문화유산과 문화 자원 등을 동시대 문화 한류의 토대로 인식하는 것이 우선적이다. 문화 민족주의와 문화 제국주의의 편협한 시각을 넘어서는 '컬처 코리아' 플랜 수립이 필요하다.

한류의 상업적 문화를 활성화하는 방식에 국한하지 않고, 해외문화원과 세종학당 등을 활용해 전통문화와 순수 예술 교류를 통한 한국의 문화적 역량을 전파하는 것을 목표로 해야 한다. 1980년대 중국의 '문화중화론(Cultural China fever)', 1990년대 영국의 '창조 산업(Creative industry)' 플랜, 2000년대 일본의 '쿨 재팬(Cool Japan)' 플랜의 장단점을 파악해 한국의 조건에 맞는 '컬처 코리아' 플랜을 제시한다.

실천 과제

- 한국 문화 원형과 문화유산의 보존과 발굴 : 실크로드 문화 교류, 유네스코 세계문화유산 등재 지원
- 해외 한국문화원, 세종학당의 확대 : 2024년 현재 30개국 35개 해외문화원을 2027년까지 40개국 50개로 확대. 2024년 현재 85개국 248개 세종학당을 2027년까지 100개국 400개로 확대
- '케이 컬처 브랜드' 확산 : 케이팝, 케이시네마, 케이드라마, 케이웹툰, 케이뷰티, 케이푸드, 케이투어리즘 등 한류 브랜드 세계 확산을 위한 지원
- 예술 한류 확산을 위한 국제 교류 활성화 : 순수 예술 분야의 예술 교류 활동 지원 확대, 예술교육기관의 국제 교류와 해외 유수 예술 인재 한국 유학 지원

요람에서 무덤까지 모두가 즐겁게 :
국민의 생애 주기 문화 권리 보장

통계청이 매월 공개하는 '한국의 사회지표', 2020년 6월 기준으로 한국인 1인당 주당 평균 여가 시간은 3.5시간으로 2019년 3.1시간과 비교하면 조금 증가했지만, OECD 기준보다는 적은 수치다. 주 52시간 시대, 조기 은퇴와 고령화 시대에 생애 주기별로 생활 예술 활동 지원을 체계화해 건강하고 즐거운 시민의 문화적 삶을 보장하는 정책이 요구된다.

코로나-19로 문화 여가 활동이 잠정 중단됐지만, 장기적으로 생활 문화, 여행, 레저 활동 등 휴식과 쉼을 위한 여가 문화 활동이 증가할 것으로 예상한다. 2018년 기준 국민 1인당 문화 활동비

28만 7,000원[6]인데, 비용 부담으로 인해 국민의 문화 활동이 위축되지 않도록 국민의 문화 여가 활동 지원이 필요하다.

실천 과제
- 국민 문화 여가 활성화 중장기 플랜 수립
- 전 국민 문화 예술 활동 지원을 위한 '생활예술지원센터' 설립 : 2027년까지 200개 조성, 생활 예술 동아리 지원
- 전 국민 건전한 체육 활동을 위한 권역별 아마추어 리그제 도입
- 전 국민 공연·전시·스포츠 관람 1회 무료 지원하는 '문화 패스 카드 도입'
- 국민 생애 주기별 문화 예술 교육의 활성화

예술인이 행복한 문화 국가 : 예술인의 안전한 사회 보장 체계 마련

2012년 시나리오 작가 최고은의 사망으로 예술인 복지에 관한 관심이 고조돼 그해 '예술인복지법'을 제정했으나, 현행 예술인복지법은 예술인들이 창작 활동에 전념할 수 있는 적극적인 사회보장제도로는 한계가 있다.

예술계의 많은 노력으로 2020년 12월부터 프리랜서 예술인 대상으로 고용보험제도를 실시해 2021년 하반기부터는 예술인들이 실업 급여를 수급할 수 있는 기획이 마련됐으나 고용보험을 포함해 의료보험, 산재보험, 국민연금 등 프리랜서 예술인들을 위한 4대 보험을 보장하고 지원해야 한다.

또 예술인들이 안전하게 생활할 수 있는 주택 보급과 예술인들

---

6   KBS(2018. 12. 18), 뉴스 공감.

이 긴급하게 필요로 하는 대출 서비스를 위한 예술인 금고 마련도 필요하다. 프리랜서 예술인의 고용보험제도의 조속한 정착을 위한 예술인 정보 서비스 제공과 상담 확대도 마련해야 한다.

실천 과제
- 예술인복지재단의 역할 확대 : 예술인복지공단으로 조직 확대
- 프리랜서 예술인 4대 보험 지원 : 예술인 고용보험, 의료보험, 산재보험, 국민연금 등 4대 보험 지원
- 예술인 공공임대주택 보급 : 2027년까지 예술인 보금자리 주택 5,000호 마련
- 예술인 금고 조성 : 예술인의 긴급 대출 지원을 위한 금고 2027년까지 5,000억 원 조성
- 예술인 불공정 계약 관행 개선 : 공정한 표준 계획서 의무 이행, 예술인 사례비 지급, 예술계 갑질 해소

문화와 함께하는 사회 : 문화의 사회적 가치 확산

문화가 사회 분야의 가치를 확산하고, 문화를 매개로 사회 발전의 동력이 되는 통합적인 문화 정책의 수립이 중요하다. 학교와 사회 문화 예술 교육의 확대, 문화를 매개로 한 도시 재생 사업의 확대, 지역 간 문화 균형 발전을 위한 문화 도시 지정 사업을 확대해 문화가 교육·재생·지역의 발전에 기여하는 점을 강조할 필요가 있다.

국가 문화 정책이 문화체육관광부의 행정 조직에 국한되지 않고 교육·복지·노동·여성·외교·환경·산업·통일 등 다른 분야에 문화적으로 기여할 수 있는 문화 정책 확산 방안을 제시하고자 한다. 정부 국무 회의에서 문화가 각 경제·사회 분야 정책 발전에 기여할

수 있는 정책을 정기적으로 점검할 수 있는 행정 체계를 마련해야
한다.

실천 과제
- 문화 콘텐츠 거점 도시 지원 : 음악·영상·출판·멀티미디어 분야의 문화
  거점 클러스터 조성 사업 지원
- 학교 및 사회 문화 문화 예술 교육 사업 확대 : 예술 강사 정규직화 등 인
  원 증원과 강사료 인상, 생애 주기별 사회 문화 예술 교육 사업 확대
- 문화 도시 지정 사업의 확대 : 현재 24개 지정된 문화 도시를 2027년까지
  50개 도시로 확대
- 문화적 도시 재생 사업 : 국토교통부 재생 사업에 문화적 자원을 활용한
  사업을 특화
- 중소기업 문화 체험 활동 지원 : 200인 이하 중소기업 사업장에 근로자 문
  화 예술 동아리 활동 지원

지역 문화 분권 실현과 고유성 보전을 위한 지역 문화 활성화

지역의 격차 해소 중에서 가장 해결이 안 되는 것이 문화 예술의
격차다. 젊은 세대가 지역에 살기를 꺼리는 이유 중 하나가 문화 인
프라가 부족한 지역의 문화 격차 때문이다. 지역 간 문화 불균형 해
소를 위한 문화 인프라 확충과 지역에 거주하면서 지역 문화 예술
을 활성화할 수 있는 문화 인재 양성이 시급하다. 또 지역 문화 기
반 시설들이 지역의 문화적 특성에 맞게 차별화하는 전략이 필요
하다.

문화 국가의 실현에 있어 문화 분권 역시 매우 중요한 의제다. 지
역의 문화 격차를 해소하고 지역의 고유한 문화 자원과 유산을 활

용해 지역의 특색 있는 문화 정체성을 형성하는 것이 지역 문화 분권으로 가는 첫걸음이다. 지역과 지역 시민을 포용하되 정치적·경제적으로만 포용하는 것이 아니라 지역 시민들의 문화적 삶의 질이 높아질 수 있도록 문화 정책을 적극적으로 설계해야 한다.

실천 과제
- 지역 생활 문화 SOC 확대 : 도시 거주자 중 20분 거리 안에 문화 예술의 모든 활동이 가능할 수 있는 극장·미술관·도서관·박물관·마을미디어·생활예술센터 건립
- 지역 생활문화 유산의 문화 자원화 : 지역 고유의 생활 문화 유산을 문화 자원화해 문화 관광 콘텐츠로 활용
- 지역 문화 분권을 위한 행정 자율성 강화 : 국정 사업의 지역 권한 강화, 문화 재정에서 지역 회계의 독립화
- 지역문화진흥법 개정 : 위원회의 현실적 역량 강화, 진흥지원기구 강화, 생활예술센터 확대 등의 법률 정비
- 마을 미디어 활성화 : 마을 단위의 지역 주민 스스로 미디어를 통한 문화 자치와 문화 홍보 활동을 활성화

문화 콘텐츠 글로벌 경쟁력 강화 G5 플랜

한국은 음악 산업 시장 세계 6위, 영화 시장 세계 5위, 온라인 게임 시장 세계 3위, 출판 시장 세계 7위 등 문화 콘텐츠 시장에서 대부분 세계 10위 안에 포함될 정도로 글로벌 수준의 문화 콘텐츠 산업 강국으로 부상했다. 케이팝의 글로벌 열풍으로 영화·드라마·게임·웹툰 등 한국 문화 콘텐츠에 관한 관심과 시장 가치가 고조되고 있다.

한국은 문화 콘텐츠 기획 제작의 강국이지만, 영어권 국가가 아니므로 문화 콘텐츠를 유통 배급하는 플랫폼 서비스 시장에서는 경쟁력을 상대적으로 갖추고 있지 못하다. 한국의 문화 콘텐츠가 세계 문화 산업 시장에서 경쟁력을 지금보다 더 갖출 수 있도록 법적·제도적 지원과 창의적 제작을 위한 기금 지원이 필요하다.

세계 5위의 문화 콘텐츠 강국 실현을 위해 해외 진출을 위한 시장 분석 지원과 디지털 시대 대비 IP 콘텐츠 저작권 보호를 위한 국가적 차원에서의 분쟁을 해결해야 한다. 문화 콘텐츠 글로벌 경쟁력 강화를 위한 장기적인 문화 인재 양성 계획도 수립해야 한다.

실천 과제

- 문화 콘텐츠 규제 완화와 콘텐츠 공정 상생을 위한 법제화 : 온라인 게임 과몰입 규제 완화(셧다운제, 게임 질병 코드 등), 콘텐츠 독과점에 대한 콘텐츠 불공정 해소를 위한 법률 제정
- 문화 콘텐츠 투자 제작 지원을 위한 금융 지원 확대 : 2027년까지 2조 원 규모 금융 투자 펀드 조성
- 케이팝과 음악 산업 지원을 위한 '한국대중음악진흥위원회' 설립
- 한류 문화 콘텐츠 해외 진출과 저작권 보호를 위한 지원
- 음악·영화·드라마·만화 웹툰·게임 등 5대 문화 콘텐츠 마켓 활성화 지원

첨단 기술 융합 미래 문화 혁신 R&D

4차 산업혁명 시대의 도래로 문화와 과학, 예술과 기술의 융합을 위한 다양한 콘텐츠 창·제작과 혁신 R&D 필요성이 제기되고 있다. 한국형 뉴딜 플랜 중 한 영역인 '디지털 뉴딜' 정책에 있어 문화와 과학, 예술과 기술, 안전과 여가, 대면과 비대면 사회서비스 체

계의 융합을 위한 문화 예술 교육 기관과 과학 기술 교육 기관과의 협력 연구의 인프라를 구축하는 것은 매우 중요한 과제로 판단된다.

케이팝과 케이뷰티 중심의 한류에서 디지털 융합 콘텐츠 한류로의 확산을 통해 선도적인 문화 국가론에 기여하고 있다. 향후 5년 안에 우리가 일상에서 즐기고 있는 공연·영화·영상·게임 등 문화 예술 콘텐츠와 엔터테인먼트 소비 환경이 첨단 기술의 도입으로 새로운 매체 경험을 할 것으로 예상한다.

기술 중심의 연구 개발이 아니라 콘텐츠 중심의 연구 개발이 주도하는 연구 기관 설립이 필요하다. 예술과 AI의 융합에 대한 이론적 검토와 최신 흐름 사례 연구, 가상 현실을 활용한 미래의 공연 예술 연구(버추얼 퍼포먼스), 온라인 네트워크 퍼포먼스, 이머시브시어터(Immersive theater) 기획, AI와 예술 융합 엔터테인먼트 프로젝트(기획), 차세대 디지털 미디어 플랫폼(상호 작용형 미디어 플랫폼), 유비쿼터스 스마트 테크놀로지, 유비쿼터스 헬스케어 시스템을 활용한 새로운 개념의 미디어 플랫폼 연구 지원 등 예술과 기술의 융합을 위한 콘텐츠 R&D 확대가 무엇보다 시급하다.

실천 과제

- 문화와 예술 중심의 문화 기술 콘텐츠 R&D센터 설립 : 예술의 창의성이 주도해 자율주행, 사물인터넷, 빅데이터, AI, 팬데믹 안전 등 구체적인 사회 문제 해결을 위한 미래 콘텐츠와 차세대 미디어 플랫폼을 개발
- 한국형 '아르스일렉트로니카 센터' 설립 : 예술과 과학 기술 융합 콘텐츠 전시 체험, 미래 첨단 문화 기술 융합 페스티벌 개최 등
- 예술 + 기술 융합 창작 프로젝트 사업 지원(가칭) : '아트 앤 테크놀로지' 혁신 사업 지원
- 예술 + 기술 융합 고등예술교육 사업 지원(가칭) : 아트 코리아 사업

평화와 공존을 위한 남북 문화 교류

분단 이후 남북 문화 교류는 정치 환경의 변화에 따라 보조제로 활용됐다. 그동안 추진된 문화 예술, 문화유산, 관광, 스포츠, 종교 분야의 교류 협력 사업 역시 일회성이거나 한시적으로 진행됐다. 남북한 교류 협력을 통한 한반도 평화 체제 구축에서 '문화'는 중요한 역할을 하고 있다.

남북한 문화 교류는 남북의 정치적·외교적·군사적 관계에 따라 진전되거나 단절되는 과정을 반복해왔으나 장기적인 관점에서 남부 평화에 문화가 기여할 수 있는 정책 과제를 미리 발굴해서 사전에 충분한 시간을 가지고 정치적 상황의 변화와 무관하게 준비해야 한다.

특히 남북한 문화 동질성 회복을 위한 문화유산 발굴과 답사, 스포츠 교류와 단일팀 구성, 남북한 언어와 생활 문화 이질성 극복을 위한 연구 조사 등의 실질적인 사업에 대한 사전 계획이 필요하다. 한국전쟁 70년이 지난 지금 남북한의 문화적 이질감이 더욱 심화

되고 있다. 이는 언어적 측면뿐 아니라 우리 전통문화와 문화 예술, 종교 등 다양한 분야에서 표출되나 민족 동질성 회복에 대한 접근을 강화하는 민간 문화 예술 단체 간 교류 강화를 통해 통일 문화의 긴 여정을 다시 시작해야 한다.

실천 과제

- 2040년 서울−평양 올림픽 공동 개최, 2042년 남북한 월드컵 동시 개최 추진
- DMZ 문화 존 프로젝트 : DMZ를 남북 평화를 위한 문화 존으로 설정해 음악·무용·미술·연극·국악 등 다양한 예술 장르가 참여하는 문화 프로젝트 지원
- 남북한 문화유산 답사 교류 : 남한의 문화유산을 서로 방문하고 체험할 수 있는 상호 방문 프로그램 기획
- 남북 평화 시대 대비 북한 문화 관광 프로그램 개발 : 금강산을 포함해 평양, 백두산 등 북한의 유명 관광지 프로그램 개발

국가 문화 재정 3% 실현

문화체육관광부의 문화 예산은 김대중 정부 시절에 1%를 달성한 이후 지속적으로 증가해왔으나 2%를 넘지 못하고 있다. 문화체육관광부 외의 국무 부서와 같은 기관이 사용하는 문화 예산은 총 2.3%에 해당한다. 문화 국가가 되기 위해서는 문화 재정이 단계적으로 상승해서 3%를 달성해야 한다.

문화체육관광부는 국립문화예술단체인 18개 소속 기관을 지원하고 소속 공공 기관 33개를 소관하고 있다. 산하 기관은 정책을 사업 서비스로 제공하는 역할을 하며, 정책 방향에 맞춰 직접 사업을 시행하거나 공모로 사업 시행자와 수혜자를 선정 또는 지역 민

간 기관(문화재단, 전문단체, 센터 능)을 통해 사업을 추진한다.

문재인 정부 시절 문화 재정은 평균 1.5% 내외에서 머물고 있고 윤석열 정부에 들어와 문화 예산을 줄어들고 있다. 문화의 사회적 가치 확산, 한류 문화의 경쟁력 강화, 국민의 문화 복지 실현, 남북 통일을 대비한 문화 교류의 차질 없는 추진을 위해서는 문화 재정을 3%는 실현하는 것이 필요하다.

한국의 문화 재정(2.3%)은 OECD 국가의 평균(2.7%)보다 낮으며 특히 국민의 문화 복지 실현을 위한 예산은 상대적으로 낮은 편이다. 문화 국가 실현을 위해 문화 재정을 단계적으로 확대하고, 문화체육관광부의 재정 외에 외부의 문화 예산을 확대하고, 지역의 문화 예산을 확대해야 한다.

【표 5-4】 21세기 문화 국가 전략 실행 과제 총괄표

10대 전략 과제	실행 과제
문화 국가 수립을 위한 법-제도 체계 마련	• 문화 국가론을 위한 개헌, 문화기본법 개정, 예술인권리보장법 제정, 예술기본법 제정, 국민문화권 선언
한국 문화의 정체성과 문명 전환을 위한 '컬처 코리아'(CK) 플랜	• 한국 문화 원형과 문화유산의 보존과 발굴, 해외 한국문화원과 세종학당 확대, '케이 컬처 브랜드' 확산, 예술 한류 확산을 위한 국제 교류 활성화
요람에서 무덤까지 모두가 즐겁게 : 국민의 생애 주기 문화 권리 보장	• 국민 문화 여가 활성화 중장기 플랜 수립, 전 국민 문화 예술 활동 지원을 위한 '생활예술지원센터' 설립, 전 국민 건전한 체육 활동을 위한 권역별 아마추어 리그제 도입, 전 국민 공연·전시·스포츠 관람 1회 무료 지원하는 '문화 패스 카드 도입', 국민 생애 주기별 문화 예술 교육의 활성화

예술인이 행복한 문화 국가 : 예술인의 안전한 사회 보장 체계 마련	• 예술인복지재단의 역할 확대, 프리랜서 예술인 4대 보험 지원, 예술인 공공임대주택 보급, 예술인 금고 조성, 예술인 불공정 계약 관행 개선
문화와 함께하는 사회 : 문화의 사회적 가치 확산	• 문화 콘텐츠 거점 도시 지원, 학교 및 사회 문화 문화 예술 교육 사업 확대, 문화 도시 지정 사업의 확대, 문화적 도시 재생 사업, 중소기업 문화 체험 활동 지원
지역 문화 분권 실현과 고유성 보전을 위한 지역 문화 활성화	• 지역 생활 문화 SOC 확대, 지역 생활 문화 유산의 문화 자원화, 지역 문화 분권을 위한 행정 자율성 강화, 지역문화진흥법 개정, 마을 미디어 활성화
문화 콘텐츠 글로벌 경쟁력 강화 G5 플랜	• 문화 콘텐츠 규제 완화와 콘텐츠 공정 상생을 위한 법제화, 문화 콘텐츠 투자 제작 지원을 위한 금융 지원 확대, '한국 대중음악진흥위원회' 설립, 한류 문화 콘텐츠 해외 진출 및 저작권 보호, 5대 문화 콘텐츠 마켓 활성화 지원
첨단 기술 융합 미래 문화 혁신 R&D	• 문화와 예술 중심의 문화 기술 콘텐츠 R&D센터 설립, 한국형 '아르스일렉트로니카 센터' 설립, 아트 앤 테크놀로지' 혁신 사업 지원, 예술+기술 융합 고등 예술 교육 사업 지원
평화와 공존을 위한 남북 문화 교류	• 2032년 서울-평양 올림픽 2034년 남북한 월드컵 동시 개최 추진, DMZ 문화 존 프로젝트, 남북한 문화유산 답사 교류, 남북 평화 시대 대비 북한 문화 관광 프로그램 개발
국가 문화 재정 3% 실현	• 문화 재정 3% 실현, 문화 재정 정산 체계 개선, 지역의 문화 재정의 자율성과 독립성 강화

실천 과제

- 2문화 재정 3% 실현 : 2030년까지 단계별로 늘려 문화체육관광부 문화 재정 3%, 전체 문화 재정 5% 실현
- 2문화 재정 정산체계 개선 : 기획재정부 'e나라도움' 시스템 개선. 예술인 간편 정산 시스템 개선
- 2지역의 문화 재정의 자율성과 독립성 강화

03 문화의 대전환을 위한 혁신 통합 의제

문화의 대전환은 일국의 문화 혁신을 넘어 전 지구적 문명 전환의 관점에서 살펴봐야 한다. 문화는 더는 글로벌 문화의 지형 변화, 신자유주의 경제 위기, 인류세와 기후 위기, 과학 기술 혁명, 사회적 갈등 심화 같은 문제들을 외면할 수 없게 될 정도로 인류 문명의 전환기의 문턱에 서 있다.

21세기 문화 국가론 역시 탈신민적 문화 민족주의를 상상하기보다는 차이와 공존을 위한 문화의 다양성의 가치를 중시해 모두가 차별받지 않고 행복한 사회를 만드는 일에 관심을 가져야 한다. 한 사회 안에서 문화의 지위와 위상을 높이고, 문화의 가치를 사회적으로 확산해 문화가 다른 사회 영역의 발전에 기여하는 통섭적인 관점으로 재구성해야 할 것이다.

그런 점에서 그동안 국가 문화 정책에서 제한적으로 설정했던 문화의 경제적·사회적·생태적·기술적 통섭 같은 토픽들을 적극적으로 사유하고 상상하면서 문화의 대전환을 위한 핵심적 통섭 의제를 제안하고자 한다.

문화와 경제

우리 시대에 문화는 경제의 중요한 부분을 차지한다. 한국콘텐츠진흥원이 발간한 《콘텐츠 산업백서》(2021)에 따르면 한국의 콘텐츠 산업의 매출 규모는 137조 5,080원으로 전 세계 콘텐츠 시장에서 10위 권 규모다. 콘텐츠 산업 사업체 수는 10만 8,628개고, 종사자 수는 총 61만 4,734명이나 된다. 부가가치액은 53조 228억 원, 부가

가치율은 38.6%로 다른 산업 분야에 비해 월등히 높은 편이다.

한국 콘텐츠 산업의 주력인 게임 산업의 경우 2021년 매출액은 전년 대비 11.2% 증가한 20조 9,913억 원으로 집계됐다. 수출액 또한 86억 7,287만 달러(한화 약 9조 9,254억 원)으로 세계 게임 시장에서 4위를 차지했다. 케이팝이 전 세계 문화 열풍을 몰고 오면서 음악 산업 매출 규모도 6조 356억 원으로 세계 음악 산업 시장에서 6위에 올랐다.

문화는 탈산업 자본주의 시대에 '굴뚝 없는 공장'으로서 경제적 상징 자본과 부가가치를 높이는 미래 경제의 중요한 영역이다. 특히 산업적으로 내리막길을 걷는 유럽 국가들은 문화와 예술을 통해 국가와 도시의 부가가치를 높은 창조 도시 플랜을 많이 세우고 있다.

음악 축제와 라이브 클럽 활성화 등 음악 산업을 통해 도시를 활력 있게 만들고 밤의 경제 가치를 높이는 다양한 지원 정책을 펼치고 있다. 리버풀, 베를린, 프라하, 멜버른, 멤피스 등 문학, 공연 예술, 시각 예술, 영화, 만화, 디자인, 애니메이션 등 창의적 자원을 활용해 전 세계 관광객을 유치하고, 도시의 경제를 살리는 창조 문화 도시 플랜이 주목을 받고 있다.

문화와 경제의 관계는 비단 주류 콘텐츠 산업에만 해당하는 것은 아니다. 순수 예술 분야와 비주류 문화에서도 작은 규모이지만, 그 안에 문화 경제가 움직이고 있다. 케이팝, 뮤지컬, 온라인 게임, 상업 영화 등만 아니라 다양한 문화 예술 분야에서 스스로 자기 경제를 살릴 수 있는 경제적 생태계를 유지하는 것이 문화와 경제의 선순환 구조를 만들기 위해 중요한 관점이다. 지속 가능한 문화 경제의 생태계는 경제적 부가가치의 장들이 다양하게 형성되는 것을 통해 실현될 수 있다.

문화 경제는 반드시 문화의 영역 안에서만 나타나는 것은 아니다. 그것은 산업·교육·복지·과학 기술 분야에서도 창출될 가능성이 크다. 예를 들어 새로운 제품이 좋은 디자인 기술과 만날 때, 평생교육이 문화 예술과 만날 때, 4차 산업혁명 기술이 문화 콘텐츠와 만날 때 높은 경제적 부가가치를 만들 수 있다. 문화가 교육·복지·환경·기술 분야에 잘 결합이 되면 부가가치가 높은 경제 재생산에 기여할 수 있다는 점을 간과해서는 안 된다.

문화와 돌봄

한국 사회도 고령화 시대에 접어들면서 돌봄에 관한 관심이 높아지고 있다. 돌봄은 비단 고령 세대만을 위한 것이 아니라 유아·아동·청소년·청년·장년 등 모든 세대가 작가의 특성에 맞게 받아야 할 인간의 권리이기도 하다.

2021년 정부는 저출산 분야에 46조 7,000억 원, 고령 사회 분야에 26조 원 등 저출산 고령 사회 예산으로 72조 7,000억 원을 투입했다. 2020년 62조 7,000억 원에 비해 10조 원(16%)가량 증가했다. 이 중 돌봄 관련 예산도 적지 않다. 노인 돌봄, 장애인 돌봄 등 주요 분야 예산의 증가 폭이 꽤 높다.

'노인장기요양보험 사업비'가 1조 7,100억 원으로 2020년에 비해 20.6% 증가했다. '노인 맞춤 돌봄 서비스' 예산도 4,183억 원으로 12.2% 증가했다. 보육 관련 예산도 증가했다. '영유아 보육료'가 3조 3,677억 원, '보육 교직원 인건비와 운영 지원'이 1조 6,000억 원, '가정 양육수당 지원'에 7,608억 원, '어린이집 확충'에 609억 원 등이 들어간다. '장애인 활동 지원' 예산은 1조 4,991억 원으로 전년에 비해 14.8% 늘어났다.[7]

그러나 돌봄 예산이 증가했다고 해서 돌봄 서비스의 질이 높아졌다고 볼 수는 없다. '돌봄정책기본법'을 제시한 국민입법센터는 《좋은 돌봄─돌봄받을 권리, 돌볼 권리, 돌봄노동자》(2021)에서 그 정의를 다음과 같이 기술하고 있다.

"돌봄을 사회 정책의 한 범주로 인정하고 돌봄의 정의와 대상, 정책 추진의 원칙 등을 명시해 누구나 좋은 돌봄을 받을 수 있게 하고, 누구든 가족 등 친밀한 관계에 있는 사람을 돌보면서 일─돌봄─휴식을 함께 영위하도록 하며, 유급 돌봄 제공자뿐 아니라 무급 돌봄 제공자의 권리도 보장하고 돌봄 책임을 분담해, 돌봄 민주주의를 실현하는 것을 목적"으로 한다. 돌봄 주체와 대상, 주변 관계, 일상을 모두 고려한 돌봄 서비스가 좋은 돌봄 정책이라는 것이다.

돌봄 서비스의 질적 성장을 위해 예술 교육은 큰 가치를 가진다고 생각한다. 돌봄이 필요한 어르신들에게 음악·그림·춤·사진 등 다양한 형태의 예술교육을 통해서 일상의 즐거움을 회복하고 정신을 건강하게 만드는 프로그램들이 지금보다 더 많이 보급돼야 한다.

일례로 대한장애인 체육회가 실시한 '장애인 체육활동 참여의 의

---

7 김동현(2021.11. 29), "돌봄정책 어디로 가야 하나⑥ ─ 돌돌봄 국가책임, 기초부터 재설계하자", 〈언론을 지키는 사람들〉.

묘비 절감 및 사회경제적 효과연구'(2022. 10. 30)에 따르면, 장애인이 체육 활동을 통해 1인당 21만 5,300원의 의료비 절감 효과와 1조 4,000억 원의 사회 경제 효과가 있다고 한다. 돌봄 서비스 프로그램에 생활 예술, 생활 체육 교육을 적극적으로 도입하면 적은 예산으로 돌봄에 들어가는 의료비를 절감할 수 있는 경제적 효과뿐 아니라 개인적인 삶의 만족과 행복을 누릴 기회를 제공할 수 있다.

문화와 생태

인류 문화는 필연적으로 자연과 지구 환경을 훼손하는 방향으로 나간다. 인간의 의식주 생활과 놀이, 여가 활동은 많은 자원과 에너지를 필요로 하기 때문이다. 여행과 축제를 포함한 다양한 문화 생활에는 이동·음식·시설 같은 자원의 소비를 전제로 한다. 근대 시대에 문화는 이러한 지구 환경의 문제를 크게 걱정하지 않았지만, 탈근대 시대 혹은 위험 사회와 인류세의 시대에 문화는 생태적 고려와 배려 혹은 통제를 받아야 하는 상황에 이르렀다.

이제 지구는 인간에 의해 지배되고, 인간이 운영을 결정하는 시간이 됐다. 이를 '인류세'라 한다. 인류세는 지구 과정에서 가장 최근의 균열을 명명한다. 인류세의 등장은 탄소 경제에 기초한 산업혁명이 결정적인 계기가 됐다. 2차 세계대전 이후 전 지구의 자원 낭비가 인류 역사와 지구 역사(Planet) 사이에 균열을 일으킨 것이다.

인류세는 처음으로 인류 역사와 지구 역사의 공존을 가져왔다. 지구의 미래는 자연적인 과정에 의존할 뿐 아니라 인간 행동의 의지에 의한 결정에 의존한다. 이러한 변화는 생태적 관점의 재명명

이 아니라 지구 시스템이라는 과학적 연구가 새롭게 발견한 어떤 실체 과정의 균열로 봐야 한다.[8]

결정적으로 지구 시스템이라는 새로운 개념은 지형·생태계·환경 같은 이전의 연구 대상을 망라하며, 초월한다. 인류세라는 개념은 생태계 교란을 뛰어넘어 지구 시스템의 균열을 인식하는 질적 도약을 포착하기 위해 고안됐다.[9]

최근 인류세의 시대가 야기한 생태적 위기를 예술 창작으로 재현하거나 기후 위기의 문제를 사회적으로 알리기 위한 문화 기획이 많아지고 있다. ㈔시민자치문화센터가 진행하는 '키후위키' 프로젝트는 그 일환 중 하나다.

'키후위키'라는 이름을 통해 기후 위기라는 중요한 시대적 인식을 드러내고, 소비자와의 커뮤니케이션에서 스테레오 타입보다는 유연함·위트·변칙을 중요하게 생각한다는 점을 강조하고자 했다. Key, Who, We, Key라는 영어 단어의 조합으로 각 단어의 뜻을 나열하고 연결해 '열쇠는 누구?', '우리가 열쇠'라는 의미를 내포하고 있기도 하다.

키후위키는 오랫동안 반복적으로 해서 익숙하지만, 피로감이 높은 활동 방식의 기후 위기에 관한 캠페인과 환경 운동을 생활권 안에서 지속하면서 작지만, 영향력 있는 변화를 끌어내고 싶다는 목적을 가지고 2022년 문화 기획자, 디자이너, 기후 위기 캠페이너가 모여 만든 스타트업이다.

---

8   Peter Reason(2017), *Review of Defiant Earth by Clive Hamilton*, London: Polity Press.

9   클라이드 해밀턴(2018), 《인류세 : 거대한 전환 앞에 선 인간과 지구 시스템》, 정서진 옮김, 이상북스, p.32.

키후위키는 개인들이 가지고 있는 기후 위기에 대한 두려움, 무력감이 기후 위기에 대한 이슈를 계속 회피하게 하고, 당장 행동을 취할 동기를 낮추는 이유가 되고 있다고 생각했고, 일상용품을 매체 삼아 시민들의 힘을 북돋는 커뮤니케이션을 시작해보고자 했다.

이를 통해 메시지를 만들고, 새로운 내러티브를 형성하며, 상점과 프로그램을 통해 만나는 고객들에게 전달되는 디자인된 의류와 일상용품이 생활 세계에서 영향력을 갖는 매체로 활용될 수 있도록 노력함으로써 기존 방식과는 다른 기후 위기 캠페인을 시도하고 있다.[10]

문화와 기술

4차 산업혁명과 기술 혁명이 가져다줄 미래 사회 문화와 기술의 융합은 개인들의 라이프스타일의 변화에 큰 영향을 미칠 것이다. 새로운 기술 혁명이 주도하는 4차 산업혁명의 시대에 개인의 라이프스타일도 급진적으로 변하고, 개인들의 첨단기 술로 매개된 문화 콘텐츠 소비와 이용 환경도 급격하게 재편될 것도 확실하다.

그래서 중요한 것은 4차 산업혁명이라는 개념보다는 그러한 개념이 상상하는 사회 환경과 그 환경에서 살아가게 될 개인들의 라이프스타일의 변화 양상이다. 이러한 라이프스타일의 변화를 끌어내고, 4차 산업혁명의 기술 혁명을 미래의 삶의 즐거움과 행복의 가

---

10 성사경(2023. 11. 9), "성북마을사회적경제센터 코워킹 스페이스 입주기업 – '키후위키'를 소개합니다.", 성북마을 블로그.

치로 전환시킬 수 있는 대안은 창의적 문화적 상상력이다.

새로운 기술 문화 혁명에 따라 기존의 문화 콘텐츠 영역이 어떤 변화를 일으키고, 새로운 문화 콘텐츠 산업이 어떻게 지배적인 영역으로 부상하고 이들이 이용자들의 기술 감각과 콘텐츠 관여에 미치는 영향이 무엇일지에 대한 전망 연구가 필요한 것이다.

개인의 감각을 극대화시키는 '서드 라이프'의 시대는 책, 영화, 음악, 게임, 모바일, 메신저 커뮤니티 같은 미디어 콘텐츠를 전혀 다른 방식으로 경험하게 될 것이며, 그 체험이 그 자체로 가상이 아닌 현실이 될 것이다. 이러한 기술과 문화 환경의 변화를 빨리 인지하고 새로운 문화 콘텐츠들을 만들려면 콘텐츠 분야의 국가 R&D에 대대적인 투자가 필요한 시점이다.

문화와 교육

국가 차원에서 문화 교육 정책은 노무현 정부에서 시작했다. 당시 초등학교에 국악 강사를 파견하는 사업을 확대해 연극·영화·무용·사진·디자인·공예 등으로 확산해서 학교와 사회 영역에서 하고 있다. 문화예술교육지원법과 한국예술교육진흥원, 지역문화예술교육지원센터가 예술 교육 지원의 법적·제도적·인프라적 중심을 맡고 있다.

주 52시간 도입과 고령화 사회에 접어들면서 문화 예술 교육이 중요한 역할을 하게 됐다. 여가 시간의 증대에 따라 국민의 문화 향유 기회가 확대될 것으로 기대되고, 특히 문화 예술 교육의 수요가 높아질 것으로 기대한다.

아마추어 예술 동호회를 중심으로 생활 문화의 증대에 따라 단순히 배우는 문화 예술 교육에서 체험하는 문화 예술 교육의 수요가 높아질 것으로 예상한다. 그래서 여가 시간의 증대에 따른 문화 예술 교육의 수요 예측과 수요자 중심의 참여형 문화 예술 교육에 대한 프로그램 개발이 필요하다.

또 고령화 사회에서 노령 인구를 대상으로 한 문화 예술 교육의 확대는 매우 중요해졌다. 노령 인구에 맞는 새로운 형태의 문화 예술 교육 모델을 만드는 것을 통해 사회 문화 예술 교육의 영역을 확대하는 방안에 대한 검토가 필요하다. 유아기에서 아동·청소년·성년·장년기에 따른 맞춤형으로 전 생애 문화 예술 교육을 어떻게 특성화할 것인가에 대한 공론화가 필요한 상황이다.[11]

문화 예술 교육의 경제적·사회적 효과는 당장에 가시적으로 나타나지 않는다. 일례로 1980년대 프랑스가 예술 교육을 전면 도입했을 때 예산을 낭비하는 비경제적인 문화 정책으로 일부 비판을 받았지만, 오랜 시간이 지난 후에 프랑스 경제에 기여하는 결과를 얻었다.

2005년 프랑스 GDP 통계에 따르면, 예술 공방의 경제 규모가 꾸준하게 상승한 것으로 나타났는데, 이는 오랫동안 국가가 지원한 예술 교육이 좋은 창작자와 좋은 소비자를 낳은 결과로 분석됐다.

---

11   문화체육관광부(2020. 5), 〈문화예술교육 공론화 추진단 이슈리포트〉.

6장

한반도 신평화
외교 안보 전략

국제 질서가 요동치고 있다. 미·중 간 패권 경쟁이 이념·군사·경제는 물론 미·중 무역, 기술, 사이버 영역까지 심화하고 있다. 북·중·러 대 한·미·일 신냉전 구조가 부상하고 있다. 러시아-우크라이나 전쟁이 장기화하고 이스라엘-하마스 분쟁이 발발하면서 자유 진영 대 권위주의 진영으로 재편되고 있다.

자연재해, 사이버, 팬데믹 등 신안보와 글로벌 공급망 혼란, 이중 신흥 기술 혁명 등 경제 안보가 등장하고 있다. 북한은 남북 관계를 동족이 아닌 교전 중인 적대국으로 규정하면서 핵미사일로 영토 완정을 위한 대사변을 독려하고 있다. 국내적으로 진보 대 보수간 갈등 구조가 격화되고 있다.

외세에 휘둘림을 당하지 않는 외교 전략이 요구되며 동맹에 과도하게 의존하는 안보로부터 한국의 국가 역량과 위상에 걸맞은 안보 시스템 구축이 필요하다. 국가 안보의 최대 위협인 북한의 증내된 핵미사일 능력과 의도에 맞서는 총체적인 대응 전략이 절실하다.

외교 안보 분야 아젠다는 국익 기반의 중심축 실용 외교, 한국 주도 전쟁 수행 체제 구축, 한반도 핵 균형을 통한 신평화 안보 전략이다.

① 국익 기반의 중심축 실용 외교다.

지난 30년간 6번의 정권 교체 과정에서 우리의 외교 안보 정책은 한국의 객관적 국익을 충실히 반영하기보다는 정권의 이념적 지향성이나 감성에 기반해 좌우로 그 진폭이 심하게 흔들리는 양상을 보여왔다. 그 결과 우리 외교 안보 정책은 대내적으로 국론 분열을 심화시키고 대외적으로는 국가 신뢰도를 손상하는 부작용을 가져왔다.

이를 극복하고 미래를 도모하기 위해 우리 국가의 정체성과 국가 목표, 지정학적 고려를 종합적으로 고려하면서 초당파적인 합의를 바탕으로 한 우리 내부에 중심축이 존재하는 외교 안보 전략을 만들어야 한다.

우리의 주체적 관점에서 국제 정세를 판단하고 주변 주요국들과도 우리 정체성과 국가 이익에 입각한 실용적 외교를 전개하면서 변하는 상황에 맞춰 유연하고 안전하게 우리의 평화·번영을 담보하는 대안 정책을 모색할 필요가 있다.

② 한국 주도의 전쟁 수행 체제 구축이다.

한·미 양국 군은 양국 정부의 합의에 의거 한국군 대장을 사령관으로 미군 대장을 부사령관으로 전시작전통제권 전환이 이뤄지는 미래연합사로 재편 중이다. 전시작전통제권 전환은 한국 주도로 주권과 영토를 수호하고, 국민의 생명과 재산을 지키며, 전략 전술에 능한 강력한 군을 육성해 전쟁을 억제하고, 유사시 전쟁에서 승리해 자유 통일 한국을 실현하기 위해서다.

한국 주도의 전쟁 수행 체제 구축은 절실하다. 국민·정부·군·동맹 4차원에서 전시작전통제권 전환을 추진한다. 국민은 자유민주주의를 수호하는 가치 안보와 자립 안보 의식을 고취하고, 통수권자인 대통령은 전시작전통제권 전환과 국가 안보 전략의 틀을 짜고, 전쟁 지도 체제를 구축한다.

우리 군은 공세 전략을 발전시키고, 전략사를 조기에 창설하며, 전쟁 지휘·정보 판단·작전 기획·작전 지속 등 전쟁 수행 능력을 제고하고, 첨단 과학 기술군을 육성한다. 합동참모본부─유엔사─미래연합사─주한미군사 간의 역할과 상호 관계를 발전시킨다.

한국 주도 전쟁 수행 체제를 구축함으로써 국민과 주권과 국토를 수호하고 자유와 평화를 지키며, 유사시 승리해 자유 통일 한국을 실현할 것이며, 자유주의 국제 질서를 지키는 데 기여할 것이다.

③ 한반도 핵 균형을 통한 신평화 안보 전략이다.

한국의 역대 정부들은 북한 또는 한반도의 비핵화를 불변의 정책 목표로 추진해왔지만, 2019년 하노이 북미 정상 회담 결렬 이후 북한은 다시 핵과 미사일 능력의 고도화를 추구하고 있다. 그리고 2023년 9월에는 핵 무력 강화 정책 기조를 헌법에까지 명문화해 절대로 핵을 포기하지 않겠다는 입장을 재확인했다.

이와 같은 상황에서 한반도 비핵화와 평화 제제를 연계해 병행 추진하려는 기존의 평화 전략은 실패로 귀결될 수밖에 없다. 그러므로 이제는 남북 핵균형을 통한 한반도 평화 실현이라는 새로운 전략으로 대전환할 필요가 있다.

2022년부터 북한의 대남 핵·미사일 위협은 더욱 노골화되고 매우 심각한 수준으로 올라가고 있다. 그런데 확장 억제 강화와 미국의 전술 핵 재배치, 나토식 핵 공유는 모두 북한에 핵무기와 ICBM이 없거나 북한의 핵과 미사일 능력이 초보적 단계에 있을 때만 유효한 방식이다.

그러므로 당장은 한국이 미국의 확장 억제에 의존할 수밖에 없더라도 장기적으로 안보를 가장 확실하게 보장하기 위해서는 자체 핵 보유가 필수적이다. 한국의 자체 핵 보유를 위해서는 확고한 자강 의지를 가진 대통령과 치밀한 논리와 정교한 전략을 수립하고 실행에 옮길 수 있는 컨트롤 타워, 초당적 협력, 국민적 지지, 우호적인 국제 환경 등이 필요하다.

한국이 자체 핵 보유를 통해 남북 핵 균형을 실현하게 되면 이후 북한과의 핵 감축 협상을 통해 남북, 북·미, 북·일 관계 정상화와 한반도 평화 체제 구축이 가능해질 수 있다. 국제 정세가 악화해 일본이 핵무장을 결정할 때 동북아에서 한국만 비핵 국가로 남는 최악의 시나리오를 피하기 위해서도 우선 일본 수준의 핵 잠재력이라도 확보해야 한다.

국익 기반의 중심축 실용 외교

이백순 국방대학교 교수

01 국내적 상황 진단 : 이념, 가치 치중 국론 분열

1993년 김영삼 정부가 최초의 문민 정부를 표방한 이후 7번에 걸쳐 새로운 정부가 등장했고 정부마다 국가 전략 목표를 설정하고 외교 안보 아젠다를 설정해왔다. 현 윤석열 정부를 제외하면 지난 30년간 3차례의 보수 정부와 3차례의 진보 정부가 번갈아 정권을 담당하면서 각기 다른 국제 정세에 대한 인식의 틀과 가치 기준을 가지고 외교 안보 전략을 수립해왔다.

각 정부의 국제 정세 판단과 분석은 냉철한 우리 국가 이익 관점에 입각하기보다는 당시 각 정부가 연대하기를 선호하는 국가들의 국가 이익 또는 담론의 관점을 반영하는 경향이 농후했다. 또 우리 국론 결집을 위한 정치적 노력 없이 소수 핵심 그룹에 의해 외교 안보 정책을 수립·집행하는 경향이 정부가 교체되는 과정을 거치면서 너욱 강고하게 형성되고 있다.

그 결과 우리의 외교 안보 정책은 5년 단위로 정부가 교체될 때마다 정책 변경의 진폭이 너무 커서 정책 연속성과 일관성이 결여하는 양상을 보였다. 따라서 장기적인 회임 기간을 필요로 하는 외교 안보 정책이 성과를 내기도 힘들었을 뿐 아니라 잦은 정책 변경으로 국가 자체의 대외 신인도마저 하락하는 모습을 보여왔다.

이러한 외교 안보 정책의 좌우로 진자 운동 현상은 국내적으로 보수, 진보 진영 간 갈등의 촉매제가 돼 국론 분열을 더욱 격화시키는 원인이 됐다. 이는 다음 정부에서 이전 정부의 정책에 대한 과도한 교정 작업을 거치면서 양 진영 간 정책의 편차가 더욱 커지는 악순환 현상을 초래했고 이런 경향은 우리 국익을 심각히 저해하는 정도까지 됐다.

우리의 역대 정부는 각 정부가 외교 정책상 중점을 두는 상대국만 다를 뿐 그 상대국에 대한 외교 안보 정책 수행 방식은 거의 대동소이했다. 즉 외교 안보 정책의 대상만 다를 뿐 방법론은 거의 유사했다고 평가된다.

각 정부는 현실주의에 입각한 냉철한 주고받기식 협상보다는 퍼주기, 저자세, 선의에 입각한 선제공·후보상이라는 방식을 취함으로써 국내적으로는 국론 분열을 자초하고 대외적으로는 국가 이익을 소홀히 하는 경향이 심했다.

각 집권 정부는 국제 정세의 변화와 상관없이 그 정부의 정치적 이념과 지향성에 따라 우리나라와 외교 안보적으로 연대해야 할 나라를 미리 상정하는 경향을 보였다. 이에 따라 그 상대국들과 개별 현안의 유불리에 대한 깊이 있는 검토를 하지 않은 채 편향적 호의 또는 적대감을 가지고 판단함으로써 외교 안보 정책이 편파적인 경도성을 가지는 모습을 보였다. 이런 경도성은 우리 외교 안보 정책에 긴요한 자주적 판단을 약화하고 따라서 전략적 자율성을 확보해가는 일을 소홀히 하게 했다.

그 결과 우리 국가 이익에 대한 주관적 판단과 국제 정세에 대한 객관적 판단을 바탕으로 외교 안보 현안별로 각 현안에 내재한 구체적 장단점을 면밀하게 고찰한 다음 당시 상황에서 우리 국가 이익에 가장 부합하는 방향으로 정교한 정책 대안을 찾아가는 노력을 게을리했다.

총론적 차원에서 방향성만 정권의 정향성에 따라 결정하고 나면, 후속하는 현안들에 대해서는 총론에 입각해 미리 도출된 결론에 갖다 맞추는 방식으로 외교 안보 정책이 결정되는 것이 다반사였다.

02 국제적 상황 진단 : 복합적 글로벌 질서 재편

지금 국제 정세는 바야흐로 대변환기에 진입했다고 해도 과언이 아닐 정도로 국제 체제와 질서 자체가 변환되는 과정에 돌입하고 있다. 2차 세계대전 종전 이후 지난 80여 년간 미국이 패권국으로서 만들고 유지해왔던 국제 체제, 즉 팍스 아메리카나는 여러 측면에서 쇠퇴의 조짐을 보이고 있고 이에 반해 현상 변경 세력인 중국과 러시아의 도전은 더욱 거세지고 있다.

특히 미국의 패권에 대한 잠재적이자 현실적인 도전국인 중국의 급격한 부상과 2012년 시진핑 주석의 집권 이후 공세적 대외 정책은 미·중 간 갈등을 격화시키고 있다. 그리고 구소련 붕괴 이후 미국이 유일한 초강대국일 때 형성됐던 미국 단극 체제에 대한 러시아를 위시한 글로벌 사우스(Global South)의 반감이 점차 부각하고 있다. 또 새로이 각성하는 EU, 인도 등은 또 다른 중심 세력으로 부상하고 있어 단극 체제를 다극 체제로 변환시키는 방향으로 동력을 부여하고 있다.

2023년 8월 남아프리카공화국에서 개최된 BRICs 회의에서 사우디아라비아, 이란, 아르헨티나를 비롯한 6개국이 동시에 가입해 회원국이 총 11개국으로 증대된 것은 서방 세계 주도의 질서에 대한 글로벌 사우스의 저항 기류가 만만치 않다는 점을 반증한다.

이러한 글로벌 사우스의 결집은 국제 질서의 다극화를 촉진할 것이고 미국이 주도하던 국제 질서에 변형을 가져올 것이다. 미국은 이러한 다극 체제로의 변환 움직임을 맞이해 이를 저지시키려는 노력을 기울이는 한편 자국의 국력 약화로 인해 줄어드는 공공재 제공 능력을 다른 나라들에 전가하거나 공동 부담시키려는 움직임을 보이고 있다.

그리고 헝가리와 이탈리아에서는 이미 집권했고 지금은 영국과 프랑스, 독일에서도 대두되고 있는 극우 정당의 약진은 유럽이 EU라는 강고한 단일체로 계속 작동할지 여부에 대한 의문을 던지고 있다. 세계 곳곳에서 일어나고 있는 이러한 대변환기 현상들은 앞으로 각국의 생존은 각자 알아서 도모해야 한다는 각자도생의 인식이 국제 사회에 확산되게 하고 있다. 따라서 미·중 간 전략적 경쟁 위에다 이런 다극화로의 진전 현상은 각국의 외교 안보 정책의 선택지를 더욱 복잡하게 하고 있다.

미·중 간 전략적 갈등과 패권 경쟁을 더 크게 보면 자유주의 진영과 권위주의 진영 간의 대립은 국제 사회에서 전 세계적 공급망 사슬의 재편을 요구하고 있다. 1980년대 이후 전 세계적으로 확산했던 세계화 현상에 따라 형성된 전 세계적 분업 체제는 이제 서서히 와해하고 양 진영 간에 별도의 공급망 체제가 구축되려는 조짐을 보이고 있다.

미국은 자국 기업뿐 아니라 우방국 기업들에게도 우호국 내 이전(프렌드쇼어링)을 넘어 미국 내 공장을 건설하라는 자국 내 이전(리쇼어링) 정책을 펼치고 있다. 이에 따른 공급망 사슬의 재편 과정은 각국의 경제 이익과 마찰 현상을 일으키고 있고 이런 마찰은 미국과 우방국 간 관계를 복잡하게 하고 있다. 동맹, 우방국 간 안보 이익과 경제 이익 간 상충 현상은 각국의 외교 안보적 고려 함수를 더욱 복잡하게 해 정책 선택을 더욱 어렵게 하고 있다.

03 기본 대응 방향 : 중심축 외교

이러한 대변환기 국제 정세에 능동적으로 대응하기 위해서는 변화하는 국제 정세에 대한 정확한 인식을 바탕으로 '국익 기반 실용 외교'를 전개해야 한다. 1993년 민주화 이후 역대 우리 정부가 보여 왔던 가치와 이념 또는 감성에 경도된 외교 안보 정책을 집행하는 경향을 불식하고 객관적으로 존재하는 국익을 지키고 신장하는 방향으로 외교 안보 정책을 수립해야 한다.

이를 위해시는 외교 안보 정책 분야에서 분열된 국론을 결집해야 한다. 국론 결집을 위해서는 우리의 국가 정체성과 우리 국익에 대한 정확한 인식과 분석이 선행돼야 한다.

우리의 국가 정체성 확립은 우리가 어떤 나라이고 어디를 지향해 가는 나라인지를 규정하는 데 국민적 합의를 먼저 모색해야 가능하다. 이러한 국가 정체성을 바탕으로 우리의 국가 목표를 설정하면 이런 전략적 목표를 추구하기 위한 외교 안보 정책 방향을 객관적으로 도출할 수 있다.

이렇게 도출한 정책 방향이 다른 이해 당사국들의 국가 이익, 정책 방향과 만나는 지점에서 상호 작용하면서 변형돼 나오는 것이 우리의 국익 기반 실용 외교의 구체적 외교 안보 정책이 돼야 할 것이다. 즉 우리의 국익을 최대화하는 방향으로 정책을 입안하더라도 상대국의 이익과 현실적 제약 속에서 타협과 변형을 거칠 수밖에 없고 결과적으로 조정된 정책이 도출되는 것이다.

이러한 과정을 거치면서 도출되는 외교 안보 정책은 객관적으로 존재하는 국가 이익을 담보할 것이고 국내적으로도 초당적 지지를 바탕으로 하기에 연속성과 일관성을 가질 수 있을 것이다.

앞으로 국제 질서가 어떤 형식으로 변해갈지에 대한 전망을 갖고 우리가 그 국제 질서에 대한 어떠한 기여를 할 수 있을지에 대한 능동적인 외교 안보 전략을 만들 필요가 있다. 우리는 이제 국제 질서에 수동적으로 순응해야만 하는 약소국이 아니며 국제 질서 변화 과정에 기여하고 작용을 할 수 있는 국력을 가진 글로벌 행위자가 돼야 한다.

따라서 어떠한 국제 질서가 우리에게 유리한지에 대한 포괄적 고찰을 한 후 국제 질서가 그런 방향으로 조성되도록 우리의 국력을 작용해야 한다. 또 우리의 외교 안보 전략과 정책을 수립하는 과정에서 한반도의 지정학적 특성을 고려해야 한다. 국제 정세 변화에 따라 이 지정학적 특성이 장점이 될 수도, 약점이 될 수도 있으며 특히 남북한 분단·대치 상황이 지속하는 한 우리는 지정학적 제약에서 벗어나기 힘든 구조를 가지고 있다.

그럼에도 이 지정학적 제약을 극복하고 그 장점을 회복하는 방향으로 노력해야 한다. 그리고 장기적으로는 한반도의 지정학적 특성을 감안해 이 지정학적 특성이 발현될 수 있는 방향으로 우호적인 국제 질서가 조성될 수 있도록 유도해야 한다.

서두에서 서술한 바와 같이 지금까지 우리 외교 안보 정책은 국제 질서 변화에 대한 포괄적인 전망을 결여한 채 냉철한 국익과 실용적 관점에 기반하기보다는 이념과 감성에 편향된 방식으로 정책이 결정되는 경향이 많았다.

그 결과 정권 교체 과정을 거치면서 우리 외교 안보 정책은 국가 이익에 충실하기보다는 당시 정권이 연대하기를 원하는 상대국가들의 관점이나 국익이 투영된 정책 옵션들을 수용하는 자주적이지 못한 모습을 보여왔다. 물론 이것은 양분된 국내 여론이 반영된 결과라 할 수 있다. 그러나 이런 양분된 여론도 주체적 관점을 결여한 채 외국의 입장을 수용하는 정치권과 언론의 영향으로 형성된 것이니 그 여론 자체가 독립 변수라 할 수 없다.

단지 국내적으로는 북한에 대한 상반된 인식과 안보를 최우선시하는 보수 진영과 통일을 우선시하는 진보 진영 간의 정책 선호도 차이는 분명히 존재하는 점은 별론으로 한다.

그 결과 우리는 우리의 국익이 중심이 되지 못하고 상내 당사국들이 선호하는 방식으로 정책이 수립되는 기현상을 자주 보여왔고 그럼으로써 정권 교체와 더불어 정책이 급선회하는 현상을 보여 상대국이 우리 외교 안보 정책을 자국에 유리하게 변경시키도록 작용하고 싶은 유인을 더 제공하는 현상을 보였다. 즉 아무도 흔들 수 없는 나라가 아니라 아무나 흔들 수 있는 나라라는 인상을 심어왔다.

이러한 현상을 지양하고 앞으로 우리는 국제 질서 변화를 면밀히 조망하면서 철저히 우리 국익에 기반해 다양한 정책 옵션을 개발해두었다가 당시 정세와 상황에 맞게 조정해 선택·적용하는 방식으로 외교 안보 정책을 운영해야 한다. 즉 국익 기반 실용외교이자 우리의 객관적 국익을 중심에 둔 외교인 중심축 있는 외교를 지향해야 한다.

중심축 외교 안보 전략은 우리 국익을 주체적으로 판단해 규정하고 이 국익을 확보·신장시키는 방향으로 우리가 주도적으로 정책을 입안하고 이를 바탕으로 상대국을 설득해 우리의 목표와 가장 가까운 지점으로 상대국 정책을 견인하는 노력을 뜻한다.

04 주요 상대국별 외교 안보 정책 방향

대미 외교

보수 정부하에서 한미동맹 우선 정책에 따라 미국의 세계 전략에 한국 외교 안보 정책을 종속·연계시키는 경향을 보이면서 미·중 갈등 구조 속에서 한국이 대중 견제 구도 속으로 편입되는 현상이 빈번했다. 특히 미국은 중국에 대항해 동북아에서 한·미·일 삼각 안보협력 구도를 제도화하려는 노력을 지속했고 이를 위해 한일 간 관계 개선을 지속 요구했다.

따라서 보수 정부하에서 한·미·일 안보협력이 점차 강화되는 경향을 보였다. 그리고 북한 핵 문제에 대해서도 실질적인 문제 해결보다는 북한을 압박·고립하는 미국의 적대시 정책을 추종하는 경향이 많았다.

전시작전통제권 문제와 관련해 전시작전통제권 전환을 반복해 연기함으로써 우리 군의 자주적 국방 능력 완비를 지연하는 효과를 가져왔다. 대미 외교에서 우리 국익을 관철하기 위해 미국과 적극적인 협상을 벌이기보다는 미국의 세계 전략에 대한 전략적 소통(Strategic Communication)을 대체로 수용하고 이를 국내적으로 전파·실천하는 수준에 머무르는 경향이 많았다.

진보 정부하에서는 중국과 우호적 관계 형성과 남북 화해·협력 추진을 우선시함으로써 한·미 간에 불필요한 오해가 형성돼 한미동맹이 약화하는 현상을 보이고 이는 국내적으로 격한 국론 분열을 야기하곤 했다. 또 한일 간 과거사 청산을 우선시함으로써 미국이 원하는 한·미·일 안보협력 구도에 장애를 형성하고 이는 한미동맹 강화에 불편한 요소로 작용했다. 전시작전통제권 문제와 관련 우리의 능력 구비 여부와 상관없이 조속한 전환을 목적으로 기한을 정하고 추진함으로써 부작용과 논란을 야기했다.

미·중 간 대립 구도가 심화하고 권위주의가 강화되는 중국의 공세적 외교 정책에 직면한 우리로시는 우리 안보의 근간인 한미동맹이 우리 안보의 최종 보장자임을 인식하고 한미 관계를 더욱 강화해야 할 필요성에는 의문의 여지가 없다. 단, 미국의 세계전략과 대외 정책의 방향이 항상 한국 국익은 물론 미국 국익마저도 증진하지 않는 경우가 종종 발생하고 있다는 점을 염두에 둬야 한다.

이런 점을 감안해 우리의 주체적인 국제 정세 분석과 국익 계산을 통해 미국의 대외 정책에 대해 비판적·선택적 협조를 해나갈 필요가 있다. 한미동맹이 우리 안보의 근간임은 틀림없으나 한미동맹 강화가 우리의 전반적 국익 향상으로 이어지도록 실용주의 외교를 펼칠 필요가 있다. 미국이 주도하는 공급망 사슬 재편이라든지 인·태 전략 등에서도 우리의 지정학적 이익과 관심이 반영될 수 있도록 노력하는 자세가 필요하다.

한미 양국 간 현안에서도 미국의 확장 억제를 비롯한 안보 공약을 믿되 그 실효성을 철저히 담보해야 한다. 공급망 재편 과정에서도 우리 경제 이익이 침해되지 않도록 선제적 방어 노력을 기울여야 한다. 북핵 위협에 우리가 능동적으로 대응할 수 있는 핵 잠재력을 가지도록 미국을 설득해 한미 원자력 협정도 개정해야 한다.

한국의 향상된 방산 제조 능력이 한미 간에 공유되고 자유 진영의 국방 강화에 이바지할 수 있도록 양국이 협력해야 한다. 한편 미국이 원하는 동맹의 역할 확대에 대해서는 긍정적으로 대응해야 한다.

북핵과 한반도 문제 해결을 위해 한미 간의 공조가 중요하나 미국의 세계 전략에 대북 정책이 종속되지 않고 북한 문제를 독립 변수로 보고 이를 해결하는 방향으로 미국을 유도하는 노력을 경주

해야 한다. 대북 적대시 정책이 지속해 한반도에서 긴장이 고조되면 사소한 충돌이 핵전쟁으로 비화할 가능성을 직시하고 이를 방지하기 위해 북핵 문제 해결에 미국을 추동하는 임무를 우리가 맡아야 한다.

대중 외교

중국이 우리에게 주는 전략적 협력 요인과 전략적 위협 요인, 중국이 우리 경제에 미치는 긍정 요인과 부정 요인, 중국이 북핵 문제 해결에 작용할 수 있는 긍정 요인과 부정 요인 간의 관계가 미·중 경쟁이 격화됨에 따라 계속해서 변화하고 있는 부분을 우리가 제대로 계측하지 못한 채 보수·진보 정부를 거치면서 공통으로 불명료한 대중 자세를 유지하는 현상을 보였다.

미·중 전략적 경쟁의 성격에 대한 불명료성이 미국 내부에서도 존재하지만, 미·중 양국의 현재 실존적 정체성과 향후 변해갈 모습이 우리에게 미치는 영향에 대해 우리는 정확한 평가를 하지 못하고 있다. 이로 인해 미·중 간에 우리가 취해야 할 전략적 입장에 모호성이 계속되고 전략적 혼선이 지속하는 상태를 보이고 있다. 이러한 상태를 건설적인 전략적 모호성이라 포장하기도 하지만 이러한 모호성도 더는 지속할 수 없는 상태에 있음을 정확히 인식해야 한다.

그렇다고 우리가 미·중 간에 이분법적인 선택을 취하는 것도 바람직하지 않다. 미·중 간의 갈등 요소에 대해 사안별로 분석하고 이를 국익의 잣대에서 판단해 개별적으로 대책을 마련해야 한다. 이런 비이분법적, 사안별 접근 방식은 대변환 시대 국제 정세에서는 다른 외교 안보 사안에도 적용해야 할 기준이다.

중국은 우리의 이웃 국가이고 강대국이므로 우리에게 주는 지정학적 무게는 남다르다. 중국은 14억 2,000만이라는 거대 시장을 가진 데다 최근 다소 하향 곡선을 그리고 있지만 평균 5% 성장률을 최근까지 지속해온 국가다. 세계 최대 시장에 대한 우리 경제의 의존도도 높아 경제 이익 측면에서도 중국은 무시할 수 없는 국가다.

그러므로 중국과 우호적인 관계는 아니더라도 대결적인 관계로 양국 관계를 가져가는 것은 바람직하지 않다. 이런 점에서 중국과 전략적 소통을 강화하고 불필요하게 중국을 자극하거나 오해를 살만한 행위나 우리가 대중국 견제·포위 조치에 적극적으로 가담하는 일은 회피해야 한다.

그러나 중국의 공세적 외교 정책과 권위주의적 경향이 강화되고 있으며 중국이 추구하는 중화주의적 국제 질서는 우리의 국가 정체성을 발현하는 데 장애를 조성하는 것도 사실이다. 특히 중국의 남중국해에서 군사 조치 확대와 북한에 대한 군사적 지원 등은 우리 안보에 위협적 요소임도 부인할 수 없다.

따라서 중국과의 관계에서 규범에 입각한 국제 질서와 보편적 가치에 입각한 행동 양식을 요구해야 하며 이 지점에서 양국 간 마찰이 있을 경우 이를 감수하되 우리의 입장을 분명히 전하고 이 입장을 일관성 있게 유지해야 한다. 표면적 관계 개선을 위해 우리의 국가 정체성에 위배하는 행위를 감수하지 않겠다는 점을 중국 측에 분명히 천명하고 중국이 이를 인식·수용하게 해야 한다.

미·중 간의 패권 경쟁이 가장 치열한 지점은 첨단 기술 분야이며 이 분야에서 양국 간 공급망 분리(디커플링) 현상은 불가피할 것으로 보인다. 미국은 대중국 첨단 기술 차단을 동맹, 우방국과 함께 시행하려는 점을 감안할 때 이 분야에서 중국과 입장 차이는 회피할 수 없을 것이다.

중국에 이 점 또한 경제 안보적 관점에서 불가피한 측면이 있음을 천명하고 가능한 한 중국의 입장을 반영하되 타협하지 못할 선이 있다는 점도 분명히 한 후에 부득이한 경우에는 중국의 강압적 조치도 감내할 자세를 가져야 한다. 단, 미·중 갈등이 격화되고 우리가 국익 기반 실용 외교를 계속 견지할 때 한국의 전략적 가치를 중국이 재평가할 것이므로 미리 중국의 보복 조치를 상정한 저자세 외교는 지양해야 한다.

중국의 공세적 대외 정책, 현상 변경 정책이 동아시아 안보 구도를 더 긴장시킨다는 사실을 지적하고 이에 대한 대응은 불가피하나 우리가 중국과 관계를 주도적으로 악화시킬 의사는 없다는 점은 명백히 밝혀야 한다. 오히려 전략적 대화를 통해 이런 긴장을 완화하는데 양국의 이익이 있음을 설득하고 양국 관계는 물론 한·중·일 3국 협력 체제 가동을 통해 안정적인 동북아 안보 구도 형성에 노력해야 한다.

대일 외교

과거사 청산 문제와 일본의 안보상 역할에 대한 진보·보수 정부 간 시각 차이로 인해 정부 교체기마다 정반대 대일 정책을 전개해 한일 관계가 전진과 후퇴를 거듭하는 현상을 보여왔다.

이러한 우리의 반복되는 진자 운동 외교, 특히 진보 정부의 강한 과거사 사죄 요구와 국제법적 기반이 약한 대일 보상금 지불 요구는 한일 간 갈등을 심화시켜 일본 내 친한 세력마저 혐한 세력으로 변모하게 하는 요인이 될 정도였다. 이로써 문재인 정부하에서는 한일 관계가 역대 최악의 상태로 치달았고 이는 외교 안보뿐 아니라 경제 분야까지 파급되는 악영향을 미쳤다.

반면 윤석열 정부하에서는 미래 지향적 한일 관계 개선과 한일 간 안보협력 재개를 최우선시하는 정책으로 급격히 선회함으로써 일본의 과거사 인정과 보상금 지급 문제는 양국 간 현안에서 제외되고 이 문제들이 오직 우리 국민이 감내하고 소화해야 하는 국내 정치적 문제로 전락하게 됐다.

그리고 미국이 바라던 한·미·일 안보협력 구도가 한·미·일 정상회의 제도화를 통해 구체적으로 부상하게 돼 일견 우리 안보가 강화된 듯하나 그 반작용으로 북·중·러 3각 안보협력을 촉진해 장기적으로는 안보 구도가 더 위태롭게 되고 있다.

미국의 세계 전략상 필요뿐 아니라 미·중 간 지정학적 경쟁 구도에서 한·미·일 남방 3각 안보협력 필요성이 불가피한 부분이 있으나 이를 추진함에 있어 중·러에 대한 위험 분산(헷징) 조치 없이 이를 지속할 경우 이에 대항하는 북·중·러 북방 3각 안보협력 구도 등장을 촉진해 한반도의 전쟁 발발 가능성은 더욱 고조될 것이다. 그리고 한·중 관계, 한·러 관계도 장기적으로 악화해 갈 것이다.

일본 국내 정치의 보수화 경향 강화는 일본의 보통 국가화 현상을 더욱 촉진할 것이고 이는 우리의 대일 정책만으로 제동을 걸 수 있는 선을 이미 넘었다는 것이 현실임을 감안한 대일 정책이 필요하다. 그리고 동북아의 새로운 안보 구도상 한일 간의 안보협력 강화도 불가피한 것도 사실이다.

따라서 우리의 대일 정책은 과거사, 독도 문제와 미래 지향 양국 협력과 안보협력을 별도로 다루는 2개 노선(투 트랙) 전략이 필요하다. 과거사 문제를 한일 간 양자 문제화하기보다는 다자 문제, 즉 보편적 인권 문제로 전환해 국제기구 차원에서 해결해 나가도록 해야 한다.

그리고 정부가 앞장서기보다 민간 단체 등 다양한 행위자가 활동할 수 있도록 장려해야 한다. 독도 문제는 국제 문제화를 오히려 방지하면서 일본의 부당한 주장에 단호히 대응하고 우리의 자위적 조치 확보에 온 힘을 다해야 한다.

대러 외교

우리와 러시아 간에 지정학적 관점과 국가 이익 측면에서 전략적 협력 요인이 많음에도 불구하고 우리의 대러 외교는 미국의 대러 정책에 종속돼 미국 정책 변화에 따라 진폭이 큰 대러 외교를 수행해왔다. 그로 인해 우리의 독자적인 대러 정책이 존재하지 않고 상황에 따라 친소 관계가 부침하는 비정형적인 관계를 지속해왔다.

현재 진행 중인 러시아-우크라이나 전쟁으로 인해 자주적 대러 외교의 공간이 더욱 축소돼 우리의 행보와 북·러 간 밀착에 따라 러시아와 잠재적 적국으로 나아갈 위험성도 배제할 수 없게 됐다. 이러한 비자주적, 비정형적인 대러 외교는 북방 3각 안보협력체와 남방 3각 안보협력체 간 대결 구도를 더욱 강화해 한반도에 전쟁 위기를 고조시킬 가능성이 있다.

러시아-우크라이나 전쟁 종식 방식에 따라 차이가 나겠지만 가급적 우리는 러시아의 전략적 이익을 자극하지 않는 방향으로 종전

시까지 내러 외교를 관리하다가 종전 이후 다시 러시아와 전략적 대화를 복원하면서 관계를 회복할 필요가 있다.

러시아가 북한과 밀착할 경우 한반도 긴장은 더욱 고조될 것이고 우리의 안보 비용은 증가하고 한반도·동북아 안보 구도가 우리에게 불리하게 조성될 가능성이 있다는 점을 염두에 두고 러시아와 관계를 일정 수준 이상으로 유지해야 한다. 러시아가 보내는 신호를 면밀히 읽어야 한다.

대북 정책

북한 정권의 지속 가능성, 북한의 경제 능력 등 북한에 대한 객관적 평가와 통일 가능성에 대한 장기적 조망 없이 단기적이고 이념·감성에 치우친 대북 정책을 추진함으로써 정부 교체 시마다 정반대의 대북 접근 방식을 채택하는 양상이 반복돼 한반도 안보 구도는 더욱 불안정해지는 양상을 보이고 있다.

북한이 핵무장 국가화 이전과 이후를 구분해 대북 정책 방향이 명백히 전환돼야 함에도 불구하고 과거 대북 정책 패턴을 진보·보수 정당 모두 유지하고 있어 우리의 안보 상황이 개선되기는커녕 난관이 가중되는 형국이다.

대북 정책의 목표가 한반도 평화 유지, 남북 화해·협력, 통일 국가 지향 중에서 명백히 선택하지 못하고 이 3가지를 병합해 동시 추구하는 패턴을 보임으로써 정책과 그 성과에 혼선을 초래하는 경향을 보이고 있다. 현시점에서 냉철한 상황 진단을 한다면 남북한 통일 추진은 물론 화해·협력조차 가능하지 않을 상황에 봉착했다.

남북 간 대결 구도 위에 남방 3각과 북방 3각 안보협력 구도 간 대결이 중첩되는 상황에서 한반도에서 평화를 지켜내는 과제조차 힘겹게 된 것이 현실이다. 이러한 인식하에 이념·감성에 경도된 의욕적인 대북 정책을 추진하기보다는 남북 간에 불필요한 오해나 사소한 충돌이 전쟁으로 비화하지 않도록 상황 관리에 만전을 기해야 할 시점이다.

북한 완전한 비핵화는 당분간 실현 가능한 정책 옵션이 아님을 인식하고 북한 핵 위협으로부터 우리를 보호할 수 있는 모든 조치를 강구해야 할 때다.

따라서 북한의 군사적 위협에 대한 만반의 조치를 취해야 하나 동시에 이것이 안보 딜레마를 작동시키기에 한반도 안보 구도가 더 위험해지는 것을 방지하기 위한 대북 소통 창구는 계속 유지해야 한다. 북한에 대한 보다 전향적인 외교와 비핵화 외교 프로세스가 일단 재가동될 수 있도록 미국과 계속 전략적 소통과 외교적 노력을 하는 모습을 보여줄 필요가 있다.

한반도 주변 현재 정세를 감안할 때 당분간은 북한을 더는 같은 민족이나 통일 대상, 미수복 지역이라는 관념에서 탈피해 자국 국익을 지키기 위해 우리에게 직접적 안보 위협을 가할 수 있는 실체라는 인식을 가져야 한다. 이를 바탕으로 북한을 압도하는 자위력을 증강하면서 북한과는 당분간 상호 교류 없이 상호 간섭과 도발도 하지 않는 채 적대적 정상 국가 간 관계를 상정해 관리해 나가는 지혜가 필요하다.

이는 불필요한 마찰을 최소화하고 차가운 평화(Cold peace) 속에 상호 공존하는 방식을 말한다. 그리고 북한의 비정상적인 행동에 대해서는 국제 사회의 보편적 규범에 입각해 대응하도록 하며 북한이 국제 사회의 책임 있는 일원으로 행동하도록 촉구하고 유도해야 한다.

소다자 협력

날로 복잡다단해지는 국제 정세 속에서 각국은 각자도생의 길을 찾아가는 노력을 더해 나갈 것이다. 이에 따라 우리나라도 우리의 외교 안보를 보다 공고히 하기 위해 한미동맹이나 한·미·일 안보협력에만 단선적으로 의존할 것이 아니라 다른 보완 방안을 다각적으로 강구할 필요가 있다. 그리고 동북아 지역에서 첨예화하는 대결 구도를 완화하기 위한 완충 장치를 마련할 필요도 있다.

이런 맥락에서 우리와 전략적·지정학적 이해관계를 같이하는 역내 중견 국가들, 예를 들면 호주, 베트남, 인도네시아 등과도 소다자주의 안보협력체를 가동할 필요가 있다. 인도DHK 독일 등과도 전략적 협력 관계를 더욱 강화해야 한다. 동북아 지역에서 외교적 완충 장치로는 한·중·일 협력체를 다차원적으로 운영할 필요가 있고 동북아 안보협력 대화도 우리가 주도적으로 끌고 나갈 필요가 있다.

한국 주도의 전쟁 수행 체제 구축

정경영 한양대학교 국제대학원 교수

01 전시작전통제권 전환 : 문제의식과 전략 상황 인식

한미 국방부 간 2018년 10월 31일 합의한 '전시작전통제권 전환 이후 연합방위지침'에 의거, 한미 양국 군은 한국군 대장을 사령관으로 미군 대장을 부사령관으로 전시작전통제권 전환이 이뤄지는 미래연합사로 재편 중이다.[1]

국가 안보와 직결되는 전시작전통제권 전환을 역대 어느 정부도 완결하지 못하고 있다. 노무현 정부 시절 한미 국방부 장관 간에 2012년 4월 17일부로 전시작전통제권 전환에 합의했으나, 이명박 정부 시 버락 오바마 미국 대통령과 정상회담에서 2015년 12월 1일

---

1 정경영(2021), 《전작권 전환과 국가안보》(매봉)을 참조해 작성했다. 김호준(2018. 11. 1), "한미 국방장관 서명 '전작권 전환 이후 연합방위지침'", 〈연합뉴스〉.

로 전시작전통제권 전환을 연기하기로 했다.

박근혜 정부 시 한미 국방부 장관 간에 2014년 10월 조건에 의한 전시작전통제권 전환(COTP)을 추진하기로 합의했다. 또 문재인 대통령은 트럼프 대통령과 2017년 6월 30일 한미정상회담을 통해 조기 전시작전통제권 전환에 합의해 추진했음에도 불구하고 전시작전통제권 전환을 완료하지 못했다.

그 이유로 도널드 트럼프 대통령의 전략 자산을 전개한 연합훈련 중지와 코로나-19로 인한 한미 연합기동훈련이 축소돼 전시작전통제권 전환 2단계 완전운용능력시험을 제대로 실시하지 못했다. 또 대부대 전략 자산이 전개됐을 때 안정적 남북 관계에 악영향을 줄 것이라는 우려가 있었고, 전시작전통제권 전환을 군에 일임하고 정부가 주도적으로 추진하지 않은 점도 있었다.

미국 측도 한국군에게 전시작전통제권을 전환했을 때 지역 차원에서 도전과 도발 시 한국군을 통합 운용할 수 없는 상황이 전개될 수도 있을 것이라는 인식 등이 복합적으로 작용했던 것으로 판단된다.

왜 역대 대통령이 한미 정상 간에 전시작전통제권 전환 합의한 것을 이행하지 않고 연기, 조건에 의한 전시작전통제권 전환, 조기 전환 추진 등의 우여곡절이 있었을까. 전시작전통제권 전환이 지연되는 이유 중 하나가 증대된 북핵 위협이라고 하나 북한의 핵미사일 위협은 1990년대부터 30년이 넘는 안보 도전이다. 문제는 우리나라를 우리가 지킨다는 의지가 있으며, 국가 안보 전략이 있는 나라인가 하는 문제로 귀결된다.

2021년 8월 탈레반이 아프간 카불을 점령했을 때 미국 조 바이든 대통령은 미군을 철수하면서 "스스로를 지킬 의지가 없는 아프간 정부군을 대신해서 싸울 명분도 이유도 없다"는 메시지[2]를 새겨들어야 한다. "한국군은 북한군이 상대할 대상이 못 된다"[3]는 북한의 인식과 남북한 정치·군사 협상에서 동등한 발언권을 행사하지 못하는 이유도, 북한이 한국을 무시하고 미국과 직거래하는 가장 큰 이유도 미군이 전시작전통제권을 행사하기 때문임을 직시할 필요가 있다.

트럼프가 미국 대통령에 재선돼 주한미군 감축이나 철수 상황이 발생하고, 대만 전쟁이 발발해 미군이 개입하는 상황에서 북한의 침공이 있을 경우 우리 스스로 방어할 수밖에 없는 상황이 예상된다고 미국 전문가들은 지적한다.[4] 우리 스스로 전쟁을 주도적으로 수행할 수 있는 시스템을 구축해놓지 않으면 국가 존망의 최대의 위기에 직면할 것이다.

이러한 문제의식과 전략 인식하에 전시작전통제권 전환의 목적과 의미를 살펴보고, 한미연합방위의 현 실태를 평가하고자 한다. 이어서 전시작전통제권 전환을 둘러싸고 쟁점과 그 해법에 대해 논의하고자 한다. 전시작전통제권 전환을 추진해왔던 성과와 한계를 검토하면서 패러다임의 전환을 제시하고, 마지막으로 전시작전통제권 전환 전략 기조와 국민·정부·군·동맹 4차원에서 전쟁 수행

2   The New York Times(2021. 8. 31), "Transcript of Biden's Speech on the U.S. Withdrawal From Afghanistan".

3   Bob Woodward(2019), Rage, New York: Shimon & Shooter, p.173. 김정은의 2019년 8월 5일자 트럼프 대통령에게 보낸 서한, "South Korea' military is no match against our military".

4   함지하(2014. 1. 20), "타이완 전쟁 시 한국 스스로 방어해야", VOA.

체제 구축 방향을 제안하고자 한다.

02 전시작전통제권 전환의 목적과 의미

전시작전통제권 전환의 목적은 과도하게 동맹에 의존하는 안보로부터 한국이 주도적으로 대한민국의 주권과 영토를 수호하고 국민의 생명을 지키며, 전략·전술에 능한 강력한 군대를 육성해 전쟁을 억제하고 유사시 군사 작전에서 승리, 자유 통일 한국을 실현하는 데 있다.

전시작전통제권 전환의 의미는 다음과 같다.

① 한국군의 국방의 정체성을 회복하고, 군사력을 운용할 수 있는 권한을 복원하게 된다.

② 한국 주도 신연합 방위 체제하에서 주인의식을 갖고 이 나라를 똑바로 지킨다.

③ 이제 드디어 우리도 주도적으로 이 나라를 지키게 됐다는 국민적 자존감과 안보 의식을 고취하는 결정적인 계기가 된다.

④ 유사시 한국 주도 전쟁 시 중국의 개입 명분을 차단해 통일전역 작전에서 승리할 수 있다.

⑤ 우리 군이 싸워 이길 수 있는 강력한 군대를 육성하는 데 전력투구할 수 있게 되며, 이때 군의 사기와 자긍심을 고취할 수 있고 국민의 신뢰받는 군으로 거듭나게 된다.

⑥ 우리 영해에서 초계 임무를 수행했던 천안함이 피격되는 상황에서 응징을 못 하는 무기력한 군대이거나 연평도 포격 도발 시

우리 영토가 유린당하는 상황에서도 비례성의 원칙인 정전 시 교전 규칙에 규제돼 출격했던 전투기가 응징 보복을 못 하는 사태가 더 는 없게 된다.

⑦ 전시작전통제권 전환은 한반도의 작전 지역과 군사 전략에 부합하는 교리를 발전시키고, 한국군에 맞는 무기 개발로 싸워 이길 수 있는 군대를 육성하게 된다.

⑧ 방위 산업을 진흥시켜 일자리 창출과 방산 수출로 국익 증진에 기여하게 된다.

⑨ 전시작전통제권 전환으로 외교의 자율성을 통해 국제 무대에서 지평을 넓힐 수 있는 계기가 된다.

⑩ 전시작전통제권 전환을 통해 자립 안보를 실현함으로써 자유 민주 선진국이자 디지털 선도국이며, 소프트파워 문화 강국에 이어 군사 강국으로 한국의 위상이 격상된다는 의미가 있다.

03 한미연합방위의 현 실태와 동맹 관계

교리상에 작전통제권은 작전 계획, 명령상의 특정 임무나 과업을 수행하기 위해 행사하는 제한적·일시적 권한으로서 다국적군 간에 전투 편성을 하고, 작전 목표를 부여하는 권한을 지칭한다.[5] 그러나 한미연합사가 행사하는 작전통제권은 이를 뛰어넘는다. 한국전쟁 직후 국군에 대한 지휘권을 유엔군 사령관에게 이양한 후 작전

---

5   문화체육관광부(2024. 2. 7), 대한민국 정책 브리핑 "전시작전통제권(전작권) 전환".

통제권을 행사해오던 유엔사는 정전협정 관리 임무를 수행하고 작전통제권을 1978년 11월 7일 창설한 연합사로 이양했다.

1994년 12월 1일 연합사에서 평시 작전통제권을 합동참모본부로 이양했을 때 평시에 부대 이동, 경계 임무, 초계 활동, 합동 전술 훈련, 군사 대비 태세를 전환했고, 전시작통권을 행사하는 연합사에 위기 관리, 조기 경보, 작전 계획 발전과 연합 훈련, 상호운용성 등 연합권한위임(CODA) 사항을 행사하도록 했다.

평시에도 전쟁 억제와 유사시에 대비해 싸워 이길 수 있는 한미연합군을 육성하며, 전시에 국가 존망이 걸려 있는 전쟁 수행 주체가 미군 사령관이 지휘하는 연합사라는 것이다.

합참의장이 한국군을 작전 통제해 국지 도발 작전을 수행하나 정전 시 교전 규칙에 의해 군사력 운용에 제한을 받고 있고, 긴장이 고조돼 방어준비태세(DEFCON)가 격상되면 한국군에 대한 작전통제권이 한미연합사령관으로 전환된다. 전·평시 지휘 체제가 이원화돼 있는 구조이기 때문이다.

평시 작전통제권이 이양된 지 30년이 지났는데도 이러한 체제가 지속되고 있다. 이는 지극히 비정상이다. 남북한 대비 국력에서 압도적으로 우위에 있고 군사력 평가에서도 절대적 우위에 있는 한국[6]임에도 불구하고, 한국이 국군에 대한 전시작전통제권을 행사할 수 없다는 것은 당당하지도 떳떳하지도 못하다.

주권 독립 국가가 작전통제권을 외국군 사령관에게 위임한 나

---

6 세계 각국의 군사력 랭킹에서 한국이 5위, 북한이 36위다. Global Firepower(2024), "2024 Military Strength Ranking".

구분	한국	북한	비율
GDP	1조 7,848억 달러(13위)	480억 달러(101위)	37 : 1
GNI	3만 2,886달러	1,800달러	18 : 1
무역	1조 2,754억 달러 (수출 6,327억 달러, 수입 6,427억 달러)	32억 5,000만 달러 (수출 1억 6,000만 달러, 수입 14억 3,000만 달러)	392 : 1
인구	5,162만 명	2,566만 명	2 : 1
군병력	50만 명 (육군 36.5만, 해군 7.0만, 공군 6.5만)	128만 명 (육군 110만, 해군 6만, 공군 11만, 전략군 1만)	1 : 2.6
국방비	446억 달러	16억 달러	28 : 1
군사력 순위	5위	36위	Global Firepower

자료 : Central Intelligence Agency(2023), The CIA World Factbook 2023~2024, Washington, D.C: Skyhorse Publishing, p.464 ; 국방부(2023), 《2022 국방백서》, p.290 ; 2024년 한국의 국방비 59조 4,000억 원 ; Global Firepower(2024), "2024 Military Strength Ranking"

라는 세계 어디에도 없다. 미·일 동맹의 경우, 병렬형 지휘 체제로 일본이 독자적으로 작전통제권을 행사하나 한미동맹 못지않다. NATO도 회원국의 30% 전력만 NATO 사령관에게 작전통제권을 위임하고 주력은 자국군이 행사한다. 작전통제권을 한국군이 행사할 수 있도록 원상으로 되돌려놓아야 한다.

04 전시작전통제권 전환 쟁점과 해법

이러한 전시작전통제권 전환의 장중한 목적과 의미가 있음에도 전시작전통제권 전환을 둘러싸고 의혹과 논란이 그치질 않아왔다. 북한 위협을 관리할 수 있는 한국군인가에 대한 불안과 대한민국이 자국군에 대한 작전통제권을 행사하는 것은 당연하다는 군사 주권이 대립한다.

아프간전쟁에서 미군의 철수와 러시아-우크라이나 전쟁을 직시할 때 전시작전통제권 전환은 미국의 안보 공약을 약화, 주한미군의 철수로 이어지는 것이 아닌가 하는 우려, 핵무기 없는 한국군이 어떻게 핵을 보유한 북한군과 상대할 수 있다는 것인가, 미국 군부의 반발과 유엔사 활성화의 의도는 무엇인가, 미군은 외국군 작전통제를 받은 적이 없다는 퍼싱 원칙의 주장 등이다.

① 전시작전통제권 전환 문제를 거론할 때 흔히 제기되는 2가지 대립하는 주장이 존재한다. 한쪽에서는 북한발 군사 안보적 위협에 대응할 수 있는 우리 군인가에 대한 불안과 불신이 존재하고, 다른 한쪽에서는 주권 국가로서 대한민국이 자국군에 대한 작전통제권을 행사하는 것은 당연하다는 국가 주권 논리가 팽팽하게 대립하는 형국이다.

군이 똑바로 나라를 지키고, 싸워 이길 수 있는 강력한 군이 존재해야 한다. 또 우리 군이 군사력 운용의 권한을 회복해 군이 제역할을 수행할 수 있는 한국 주도의 신연합 방위 체제의 구축이 절실하다. 미군은 세계 어느 동맹군 못지않게 한국군을 존중하고 작전 능력을 신뢰한다. 문제는 우리 군에게 군사 전략과 작전 계획을 발전시키고 전쟁을 지휘할 수 있는 권한과 기회가 제한받기 때문이다. 그러나 이러한 권한을 미군 측이 넘겨주겠다는 것이 아닌가.

② 핵무기 없는 한국군이 어떻게 핵을 보유한 북한군과 상대할 수 있는가에 대한 논란이다. 전시작전통제권을 전환의 당위성에 대해서 이의는 없으나 왜 하필이면 핵미사일 위협이 엄중한 상황에서 무리하게 전시작전통제권 전환을 추진하는가에 대한 비판이다.

우리 군이 중점적으로 추진하는 전력 증강 분야는 북한의 핵은 물론 미사일 위협에 대처할 수 있도록 한국형 3축 체계를 구축하고 있다. 북 핵미사일 발사 징후를 탐지해 선제 타격하는 킬 체인(Kill-chain), 발사된 핵미사일을 공중에서 요격하는 한국형 미사일 방어(KAMD), 전쟁지휘본부 등 핵심 전략 표적을 대량 응징 보복하는 한국형 대량응징보복(KMPR) 전략이다.

이명박 정부 때부터 이를 추진해왔으며, 2022년 12월 발표한 '2023~2027 국방중기계획'에 따라 향후 5년간 필요한 재원은 총 331.4조 원으로 연평균 증가율이 6.8%이며, 방위력 개선비는 107.4조 원, 연평균 증가율은 10.5%에 달하며 이 중 상당수 예산을 3축 체계 전력 증강에 집중 운용하고 있다.[7]

동시에 2021년 12월 한미 SCM 시 전략기획지침(Strategic Planning Guidance)과 2022년 4월 한미 합참의장 간 전략기획지시(Strategic Planning Directive)를 한미연합사에 하달해 연합사는 북 핵미사일 위협에 대처할 수 있는 작전 계획을 발전시키고 있다.

---

7   국방부(2022. 12. 28), 대한민국 정책 브리핑 "'2023~2027 국방중기계획' 향후 5년간 331조 4천억 투입".

한미는 2023년 4월 26일 워싱턴 선언[8]을 통해 북핵 위협에 대해서는 보다 강화된 확장 억제를 추진하고 있다. 핵 정보 공유, 핵협의그룹(NCG) 운영, 재래식 전력과 핵전력 융합 계획 발전, 전략 핵잠수함의 주기적 전개, 창설될 한국 전략사−연합사−미 전략사 간 협조 체제 구축 등을 통해 핵 위협에 대처하고 있다. 이처럼 한미연합군은 전시작전통제권 전환과 무관하게 북 핵미사일 위협에 대응하고 있다.

③ 전시작전통제권 전환이 미국의 한반도 안보 공약 약화를 초래해 주한미군을 철수하는 화근이 될 것이라는 우려와 미국의 국가 이익과 미·중 패권 경쟁에서 주한미군은 철수하지 않을 것이라는 주장이 맞서고 있다.

2021년 8월 아프간에서 미군의 전격적인 철수를 했던 것처럼 주한미군에게도 들이닥칠 것이 아닌가에 대한 우려. 아프간 미군 철수와 달리 바이든 대통령은 "유럽과 한반도에서 미군을 철수할 의사가 전혀 없다"라면서 "최빈국이자 미개발국인 아프간과 세계 10대 경제 강국이자 6위 군사력을 보유하고 있는 민주 국가로 방위조약을 맺고 있는 한국과는 확연히 차이가 난다"는 메시지[9]가 함의하는 바가 크다.

또 북한 위협뿐 아니라 미·중 패권 경쟁하에서 중국과 러시아의 위협에 대처하기 위한 주한미군의 전략적 중요성은 더욱 증대됨에 따라 미군 철수 가능성은 적다.

---

8   이준서(2023. 4. 27), "尹−바이든 대통령 '워싱턴 선언'(Washington Declaration)", 〈연합뉴스〉.

9   *Voice of America*(2021. 8. 20), "How the Afghanistan Withdrawal Looks from South Korea, America's Other 'Forever War'".

④ 전시작전통제권 전환을 미군의 한국군에 대한 레버리지 상실로 판단, 미국 군부가 반발하는 것이 아닌가 하는 의혹이다. 중국의 위협이 더욱 증대된 상황에서 한국군을 마음대로 통제할 수 없으므로 전시작전통제권 전환을 꺼려 하는 것이 아닌가 하는 의문이다.

그러나 전시작전통제권을 넘겨주면 오히려 전력이 막강한 한국군이 상당 부분 북한 위협을 관리하기 때문에 주한미군의 전략적 유연성을 발휘할 수 있다. 유사시 한국군이 주도해 작전하므로 미군 전투력 손실을 최소화할 수 있다. 또 한미상호방위조약 제3조 태평양 지역의 위협에 공동 대처한다는 기본 합의는 그대로 존중된다. 한미 양국의 안보와 가치에 도전하는 세력이 중국이든 러시아든 한미동맹군은 공동 대처한다는 기본정신은 변함이 없다.

한편 유엔사를 활성화하는 의도에 대한 의혹이다. 한국군 대장이 지휘하는 미래연합사는 정치적으로 추진하고 실제는 유엔사를 강화해 전시에 대비하는 것이 아닌가 하는 의구심이다.

이는 전시작전통제권 전환에 한미가 합의한 것을 무시하는 것으로 상대적으로 협소한 한반도 전구 작전에서 2개의 전쟁지휘사령부가 존재한다는 것은 있을 수 없고, 전시 대비 전쟁계획을 발전시키지 않고 훈련하지 않은 유엔사가 전쟁을 지휘할 수 없다는 것은 분명하다. 유엔사는 정전 시 정전협정을 관리하고 전시 전력 제공의 임무를 수행하면 된다.

⑤ 미군이 외국군의 작전 통제를 받은 사례가 없다는 퍼싱 원칙의 오류다. 미군은 한 번도 외국군 작전 통제하에 전쟁이나 작전을 치러본 적이 없다는 퍼싱 원칙을 내세워 한국군 통제를 받는 전시

작전통제권 전환을 추진하지 않을 것이라고 주장한다. 이는 한미 간 합의한 '전시작전통제권 전환에 따른 한미 연합지침'을 전면으로 부정하는 것이다.

미군이 외국군 사령관 작전 통제를 받은 사례가 없었다는 것은 다음과 같은 3가지 사례에서 오류다.[10]

① 1차 세계대전 중 1918년 후반기에 프랑스 마른 전투에서 존 퍼싱 미군 사령관이 이끄는 120만 명의 미군 병력과 상대적으로 미군보다 규모가 적은 페탱이 이끄는 프랑스군, 더글러스 헤이그 원수가 이끄는 영국군으로 구성된 연합군이 참전해 독일의 에리히 루덴도르프 장군이 지휘하는 독일군과 맞서 싸웠다. 이때 프랑스의 페르디낭 포슈 원수가 연합군사령관으로 미국·영국·프랑스 군대를 작전 통제해 1차 세계대전을 승리로 이끌었다.[11]

② 2005년 유엔에서 채택한 자국민 보호책임(R2P)에 따라 유엔 안전보장이사회에서 2011년 3월 19일 리비아 카다피에 대해 군사 제재 결의안이 통과돼 미국을 포함한 나토군이 카다피 제거 작전에 참여하게 됐다. 미군은 투입 전력이 나토 회원 참전국 전체 전력보다 3배 이상이었음에도 식민지 통치를 했던 현지 사정에 밝은 이탈리아에 작전통제권을 위임, 작전을 실시해 2011년 10월 20일 카다피 제거 작전을 성공적으로 종료했다.[12]

---

10 정경영(2017. 10. 19), "전시작전통제권 조기 전환 추진전략," 제34차 세종국가전략포럼 '평화와 번영의 한반도를 위한 문재인 정부의 국가전략', 세종연구소.

11 육군사관학교 전사학과(2007), 《세계 전쟁사》, 황금알, pp.240~250 ; B. H. Liddell Hart(1991), *Strategy*, New York: The Penguin Group, p.190.

12 "Responsibility to Protect", Wikipedia.

③ 베트남전쟁에 파병된 한국군은 독자적인 작전 통제를 수행해 미군 못지않은 전투를 수행했다. 2007년 을지프리덤가디안(UFG) 연습 제2부에서 연합사 부사령관에게 연합사령관 임무를 부여해 전쟁 지휘를 한 결과 미군 사령관 못지않았다는 평가를 받았으며,[13] 2022년 8월 자유의 방패 연습 시에는 워게임을 연합사 부사령관이 연합사령관으로서 한미연합군을 지휘했다.

한편 전쟁 경험도 없는 한국군 장군 지휘를 어떻게 미군이 받을 수 있을 것인가에 대한 의문에 대해 빈센트 브룩스 전 주한미군 사령관은 2018년 2월 14일 미국 하원 군사위원회의 증언을 통해 "미군 장군이 미래 연합사령부의 부사령관 역할로 조정되나 여전히 유엔군 사령관과 주한미군 사령관 직위가 존속되며, 주한미군은 미국 국가 통수권하에 있게 된다"고 발언했다.[14]

05 기존 정책의 성과·한계와 패러다임의 전환

북한의 핵미사일 위협이 고조되는 안보 환경 등을 고려해 2014년 4월 한미 정상은 전시작전통제권 전환 시기와 조건을 재검토하기로 발표했다. 2014년 10월 한미 국방부 장관은 전시작전통제권 전환의 안정적 추진을 위해 기존 시기에 기초한 전환 방식을 조건에 기초한 전시작전통제권 전환에 합의했다.

---

13 김병관 전 연합사 부사령관과의 인터뷰(2007. 10. 7), "전작권 전환 대비 연합사령관 역할 연습".

14 Vincent K. Brooks(2018. 2. 14), "Testimony Before the House Armed Services Committee", pp.11~12.

조건에 기초한 전시작전통제권 선환은 소선 ① 신연합방위를 주도할 수 있는 한국의 핵심 전력 확보, 조건 ② 북핵·미사일 위협에 대응하는 연합 전력 구비, 조건 ③ 한반도 안보 환경 개선 등 3대 조건과 한국군 주도의 연합사 전쟁 수행 능력을 검증 평가하기 위해 검증 1단계 기본 운용 능력(IOC), 2단계 완전 운용 능력(FOC), 3단계 완전 임무 수행 능력(FMC)을 추진하고 있다.

3대 조건 중 조건 ①과 ②는 상당 수준 충족됐으나 안보 환경은 더욱 악화됐다. 2019년 8월 문재인 정부에서 1단계인 기본 운용 능력 평가를, 윤석열 정부 출범 후에도 2022년 8월 '자유의 방패 연습' 시 2단계 완전 운용 능력을 평가했고 3단계 완전 임무 수행 능력 검증을 앞두고 있다.

문제는 연합사를 존속시킨 상황에서 전시작전통제권을 추진하기로 합의했음에도 불구하고, 2014년 연합사 해체를 전제로 합의한 까다로운 조건에 기초한 전시작전통제권 전환을 계속 추구하는가에 대한 의문점이다.

전시작전통제권 전환은 국가 안보 차원에서 접근한다는 패러다임의 전환이 필요하다. 새롭게 전시작전통제권 전환의 전략 기조를 세우고, 국민·정부·군·동맹 차원에서 전시작전통제권 전환 추진 전략을 수립해 전시작전통제권 전환이 이뤄지도록 해야 할 것이다.

06 한국 주도의 전쟁 수행 체제 구축 방향

신장된 국력, 격상된 위상, 국민적 자존감을 바탕으로 국방의 정체성과 군사력 운용의 자율권을 회복해 주권과 영토를 수호하고 국민의 생명과 재산을 지키며, 싸워 승리하는 막강한 군대 육성을 위해 국군에 대한 작전통제권을 행사한다는 패러다임의 전환이 필요하다.

전시작전통제권 전환은 국가 안보를 확실하게 하는 것으로 국민·정부·군·동맹 4차원에서 추진한다. 전시작전통제권 전환에 대한 공감대 확산을 위해 전략적 소통을 활성화하고, 연합사 해체를 전제로 발전시켰던 전시작전통제권 전환 조건을 연합사를 존속시킨 상태에서 지휘부만 조정하는 전시작전통제권 전환으로 추진되고 있으므로 조건을 재설정해 추진한다.

동맹의 정신을 존중하면서 전시작전통제권 전환을 추진한다. 평화를 원하면 전쟁에 대비하라는 인식으로 전시작전통제권 전환을 추진한다.

국민

국민·정부·군·동맹 차원에서 전시작전통제권 전환 추진 전략을 살펴보고자 한다. 국민 차원의 전시작전통제권 전환은 이 땅의 주인인 우리 국민이 조국 강토를 지키며, 자유민주주의를 수호한다는 가치 안보를 진작시켜 나간다.

정부

정부 차원에서는 국가안보회의(NSC) 기능을 강화하고, 국가급 차원 전쟁 지도 체제 확립을 통해 국가 안보 역량을 강화한다. 국가 안위와 국민 안전에 심대한 위기가 발생할 때 대통령이 즉각적으로

회의를 주관해 대치하고, 국내외 안보 정세에 대한 지속적 평가와 대응을 위해 대통령 주관 격월제 국가안전보장회의와 국가안보실장이 주관하는 월간 상임위원회회의를 정례화하고, 사안별로 유관 부서 장관과 전문가를 참석시켜 국가 안전 보장에 관련되는 안보정책회의를 내실 있게 추진한다.[15]

군 통수권자인 대통령은 분기별 국방혁신위원회 보고와 함께 전시작전통제권 추진 점검 회의를 주관한다. 국회 국방위·외교통일위원장, 외교·행정안전부 장관, 군 수뇌부, 안보 전문가 등이 참석해 전시작전통제권 전환 추진 실태를 점검하고, 전시작전통제권 전환 이후 안보 전략을 구상한다.

을지 자유의 방패 훈련 등을 통해서 싸워 이길 수 있는 전쟁 지도 체제를 구축한다. 전쟁할 수 있는 나라를 만든다는 것은 전쟁을 예방하는 전략일 뿐 아니라 전쟁에서 승리할 수 있는 방략이다. 국민 통합이 안 되고 평화 만능주의에 빠져 있을 때 외부의 적은 여지없이 쳐들어왔다.

1592년부터 1597년까지 임진왜란을 통해서 국방의 중요성을 사무치도록 체험했으나, 조선은 국방을 외면하고 사색당파에 빠지자 1636~1637년 병자호란을 겪었다. 동학란이 발생해 이를 스스로 진압하지 못하고 외세를 끌어들여 1894년 청일전쟁이 일어났다. 해방 후 좌우 극심한 대립과 내분으로 분열되자 1950년 6월 북한군이 쳐들어왔다.

---

15 박영욱·정진·정경영·최광필·정주호·함상완·이성희(2017. 5), 〈새정부의 국가 안보 컨트롤타워 설계 제안〉, 민주연구원.

전쟁 지도란 평화 시 전쟁을 억제하고 유사시 승리하기 위해 통수권을 행사하는 것으로 국가전략과 군사전략을 통합, 조정, 통제해 국가 총역량을 조직화하는 지도역량이다.[16]

국가 통수권은 대통령이 행사하며, 국방부 장관의 보좌를 받아 평시에는 합참의장에게, 전시에는 한미 안보협의회의와 군사위원회를 통해서 연합사령관에게 전략 지시를 하달해 군사 작전을 지도한다. 또 민간 방위 책임 기구로서 국무총리를 중심으로 행정안전부 등 국가 행정 기관을 통합해 전시 국민을 통제한다. 산업 동원 책임 기구는 경제부총리를 중심으로 경제 관련 부처를 총괄해 전쟁에 대한 경제적 지원을 한다.

전쟁 수행 시기별로 개전기, 전쟁 수행기, 전쟁 종결기로 분류해 살펴보자. 개전기에 전쟁 지도 기구를 설치·운용하고 전쟁 목적·목표를 설정하며 국민 지지를 획득한다. 전쟁 자원을 확보하며 군사 목표를 선정하고 미국 증원 전력을 협조하며 국제 사회의 지지와 지원을 확보한다.

전쟁 수행기에는 적의 전략과 작전적 중심을 무력화하고, 제3국 개입을 차단하며, 국경선을 확보한다. 전쟁 종결기에는 종전 방법과 전후 처리, 종전 시기를 결정하고, 자유민주 통일 정부 완성을 목표로 전쟁을 지도한다. 이러한 시스템이 작동되도록 을지 자유의 방패 훈련 등을 통해 전쟁 지도 체제를 구축한다.[17]

---

16 하정열(2010. 9), 〈대통령의 전쟁지도 개념 검토〉, 한국전략문제연구소.

17 Chung Kyung-young(2013. 9. 30), "The Year 2015 or After: Transition of Wartime Operational Control, Self-esteem of the Republic of Korea, and Trust-building Process", *Issue Briefing*, No. MASI 2013-03, East Asia Institute.

국방비 GDP 대비 3%를 책정한다. 북핵 미사일 위협이 고도화되고 주변국의 불특정 위협에 대처하며, 미국의 대외 국방 정책과 군사력 운용 변화에 대비하기 위해서는 독자적인 방위 역량을 구축하는 것이 긴요하다. 정권을 초월한 안정적인 국방비 보장이 필수적이다.

국방비는 국가의 생사 존망을 가름하는 절대적 개념으로 국민 전체를 수혜자로 하는 공공재임을 재인식해야 한다. 자주국방과 방위 역량 확충을 위한 국방혁신은 선택이 아닌 필수다.[18] 이를 위해 재정적 지원이 필요하다.

군

군 차원에서는 공세 전략을 발전시키고, 전략사령부 창설을 조기 추진하며, 전쟁 지휘·정보 판단·작전 기획·작전 지속 등 전쟁 수행 능력을 제고하고 사이버전, 우주전, 전자전, 정보전 수행 능력 배양은 물론 과학기술군을 육성한다.

전시작전통제권 전환 이후 전시작전통제권 전환의 완전성을 보장하고, 상부 구조를 슬림화·최적화하기 위해서 상부 지휘 구조를 개편해 합동군사령부를 창설한다. 현재는 합참의장과 연합사령관이 국적이 달라서 부득이 전·평시 작전통제권을 이원화돼 있지만, 전시작전통제권이 전환된 이후에는 서로 다른 한국군 대장 두 사람이 전·평시 작전통제권을 나눠 행사하는 것은 군사적으로 비효

---

18 전제국(2017), "국방비 소요 전망과 확보 대책", 《새 정부의 국방정책 방향》, 한국전략문제연구소, p.138.

율적이며, 상부 구조의 비대화는 물론 기능이 중복된다.

따라서 평시에는 합동군 사령관인 한국군 대장이 평작권을 행사하고 전시에는 동일한 인물이 미래연합사령관 자격으로 전시작전통제권을 행사하도록 전·평시 지휘권을 일원화한다.

그렇게 되면 합동참모본부는 군령 보좌, 군사 외교, 군사 전략 수립, 군사력 건설 등 합동참모본부 고유의 기능을 충실히 수행하면서 미래연합사에 전략 지시와 작전 지침을 하달하는 한미군사위원회(MC) 기능을 온전히 수행하고, 합동군사령부 겸 미래연합사령부는 전·평시 한국군과 한미연합군에 대한 작전 지휘에 전념함으로써 지휘 통제의 효율성을 극대화할 수 있다.[19]

전략사령부를 창설해 육군미사일전략사령부, 공군미사일방어사령부, 적지종심특임여단, 미국 육군 전술 미사일 시스템(ATACMS)과 아파치헬기 대대, 잠수함, 구축함, F35 스텔스 전력 등으로 구성해 북한의 핵미사일 위협은 물론 주변국 위협에 동시 대비할 수 있을 것이다.

동맹

동맹 차원에서는 미래연합사와 구성군사 지휘 구조 개편과 합동참모본부·미래연합사·유엔사·주한미군사 간 전·평시 상호 관계와 역할을 정립한다. 초기에는 합동참모본부가 한미통수기구, 한미안보협의회의와 군사위원회를 통해 미래연합사에, 합동군사령부가

---

19 심동현(2021. 11. 17), "안보 분야 국정성과와 과제", '문재인 정부 5년 성과와 과제, 평화와 번영의 한반도' 국회 연속 토론회.

장설됐을 때는 합동군 사령관 겸 연합사령관에게 전략 지침과 작전 지시를 하달한다. 동시에 평시에 국지 도발 작전 수행 최고사령부 역할을 수행한다.

미래연합사는 전쟁계획을 발전시키고 연합 훈련을 실시하며, 유사시 한반도 전구 작전을 지휘한다. 유엔사는 정전 시 정전 협정을 이행 감시하고 유사시 전력 제공을 하면서 유엔사의 일원으로 전개되는 전투부대는 미래연합사에 전술 통제(TACON)로 전환, 단일 지휘 체제로 전쟁을 수행한다. 주한미군사는 평시 전비 태세를 유지하고, 전시 미증원 전력과 함께 미래연합사 작전 통제하에 전시 임무를 수행한다.

07 전시작전통제권 전환을 통한 한국 주도의 안보 태세

전시작전통제권이 전환되는 날, 동맹에 과도하게 의존하는 안보로부터 우리가 주도적으로 대한민국과 자유민주주의를 수호하게 될 것이다. 구한말 일본 제국주의에 의해 군대가 강제 해산된 이후 110여 년 만에 명실상부한 군대다운 군대를 보유한 온전한 나라가 될 것이다.

한국군은 군의 본분을 다하면서 나라를 똑바로 지키고, 야지를 포효하는 전략 전술에 능한 강력한 군을 육성해 전쟁을 억제하고, 유사시 군사 작전의 승리를 통해서 통일의 성업을 이뤄낼 것이다. 북한은 한국군을 당당하면서 담대한 군으로 인식, 감히 한국을 향해 도전해오지 못할 것이다. 도발을 자행한다면 즉각적으로 응징

보복할 것이다.

한미 동맹 관계는 보다 성숙한 동맹으로 거듭날 것이다. 한국은 민주 선진국, 디지털 선도국, 소프트파워 문화 강국에 이어 군사 강국으로서 대한민국 수호와 자유주의 국제 질서 유지에 기여하는 나라로 우뚝 설 것이다.[20]

---

20 Chung Kyung-young(2020), South Korea: The Korean War, Armistice Structure, and A Peace Regime, Berlin: Lambert Academic Publishing ; 정경영(2021), 《전작권 전환과 국가안보》, 매봉, p.192.

한반도 핵 균형을 통한
신평화 안보 전략

정성장 세종연구소 한반도전략센터장

01 왜 한반도 신평화 안보 전략이 필요한가?

한국의 역대 정부들은 노태우 정부 시기부터 북한 또는 한반도의 비핵화를 불변의 대북 정책 목표로 추구해왔다. 그런데 북한은 이미 2017년에 수소폭탄 실험과 미국 본토를 타격할 수 있는 대륙간탄도미사일(ICBM) 시험 발사에 성공했다. 현재는 전술 핵무기를 전방에까지 실전 배치하고 있고, 핵무기를 기하급수적으로 양산하겠다는 입장이다.

게다가 북한은 2023년 9월 26일부터 27일까지 최고인민회의 제 14기 제9차 회의를 개최해 핵 무력 강화 정책 기조를 헌법에까지 명문화했다. 이 회의에서 김정은 북한 노동당 총비서는 "우리 공화국이 사회주의국가로 존재하는 한, 자주와 사회주의를 말살하려는 제국주의자들의 폭제의 핵이 지구상에 존재하는 한 핵보유국의 현

지위를 절대로 변경시켜서도, 양보해서도 안 되며 오히려 핵 무력을 지속적으로 더욱 강화해 나가야 한다는 것이 우리 당과 정부가 내린 엄정한 전략적 판단"이라고 주장했다.[1]

이처럼 북한이 절대로 핵을 포기하지 않겠다고 하는 상황에서 한반도 비핵화와 평화 체제 구축을 연계해 병행 추진하려는 기존의 평화 전략은 실패로 귀결될 수밖에 없다. 문재인 대통령은 비핵·평화 실현을 위해 2018년에 김정은 위원장과 3차례나 남북정상회담을 개최했고, 북미정상회담 성사에 상당히 큰 기여를 했다. 그런데도 문재인 대통령은 김정은 위원장으로부터 "오지랖 넓은 중재자, 촉진자 행세"를 그만두라는 비판을 들어야 했다.[2]

그리고 2018년과 2019년에 김정은 위원장과 트럼프 대통령이 3차례나 만났음에도 불구하고 북·미는 비핵화의 초기 단계나 로드맵에도 합의하지 못했다. 이후 북한은 2019년 말부터 미국과의 협상 중단을 선언하고 핵과 미사일 능력의 고도화를 다시 추구하고 있다.

북한이 2018년에 남한과 미국과의 대화에 나섰던 것은 2017년의 제3차 ICBM 시험 발사 이후 국제 사회의 초강력 제재로 매우 심각한 국제적 고립에 직면했기 때문이다. 그런데 2018년 평창 동계올림픽 이후 북한은 중국·러시아와도 정상회담을 개최하면서 외교적 전면 고립 상태에서 벗어났다. 2023년 9월에는 제2차 김정은−푸틴

---

1 〈로동신문〉(2023. 9. 28).

2 김정은(2019. 4. 13), "현 단계에서의 사회주의 건설과 공화국 정부의 대내외정책에 대해−조선민주주의인민공화국 최고인민회의 제14기 제1차 회의에서 한 시정연설. 주체 108(2019)년 4월 12일", 〈로동신문〉.

정상회담을 통해 북·러 양국의 전면적 협력과 군사 분야 협력 확대에 합의했다.

이처럼 북한의 대외 환경이 현저하게 개선된 상황에서 한국의 더불어민주당이 재집권하고, 김정은 위원장과의 대화에 적극적인 트럼프 전 대통령이 대선에서 재선된다고 해도 북한 비핵화 협상의 진전을 기대하기는 어렵게 됐다. 북한이 2022년부터는 남한에 직접적인 위협이 되는 전술 핵무기의 전방 실전 배치까지 추진하고 있으므로 북한 비핵화보다 남북한 간의 힘의 균형 회복을 통한 전쟁 방지가 보다 시급하고 절실한 과제가 됐다.

이 같은 상황의 질적인 변화는 새로운 전략을 필요로 한다. 기존의 비핵·평화 전략이 더는 유효하지 않다면, 이제는 한반도의 비핵화가 아니라 남북 핵 균형을 통한 평화 실현이라는 새로운 전략으로 대전환할 필요가 있다. 물론 한국의 독자적 핵무장(핵 자강)을 통한 한반도 핵 균형 실현이 결코 쉽게 달성할 수 있는 목표는 아니지만, 북한의 비핵화를 통한 평화 실현보다는 상대적으로 덜 어려울 것이다.

한국에서 초기에 핵무장론을 주장한 전문가나 정치인은 대체로 극우 성향이었다. 이들의 핵무장론 1.0은 북한에 대해 매우 공격적이었다. 그러나 최근의 핵 자강론 2.0에는 보수·진보·중도 성향 전문가들이 고루 참여하고 있으며 자주국방, 한미동맹과 자주 외교의 조화, 한반도 평화를 지향하고 있다.[3] 그러므로 과거의 핵무장론을 보는 시각으로 현재의 새로운 핵 자강론을 바라보는 것은 적

---

3   김예진(2023. 9. 16), "'핵 자강'에 보혁 공감대… 한미원자력 협정 개정이 관건]", 〈세계일보〉.

절하지 않다.

02 북한의 대남 핵 위협 평가

과거에 북한은 그들의 핵 개발 목적이 미국의 핵전쟁 위협에 대응하기 위한 것이지 동족인 남한을 공격하기 위한 것이 아니라고 주장했다. 그러나 2022년부터 북한의 대남 핵미사일 위협은 더욱 노골화되고 매우 심각한 수준으로까지 올라가고 있다.

북한은 2022년 4월부터 전술 핵무기의 전방 실전 배치 의도를 드러냈고, 9월에는 대남 핵 선제 타격까지 정당화하는 핵 무력 정책 법령을 채택했다. 9월 25일부터 보름 동안 전술 핵무기 운용 부대들을 동원해 한국의 주요 군사 지휘 시설, 비행장들과 항구 등에 대한 타격 모의 훈련을 진행했다.

북한은 2022년 6월에는 한국의 동부 지역을, 2023년 4월에는 수도권을 포함한 한국의 서부 지역을 타깃으로 하는 작전 지도를 흐릿하게 공개했다. 만약 북한의 전술 핵무기가 용산 상공에서 터지면 대통령실과 국방부, 합동참모본부가 순식간에 지도상에서 사라질 정도의 피해를 입을 것으로 분석되고 있다. 북한의 핵 위협은 우리가 첨단 재래식 무기로 감당할 수 있는 수준을 이미 넘어서고 있다.

북한은 유사시 미국의 한반도 개입을 차단하기 위해 보다 효과적으로 미국 본토를 타격할 수 있는 ICBM 개발에도 매달리고 있다. 2022년에는 액체 연료 ICBM인 화성포-17형 시험 발사에 성공했고, 2023년에는 기습 발사가 가능한 고체 연료 ICBM인 화성 포-18형 시험 발사에서 중요한 진전을 보였다. 북한의 핵무기 보유량도 2030년에는 166발 이상으로,[4] 많게는 200발 정도까지[5] 증가할 것으로 전망된다.

03 한국의 핵 옵션

북한의 핵 위협에 대한 한국의 대응 방안으로는 ① 확장 억제 강화, ② 미국의 전술 핵무기 재배치, ③ 나토식 핵 공유, ④ 독자 핵무장의 4가지를 고려할 수 있다.

먼저 확장 억제(Extended deterrence)는 적국의 군사적 위협으로부터 동맹국을 보호하기 위해 강대국이 동맹국에 안전 보장을 제공하는 것을 의미한다. 따라서 확장 억제의 역학 관계는 확장 억제를 제공하는 강대국, 확장 억제를 제공 받는 강대국의 동맹국, 동맹국을 위협할 의지와 능력이 있는 적국 등 3가지 행위자를 포함하며, 적국이 동맹국의 국가 안보를 위협할 때, 강대국은 적국의 군사적 공격이나 강압을 막기 위해 자신이 보유한 억제 수단을 사용할 것임을 알림으로써 적국의 도발을 사전에 억제하는 것이 기본적인 메커니즘이다.[6]

---

4   박용한·이상규(2023. 1. 11), "북한의 핵탄두 수량 추계와 전망", 《동북아안보정세분석》.

5   브루스 W. 베넷·최강·고명현·브루스 E. 벡톨·박지영·브루스 클링너·차두현(2021), 《북핵 위협, 어떻게 대응할 것인가》, 랜드연구소·아산정책연구원.

6   함형필·이만석(2022), "한국의 재래식 전력의 한반도 억제태세 기여와 역할 : 확장억제 신뢰성

북한의 핵 위협에 맞서기 위해 미국의 전술 핵무기를 재배치해야 한다는 주장들이 한국과 미국의 일부 전문가들과 정치인들에 의해 제기되고 있는데, 미국이 한국에 배치할 수 있는 전술 핵무기가 충분하지 않다는 점이 이 같은 주장의 가장 큰 문제점이다.

그리고 미국의 전술 핵무기는 재배치할 수 있는 곳이 제한돼 북한의 군사적 공격에 취약하다는 한계가 있다. 미국은 1991년 러시아와 전략무기감축조약(START)을 체결한 후 전투기 탑재용 B61 전술 핵폭탄을 제외하곤 거의 모든 전술 핵무기를 폐기했다.

그러므로 미국이 만약 전술 핵무기를 재배치하려면 주한미군이 운용하는 2개의 주요 공군 기지인 오산 공군 기지(경기도 평택시 일대)와 군산 공군 기지에 배치해야 한다. 나토 핵 공유에 따라 B61 핵폭탄이 배치된 독일·이탈리아·네덜란드·벨기에·튀르키예 5개국도 모두 공군기지에 전술핵이 배치돼 있다.[7]

나토식 핵 공유는 미국이 핵무기를 갖지 못한 회원국들에 대해 핵무기의 구체적인 관리와 유지를 제공하는 방식을 말한다. 회원국들은 핵무기 정책에 대해 협의하고 주요 내용을 결정하며, 핵무기의 사용에 대해서도 일정 부분 권한을 가진다. 다만, 유사시 핵무기의 사용에 대한 최종 결정권은 미국 대통령이 가진다.[8]

따라서 확장 억제와 전술 핵무기 재배치, 나토식 핵 공유 모두 동일한 한계가 있다. 이 옵션들은 북한에 핵무기와 ICBM이 없거나

제고를 중심으로", 〈국가안보와 전략〉 제22권 2호, p.153.

7   유용원(2022. 10. 18), "[유용원의 밀리터리 시크릿] 전술핵 재배치가 현실적으로 어려운 3대 이유", 〈조선일보〉.

8   이창위(2019), 《북핵 앞에 선 우리의 선택 : 핵확산의 60년 역사와 실천적 해법》, 궁리, p.44.

핵과 미사일 능력이 초보적 단계에 있을 때만 유효한 방식이다. 세 경우 모두 핵무기 사용에 대한 최종 결정권을 미국 대통령이 가진 다는 점에서 북한이 한국을 핵무기로 공격할 경우 미국 대통령이 뉴욕시에 대한 북한의 핵 보복을 감수하면서까지 대북 핵 사용을 결심할 수 있겠는가라는 의문이 불가피하게 제기될 수밖에 없다.

독자 핵무장은 한국이 자체 핵무기를 개발해 북한과 핵 균형을 이루는 방식이다. 독자 핵무장을 위해서는 무엇보다도 최고 지도자 의 강력한 의지와 결단, 핵확산금지조약(NPT) 탈퇴, 한미원자력협 정 개정, 국제 사회의 제재를 피하기 위한 매우 적극적이고 정교한 외교, 국민적 지지, 초당적 협력 등이 필요하다.

그러므로 독자 핵무장을 실현하는 것이 쉬운 과제는 아니지만, 그것을 통해 남북 핵 균형이 이뤄지면 한반도에 보다 안정적인 새 로운 평화의 시대가 열리고, 한국의 국제적 위상도 높아지게 될 것 이다.

04 진보 세력도 핵 자강을 고려해야 하는 이유

일부 진보주의자들은 한국의 독자적 핵무장 담론에 대해 무조건 북한과 핵전쟁 하겠다는 것이냐고 비난한다. 그런데 프랑스의 샤를 드골 대통령이 과거에 자체 핵 보유를 추진했던 것은 핵무기를 가 지고 소련과 전쟁하기 위해서가 아니었다. 그는 오히려 핵무장 후 안보에 대한 자신감과 높아진 국제적 위상을 배경으로 소련·동유 럽·중국과 데탕트를 추구했다.

1950년 북한의 남침으로 3년간 국토가 초토화되고 수많은 인명 피해가 발생함으로써 이후 남북한 간의 적대 의식이 심화해 남북 화해 협력을 지향하는 진보 진영은 심각한 타격을 입고 공안 탄압의 대상이 되기도 했다. 그 결과 6·25전쟁이 발생한 지 48년이 지난 1998년에야 비로소 진보적인 민주 정부가 출범했다. 그런데 만약 남북 핵 균형이 이뤄지지 않아 북한의 오판에 의한 핵 사용을 막지 못한다면 진보 진영은 다시 수십 년간 집권하지 못하고 공안 탄압의 대상이 될 수도 있다.

남북한 간에 힘의 균형, 핵 균형은 한반도에서 제2의 전면전이나 핵전쟁을 예방하고 공고한 평화로 나아가기 위한 필요조건이지만, 충분조건은 아니다. 한반도에 평화의 새 시대가 열리기 위해서는 남북 평화 공존과 화해 협력을 위한 정책과 노력도 반드시 필요하다. 그러므로 남북 화해 협력을 지향하는 진보 정권이 핵을 보유하고 남북 화해를 추진한다면 안보와 평화의 2마리 토끼를 모두 잡을 수 있을 것이다.

진보가 재집권하기 위해서는 스스로를 중도·합리적 보수라고 생각하는 국민의 마음을 잡아야 한다. 이를 위해서는 안보에서 진보가 보수보다 더욱 신뢰감을 줘야 한다. 북한이 절대로 핵을 포기하지 않겠다는 입장이고, 대남 핵 위협을 노골화하고 있는 상황에서 진보가 실현 가능성이 희박한 비핵·평화에 계속 매달린다면 국민이 진보 세력에게 정권을 맡기기 어려울 것이다.

05 핵 자강 추진을 위한 대내외 조건과 체크리스트[9]

한국이 남북 핵 균형을 실현하고 한반도에 새로운 평화와 안정의 시대를 열기 위해서는 주요국 정상들과 만나 한국의 자체 핵 보유 필요성을 당당하게 논리적으로 설득할 수 있는 담대한 대통령이 반드시 필요하다. 한국의 대통령에게 확고한 자강 의지가 없다면 미국이 한국의 자체 핵 보유에 대해 반대하는 모습만 보여도 안절부절못하며 미국과의 타협에 급급해할 것이다.

한국이 국제 사회의 반대를 설득하고 신속하게 핵 자강의 길로 나아가기 위해서는 이를 위한 치밀한 논리와 정교한 전략을 수립하고 실행에 옮길 수 있는 컨트롤 타워도 필요하다. 따라서 국가안보실에 북핵 대응 문제를 전담할 제3차장실을 신설하고, 국가정보원-외교부-국방부-통일부와 전문가 그룹으로 구성된 실무 그룹을 운영하는 것이 바람직하다. 제3차장실에서는 대통령이 독자적 핵무장 결정을 내릴 경우 이를 신속하게 실행에 옮기기 위한 플랜 B를 수립해야 할 것이다.

한국의 독자적 핵무장에 대한 외부 세계의 반대와 압력을 효과적으로 극복하고, 핵 자강을 통해 한국의 안보를 튼튼하게 하며 한국의 국제적 위상을 높이기 위해서는 초당적 협력이 매우 중요하다.

만약 한국의 여야가 이 사안을 둘러싸고 심각하게 분열돼 있다면 외부의 반대 세력들은 그것을 적극적으로 이용해 핵 보유 노력

---

9   정성장(2023), 《왜 우리는 핵보유국이 되어야 하는가》, 메디치미디어, pp.96~108.

을 좌초시키고 한국 사회를 큰 혼란에 빠지게 할 것이다. 이외에도 전문가 집단의 지지, 핵 자강에 우호적인 국민 여론과 국제 환경, 미국 행정부의 열린 태도, 적극적인 공공 외교 등이 필요하다.

06 한국의 핵 보유 역량 평가

2015년 4월 찰스 퍼거슨 미국과학자협회(FAS) 회장은 비확산 전문가 그룹에 비공개로 회람한 〈한국이 어떻게 핵무기를 획득하고 배치할 수 있는가〉[10]라는 보고서에서 그동안 잘 알려지지 않은 한국의 핵무장 능력에 대해 매우 상세하게 분석했다.

이 보고서는 한국이 핵무기를 만들려면 ① 핵분열 물질, ② 유효한 핵탄두 디자인, ③ 신뢰할 만한 핵탄두 운반 체계가 필요한데, 한국은 비교적 수월하게 이 모든 요소를 확보할 수 있는 상황이라고 평가했다. 월성원전에 비축돼 있는 사용후핵연료는 무기 제조에 사용할 수 있는 플루토늄을 제공할 수 있는데, 이는 핵폭탄 약 4,330개를 만들 수 있는 분량이라고 지적했다.

그런데 한국은 사용후핵연료 재처리 시설이 없어 간단하고 빠른 재처리 시설을 건설하는데 4~6개월 정도가 걸릴 것으로 추정한다. 재처리 시설 건설로 핵물질인 플루토늄만 확보하면 한국도 일본처럼 3~6개월 내 핵무기를 보유할 수 있다. 그러므로 순수하게 기술

10　Charles D. Ferguson, "How South Korea Could Acquire And Deploy Nuclear Weapons", http://npolicy.org/books/East_Asia/Ch4_Ferguson.pdf

적 요소만 고려한다면 국가가 전폭적으로 지원할 경우 한국이 초보적인 핵무기를 개발하는 데는 1~2년 정도 가 걸릴 것으로 예상한다.

07 남북 핵 균형과 핵 감축을 위한 4단계 접근[11]

한국의 독자적 핵무장과 북한과의 핵 감축 협상 방안을 다음과 같이 제안하고자 한다. 핵 자강을 위한 컨트롤 타워를 구축하고 핵 잠재력을 확보하는 1단계, 국가 비상사태 시 NPT를 탈퇴하는 2단계, 대미 설득과 미국의 묵인하에 핵무장을 추진하는 3단계, 남북 핵 균형 실현 후 북한과의 핵 감축 협상에 나서는 4단계로 구분할 수 있다.

한국 정부가 핵 자강의 방향으로 나아가기 위해서는 무엇보다도 이 같은 프로젝트를 구체화하고 실행에 옮길 수 있는 지휘부가 있어야 한다. 따라서 대통령실 국가안보실 제3차장실이 북핵 대응 문제를 총괄하는 것이 바람직하다.

국가안보실 3차장실에서 수행해야 할 과제들은 다음과 같다.

---

11 《왜 우리는 핵보유국이 되어야 하는가》의 119~139페이지를 보완해 작성했다.

【표 6-2】한반도 핵 균형과 핵 감축 로드맵

구분	실행 과제
1단계	**핵 자강을 위한 컨트롤 타워 구축 및 핵잠재력 확보** • 대통령실 국가안보실 제3차장실이 북핵 대응 문제를 총괄 • 대통령이 독자적 핵무장 결정을 내릴 경우 이를 신속하게 실행에 옮기기 위한 플랜 B 수립 • 민간 원자력발전소에 사용할 농축우라늄 생산과 공급을 위한 한미일 컨소시엄 구축 • 일본과 같은 수준의 핵 잠재력을 확보하기 위해 한미원자력협정 개정 • 한·미·일 컨소시엄을 구성해 원자력추진잠수함을 공동으로 건조·운용 • 극비리에 핵실험 장소 물색과 핵실험장 5~6개 건설
2단계	**국가 비상사태 시 NPT 탈퇴**
3단계	**대미 설득과 미국의 묵인하에 핵무장 추진** • 외부 안보 환경이 급격히 악화하거나 한국의 자체 핵무장에 열린 입장을 가진 미국 행정부가 출범할 때 핵 개발 추진 • 핵무장 여부에 대해 NCND 정책을 취하거나 조건부 핵무장 입장 천명
4단계	**남북 핵 균형 실현 후 북한과 핵 감축 협상** • 북한의 핵무기가 감축되는 데 상응해 대북 제재 완화, 한미연합훈련의 축소 조정, 북미와 북일 관계 정상화, 금강산 관광 재개, 개성공단 재가동, 남·북·중·러 철도와 도로 연결, 평화 협정 체결 등 추진

수행 과제

• 민간 원자력발전소에 사용할 농축우라늄 생산과 공급을 위한 한·미·일 컨소시엄 구축 추진[12]
• 일본과 같은 수준의 핵 잠재력을 확보하기 위한 한미원자력협정 개정 추진
• 한·미·일 컨소시엄을 구성해 원자력추진잠수함을 공동으로 건조·운용
• 대통령이 독자적 핵무장 결정을 내릴 경우 이를 신속하게 실행에 옮기기 위한 플랜 B수립(핵 자강 로드맵 구체화, 핵 개발을 위해 필요한 예산 확보, 조직 신설 등)

---

12 정성장(2024. 1), "북한의 핵능력 고도화와 국가안보 옵션", 〈외교〉 제148호, pp.40~41.

- 핵실험 장소 물색, 대규모 지하 탄약 저장 시설 건설 등의 명목으로 전방 지역의 산에 지하 핵실험장 5~6개를 극비리에 건설
- 핵무장에 필요한 핵공학자와 기술자 등 인력과 시설 등 파악·확보
- 한국의 독자적 핵무장에 대한 국내외 여론 변화 추이 분석
- 한국의 핵무장에 반대하는 국가들을 설득하기 위한 정교한 외교 전략 수립과 홍보 전개
- 핵무장에 우호적인 국내외 전문가·정치인과의 긴밀한 네트워크 구축
- 핵무장에 우호적인 여론을 형성하기 위한 홍보 전략 수립과 해외 공공 외교 지원
- NPT 탈퇴 결정 시 미국(행정부와 의회)과 국제 사회 설득 논리와 방안 구체화
- 핵무장 추진 시 야당 설득과 초당적 협력 방안 수립
- 핵무장 추진 시 대(對)북한 메시지 관리 방안 수립

한국의 독자적 핵무장에 반대하는 전문가 상당수도 한국이 일본과 같은 수준의 핵 잠재력을 확보해야 한다는 주장에는 대체로 동의하고 있다. 다시 말해 핵 잠재력 확보에 대해서는 우리 사회 내부에서 광범위한 공감대가 형성돼 있고, 이는 NPT 탈퇴 없이도 추진 가능하다.

그러므로 과거에 문재인 정부가 미국을 꾸준하게 설득해 한·미 미사일 지침 개정과 폐기를 끌어낸 것처럼 차기 정부도 미국을 설득해 가능한 한 가까운 미래에 한미원자력협정 개정을 성공시켜야 할 것이다.

한국의 안보 상황이 심각하게 악화한다면 정부는 국가 생존과 안보를 위해 NPT 탈퇴 문제를 진지하게 고려할 필요가 있다. 우리 사회 일각에서는 한국이 NPT에서 탈퇴하면 국제 사회의 심각한 제재에 직면할 것이라고 주장하는데 이는 사실과 다르다.

【표 6-3】한·미와 미·일 원자력 협정 비교

항목	한·미 협정	미·일 협정
원자력의 평화적 이용 (핵폭발, 군사 이용 금지)	○	○
핵연료 사이클 확립 여부	−	○
장기적 포괄 동의 제도 도입	○	○
재처리	• 파이로프로세싱의 전반부 공정에 대한 포괄 동의 • 해외 위탁 재처리 허용(영국·프랑스)	○ (포괄 동의 부여)
핵물질, 파생 물질 등의 제3국 이전	○ (포괄 동의 부여)	○ (포괄 동의 부여)
20% 이상의 우라늄 농축	• 20% 미만의 우라늄 저농축을 할 수 있는 경로 확보	○ (사전 동의 필요)
플루토늄, 우라늄 등의 형상과 내용 변경	• 저농축 우라늄의 형상, 내용 변경 가능 (사전 동의 필요)	○ (포괄 동의 부여)
플루토늄, 고농축 우라늄 저장	−	○ (포괄 동의 부여)
플루토늄 운송	−	○ (포괄 동의 부여)

자료 : 전진호(2023. 5. 19), "한미 원자력협정과 미일 원자력협정 비교 및 시사점 : 한일 협정 및 한미 협정 개정 방향과 관련해", 세종연구소 특별정세토론회 발표문, p.6.

NPT 제10조 1항은 "각 당사국은 당사국의 주권을 행사함에 있어서 본 조약상의 문제에 관련되는 비상사태가 자국의 지상 이익을 위태롭게 하고 있음을 결정하는 경우에는 본 조약으로부터 탈퇴할 수 있는 권리를 가진다. 각 당사국은 동 탈퇴 통고를 3개월 전에 모든 조약 당사국과 유엔 안전보장이사회에 행한다"고 규정하고 있다.

그러므로 탈퇴가 발효되는 3개월 후에 미국과의 협의 결과를 토대로 핵무장 추진 여부를 결정하면 될 것이다. 과거에 북한도 NPT에서 탈퇴했지만, 그것 때문에 유엔 안전보장이사회의 제재를 받지는 않았다.

NPT 탈퇴 선언 후 한국 정부는 미국과의 긴밀한 협의와 묵인하에 핵 개발을 추진하는 것이 바람직하다. 다만 미국 행정부가 한국의 핵 개발에 강력하게 반대한다면 보다 열린 입장의 행정부가 출범할 때까지 핵무장 실행을 연기하는 것이 필요할 것이다.

만약 미국의 2024년 또는 차차기 대선에서 한국과 일본의 핵무장에 대해 열린 입장인 트럼프 전 대통령이 재선되거나 그와 비슷한 고립주의 노선을 지향하는 대통령이 당선된다면 한국은 그때 미국 행정부와의 긴밀한 협의를 통해 상대적으로 순조롭게 핵무장 방향으로 나아갈 수 있을 것이다.

한국의 자체 핵 보유 실현 후 남북 핵 감축 협상을 통해 북한의 핵무기가 줄어들고 유엔 안전보장이사회의 대북 제재도 완화되면 한국 정부는 단계적으로 남북 교류 협력을 복원하고 확대할 수 있을 것이다. 그러므로 진보 진영과 정치권도 독자적 핵무장에 대해 편견과 선입견을 가지고 무조건 반대만 할 것이 아니라 핵 자강을 통해 핵 감축과 남북 관계 정상화 방향으로 나아가는 방안을 전향적으로 고려해야 한다.

08 한국의 독자적 핵무장에 대한 국제 사회 설득 방안

일부 전문가들은 미국이 한국의 핵무장을 절대로 용납하지 않을 것이라고 주장하면서 한국의 독자 핵무장 담론이 비현실적·초현실적이라고 비판한다. 하지만 미국 내 논의를 면밀히 분석해보면, 2016년 북한의 제4차 핵 실험 이후부터 미국의 주요 대선 후보와 대통령, 고위 관료들에게서 한국의 핵무장을 용인할 수 있다는 목소리가 나왔다.

2016년 도널드 트럼프 당시 미국 공화당 대선 후보는 한국과 일본이 북한과 중국으로부터 보호받기 위해 미국의 핵우산에 의존하는 대신 스스로 핵을 개발하도록 허용할 것이라면서 현재와 같은 미국의 나약함이 계속된다면 결국 일본과 한국은 핵무기를 보유하고자 할 것이라고 지적했다.[13]

그리고 트럼프는 한국과 같은 동맹국들이 주한미군 주둔 비용을 100% 부담하지 않으면 자체 핵 개발을 통해 안보 문제를 스스로 책임져야 한다고 주장했다. 그러므로 미국이 한국의 핵무장을 절대로 용납하지 않을 것이라는 주장은 이제 더는 타당하지 않다.

김정은이 노동당 8차 대회에서 핵 무력의 급속한 고도화 목표를 제시한 2021년부터는 미국 학계에서 한국이 독자적 핵무장을 추진할 경우 미국이 그것을 용인해야 한다는 목소리도 본격적으로 나오고 있다. 2023년 3월에는 한국의 자체 핵 보유에 대해 미국인

---

13   David E. Sanger and Maggie Haberman(2016. 3. 26), "In Donald Trump's Worldview, America Comes First, and Everybody Else Pays", *The New York Times.*

41.4%가 찬성하고, 31.5%가 반대히는 것으로 니다나 찬성 비율이 9.9%p나 높게 나온 여론 조사 결과도 발표됐다.[14]

한국이 자체 핵무기를 보유하게 되면 설령 북한이 한국을 핵무기로 공격해도 미국이 북한과 핵전쟁을 벌일 이유가 사라지게 돼 미국 본토가 더욱 안전해진다. 그리고 북한은 멀리 있는 미국의 핵이 아니라 가까이에 있는 한국의 핵을 더 의식하게 돼 북·미 간의 대결 상태는 크게 완화될 것이다. 그러므로 한국의 자체 핵 보유는 북·미 관계를 개선하는 데 기여할 수 있다.

한국이 자체적으로 핵무기를 개발하면, 미국은 국방 예산의 상당 부분을 줄일 수 있다. 미국은 자국의 안보보다 동맹국의 안보를 위해 더 많은 비용을 부담하고 있어 동맹국들이 스스로 안보 문제를 해결하면 미국은 국방 예산의 4분의 1 정도를 절감할 수 있다.

한국이 독자적 핵무기를 보유하게 되면 한반도에서 공포의 균형이 이뤄져 핵전쟁 가능성이 오히려 줄어듦으로써 중국과 일본도 더욱 안전해진다. 한국의 외교 안보적 자율성이 확대돼 한중 협력에도 긍정적으로 작용할 것이다.

14　신진우·손효주(2023. 3. 31), "韓 자체 핵보유' 한국인 64%−미국인 41% 찬성", 〈동아일보〉.

09 한국이 핵무장하면 국제 사회의 제재로 경제가 파탄 날 것인가?[15]

2022년 러시아의 우크라이나 침공 이후 미·러 관계가 극도로 악화하면서 북한이 ICBM을 시험 발사해도 유엔 안전보장이사회에서 대북 제재가 채택되지 않았고, 앞으로 제7차와 제8차 핵실험을 강행해도 대북 제재가 채택될 가능성은 희박하다.

러시아는 대북 제재에 동참하기는커녕 오히려 냉전 시대의 북·러 관계보다 높은 수준으로 북한과의 군사 협력을 확대하고 있다. 이처럼 러시아-우크라이나 전쟁 이전과 이후 핵 보유국의 비확산 공조 체제에 심각한 균열이 발생했다. 미·러 대립으로 유엔 안전보장이사회가 무력화된 상태에서 한국이 북한의 핵 위협에 대한 불안감을 극복하기 위해 핵무장 하는 것에 대해 미국이 유엔 안전보장이사회에서 제재 채택을 추진한다는 것은 상상할 수 없는 일이다.

한국의 독자적 핵무장에 반대하는 브루스 클링너 헤리티지재단 선임연구원도 2023년 2월 3일 방영된 VOA와의 인터뷰에서 한국이 핵무장 할 경우 "중국이 유엔 안전보장이사회에서 한국에 대한 제재를 추진하면 미국은 거부권을 행사할 것이라고 본다"라고 전망했다.[16]

라몬 파체코 파르도 영국 킹스칼리지런던 국제관계학과 교수는

15　한국의 핵 자강 반대 논리에 대한 반박은 《왜 우리는 핵보유국이 되어야 하는가》의 168~209페이지를 참고하기 바란다.

16　조은정(2023. 2. 3), "[특별 대담] "미국이 한국 핵무장 용인할 수도" vs "미한 동맹에 부담"", VOA.

2023년 5월 〈조선일보〉와 한 인터뷰에서 "전 세계는 북한이 결코 비핵화하지 않을 것임을 알고 있다. 북핵 위협이 절대 사라지지 않는다는 뜻이다. 한국이 (북핵 위협에 대응하기 위해) 핵 개발의 길을 나서도 미국 등 국가들이 (전면) 제재에 나서는 것은 어려울 것이다"라고 평가했다.

그는 "미국은 한국이 핵 개발에 나설 경우, '우리는 이 특정 기술을 한국에 이전하지 않을 것'이라며 약간의 외관상 제재(Cosmetic sanctions)를 가할 수도 있다"라며 "그러나 (한국이 실제 핵 개발에 나설 경우) 벌어지는 일은 생각처럼 심각하지 않을 수 있다"라고 전망했다.

파르도 교수는 "미국을 필두로 한 국가들(자유 진영)과 북·중·러와의 분열이 커지고 있다. 10~15년 전만 해도 한국이 핵 개발에 나설 경우, 미국과 중·러 등이 유엔 안전보장이사회에서 합의해 한국에 전면 제재를 가했을 것이다. 그러나 미·러가 대화하지 않는 지금은 그런 일이 일어나지 않을 것 같다.

무엇보다 한국이 (세계 무대에서 더 비중이 커지면서) 한국과 미국·호주·캐나다 등의 국가는 정치적으로 점점 가까워지고 있다. 미국이나 유럽 지도자가 '한국은 북한의 직접적인 핵 위협을 받고 있다. 그래도 우리는 한국에 제재를 가할 것이다'라고 말하기가 어려울 것이다"라고 지적했다.[17]

---

17 이민석(2023. 5. 4), ""北 비핵화 안 할 것 세계가 아는데… 한국 핵 보유 열망 막기 쉽겠나"", 〈조선일보〉.

10 외교 안보 전략의 대전환과 초당적 협력의 필요성

2023년 10월 4일, 미국 외교 전문 싱크탱크 시카고국제문제협의회(CCGA)에 따르면 9월 7~18일 미국 성인 3,242명을 조사한 결과 '북한이 한국을 침공할 경우 미군이 한국을 방어해야 한다'는 응답은 50%였다. 2021년 같은 조사에서는 63%, 2022년에는 55%였는데, 미군이 한국을 방어해야 한다는 응답이 계속 줄어들고 있다.

집권 민주당 지지층 57%는 미군의 한국 방어를 지지한 반면, 공화당 지지층의 53%는 미군의 한국 방어를 반대한다고 답했다. 이처럼 2024년 대선을 앞두고 트럼프 전 대통령의 재부상과 함께 고립주의, 미국 우선주의 흐름이 확산하면서 한국을 비롯한 동맹국을 방어해야 한다는 미국 내 분위기가 약화하고 있다.

이 같은 결과와 관련 CCGA는 "미국의 동맹국 방어에 대한 당파적 분열이 커지고 있다. 이는 새로운 현상"이라며 "공화당원들은 (중남미) 불법 이민자를 막는 데 미군을 활용하는 일이 더 중요하다고 여긴다"라고 분석했다.[18] 그러므로 만약 2024년 대선에서 공화당의 트럼프 후보가 재선된다면 미국의 한국 보호 의지를 신뢰하기 어렵게 될 수 있다.

우리에게 한미동맹은 매우 소중한 자산이다. 그러나 4년마다 누가 미국의 대통령으로 당선될지 안절부절못하며 우리의 안보를 그들에게 계속 의탁하고 살 수만은 없다. 헨리 키신저 전 미국 국무부 장관은 미·중 대립으로 5~10년 내로 3차 세계대전이 일어날 가

---

18 문병기(2023. 10. 5), "공화당 지지층 절반 이상 "北 침공 시 한국 방어 반대"", 〈동아일보〉.

능성이 있다고 진단하고 있다. 이 같은 불확실성의 시대에 북한의 오판 또는 강대국 간의 갈등에 의한 희생양이 되지 않으려면 우리 스스로를 지킬 강력한 힘을 가져야 한다.

우리의 자체 핵무기 보유는 주변국들로부터 우리를 지킬 최후의 수단이고, 더 나아가 북한과 주변국들과 대등한 호혜 협력 관계를 유지·발전시켜 나갈 외교 안보적 자산이 돼 지속 가능한 평화의 시대를 열 것이다. 그리고 대화를 거부하는 북한을 다시 협상 테이블로 불러들여 상호 위협의 감축과 군비 통제는 물론 교류 협력의 확대도 모색할 수 있게 할 것이다.

그런데 우리 내부가 분열돼 있으면 북한도 주변국도 설득하기 어렵다. 5년마다 대통령 선거를 계기로 우리의 외교 안보 정책이 180도 바뀐다면 주변국도 북한도 한국 정부를 신뢰하기 어려울 것이다. 그러므로 여야가 국내 정치에 대해서는 치열하게 논쟁하더라도 외교 안보 정책에 대해서만큼은 긴밀한 협의의 전통을 반드시 수립해야 한다. 그래야 대한민국이 주변국들과 북한으로부터 존중을 받을 수 있다.

보수 성향의 국민뿐 아니라 진보 성향의 국민도 한국의 핵 자강을 광범위하게 지지하고 있다는 사실은 2021년 12월 CCGA가 우리 국민 1,500명을 대상으로 진행한 여론 조사 등에서 확인할 수 있다. 이 여론 조사 결과에 의하면 한국 국민의 71%가 핵무장을 지지했다. 그리고 한국의 독자적 핵무장에 대해 국민의힘 지지층의 약 81%, 민주당 지지층의 약 66%가 동의했다.[19]

---

19   류지복(2023. 2. 23), ""한국인 71%, 자체 핵무기 개발지지… 10년 후 최대 위협은 중국"",

【그림 6-1】 정당 지지층별 핵무장 찬반 의견(Chicago Council 2021년 12월 조사)

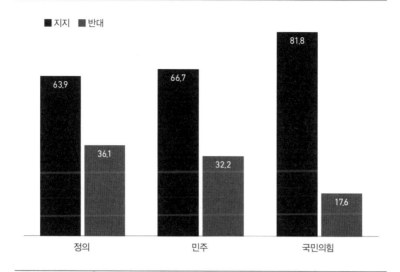

자료 : 서울대학교 통일평화연구원 ; 송종호(2022. 10. 2), "[국정 맥] 北, '핵실험설'에 '또' 미사일 도발… 南도 "핵무장하자" 최고 수준", 〈서울경제〉

　최종현학술원이 한국갤럽에 의뢰해 2022년 성인 남녀 1,000명을 대상으로 일대일 면접 조사를 해 2023년 1월 30일 발표한 결과에 의하면, 본인을 진보 성향으로 분류한 응답자의 77.9%가 핵무장에 찬성했고, 보수 성향은 80.7%, 중도 성향은 74.1%의 응답률을 보였다.[20]

　이 같은 사실은 한국의 독자적 핵무장 문제에 대해 정치권은 찬반 입장으로 크게 분열돼 있지만, 국민의 약 70% 이상은 보수와 진보의 이념 성향을 넘어서서 핵 자강을 지지하고 있음을 보여준다.

〈연합뉴스〉 ; 송종호(2022. 10. 2), "[국정 맥] 北, '핵실험설'에 '또' 미사일 도발… 南도 "핵무장하자" 최고 수준", 〈서울경제〉.

20　박경은(2023. 1. 30), "국민 76.6% "한국 독자 핵 개발 필요"… 진보도 80% 육박", 〈서울경제〉.

이처럼 국민의힘 지지자와 민주당 지지자, 보수 성향과 진보 성향 국민의 약 3분의 2 이상이 한국의 독자적 핵무장을 지지하고 있으므로 여야가 이 문제를 정쟁화하는 것은 바람직하지 않고, 머리를 맞대고 초당적으로 협력하는 것이 반드시 필요하다.

한국의 독자적 핵무장이 실현 불가능한 목표라고 미리 단정하고 포기하면 우리는 언제까지나 핵을 머리에 이고 북한의 핵 위협하에서 살아야 한다. 그러므로 기회의 창이 열릴 때까지 긴 호흡을 가지고 먼저 핵 잠재력부터 확보해야 한다.

국제 정세가 악화해 일본이 핵무장 결단을 내릴 때 우리가 따라가지 못해 결국 동북아에서 한국만 비핵 국가로 남는 최악의 시나리오를 피하기 위해서도 한국 정부가 적극적인 대미 설득을 통해 일본과 같은 수준의 핵 잠재력을 확보하는 것은 필수다. 그리고 북한의 전술핵공격잠수함에 효과적으로 대응하기 위해 장기간 작전을 수행할 수 있는 무한 동력을 갖춘 원자력추진잠수함도 미국의 동의와 협력하에 반드시 조기에 개발해야 할 것이다.

북한의 전술핵공격잠수함과 원자력추진잠수함 개발은 일본과 미국의 안보에도 심각한 위협이 되고 있고, 미국이 한·미·일 안보협력을 중시하고 있으므로 향후 한·미·일 간에 원자력추진잠수함 공동 건조·운용을 위한 컨소시엄 구성도 적극적으로 추진하는 것이 바람직하다.[21]

---

21 정성장(2024. 1), "북한의 핵능력 고도화와 국가안보 옵션", 〈외교〉, 제148호, p.41.

사회 변화의 4가지 증거와 대전환포럼의 과제 :

산업화·민주화 담론 종식과 새로운 사회 협약, 제3섹터

최정묵 | 국민권익위원회 위원

사회 변화의 4가지 증거와
대전환포럼의 과제 :

산업화·민주화 담론 종식과 새로운 사회 협약, 제3섹터

최정묵 국민권익위원회 위원

01 시대정신은 연대와 협력

대한민국의 성장 담론은 권위주의와 이기적 요인을 배제하고 배려와 협력의 방향으로 이동 중이며, 광화문 촛불 혁명과 코로나-19 이후 한국 사회는 법과 질서, 공정의 가치를 뛰어넘어 연대와 협력의 사회로 나아가고 있다. 이는 세기적 전환점으로 이해할 수 있고, 한국 사회의 민주화·산업화 담론의 종식을 의미한다.

이성적 판단과 합리적 추론에 근거해 더 많은 정의가 필요하다거나 더 많은 자유가 보장돼야 한다고 주장할 수 있다. 그런데 늘어나는 복합 과제 속 위험 사회에서 무엇으로 더 많은 정의와 자유를 보장할 것인가. 기후·인구·전쟁·보건·경제 위기에서 인류와 한국 사회 그리고 수많은 사회경제적 약자를 지킬 유일한 방법은 연대와 협력이다. 이를 위해 국회·정부·기업·시민 사회·개인은 연대하고 협력해야 한다.

이 중 국회의 역할이 가장 중요하다. 국회가 시의적절하게 좋은 의사 결정을 해줘야 연대와 협력이 시스템으로 안착할 수 있기 때문이다. 국회의 이러한 역할은 기업도, 시민 사회도 대신할 수 없다. 그럼에도 국회에는 아직까지 연대와 협력의 방법론이 부족하다.

스마트 국회, 견제는 연대·협력의 방법론

국회에 대한 국민 평가는 야박하다. 그 이유를 여야가 협력하지 않고 싸우기만 한다, 소통하지 않는다, 자기 이익과 기득권에 집착한다 등으로 요약할 수 있다. 국회에서 여야가 늘 같은 의견을 가질 수는 없다. 하지만 긴장과 대립 속에 협력이 필요하다. 견제는 결과가 아니라 과정이다. 견제는 연대와 협력의 최적 조건을 찾는 과정일 뿐이다.

스마트 국회란 견제와 협력의 균형을 유지하며 시의적절하게 의사 결정을 잘하는 국회다. 위험 사회에서는 언제, 어떤 상황에서, 어떤 속도로 위기가 닥칠지 예측하기 쉽지 않다. 그래서 국회의 대응 능력이 중요하다. 국회가 역할을 다하려면 갈등이 터져 나오기 전부터 상황을 파악하고 있어야 한다. 증거 기반의 정치로 최적화된 의사 결정을 해야 한다.

사례 ① 2023년 봄, '간호법 개정'은 국회의 대응 역량 부족을 보여준 사례다. 간호법 개정은 간호사의 사회적 역할 강화와 처우 개선을 넘어 의사·약사·간호조무사·요양보호사 등을 모두 아우르는 국민 보건 의료 환경 개선을 위한 과제로 다뤄야 했다. 복합적인 수술이 필요한 환자의 환부의 일부만 수술하고 봉합한다면 제대로 된 치료가 어렵다.

국민과 함께 숙의하고 토론하는 가칭 '국민 보건의료 개선 중장기 종합 계획' 안에서 간호법 등 보건 의료 관련 법 개정과 종합적인 정책 변화를 검토하는 게 바람직했다. 통합적 비전 없는 부분적 변화는 이해 당사자의 원성을 불러온다.

사례 ② 제주 신공항 건설 논의에서 나타난 현상도 이와 비슷하다. 제주도 전체의 장기적 비전 속에서 신공항 건설이 논의되기보다는 지엽적인 대형 SOC 사업으로 인식된 탓이다. 숙의 토론은 공리주의적 기초를 포함한다. 숙의 토론은 사회적 합의를 끌어내는 데 효과적인, 주체 간 상호 작용이다. 참여자들이 주제에 대한 다양한 의견을 나누고 상호 작용하며 공동의 결론을 도출하는 과정이 필요하다.

사례 ③ 2023년 여름, 서울의 한 초등학교 교사가 학부모 민원에 시달리다 생을 스스로 마감하는 사건이 발생했다. 언론과 정부는 학생과 학부모, 교사 중 누가 더 나쁜 이해 당사자인지를 확인하는 과정을 거치는 듯하다. 위험하기 짝이 없다. 교육청이 중심이 된 교육 당국이 이해관계자들의 요구가 무엇인지 확인하고 조정하며 그 해법을 시스템으로 마련해야 한다.

국회도 손을 놓고 있는 듯 보인다. 간호법 개정, 제주 신공항, 교사의 자살 사건 모두 정치가 방법론에 약하면 선전·선동에 빠지기 쉬움을 보여준다.

연대와 협력은 정치 혁신의 방향

정당의 존립은 선거 결과로 결정된다. 가장 손쉬운 방법이 정국 주도권을 잡는 일이다. 그 때문에 본능적인 의사 결정이 진행된다. 우리가 늘 봐왔고, 지적해왔던 'A vs Not A' 방식이 작동한다. 자당의 정책이나 노선의 설득보다는 상대 당의 정책이나 노선에 대한 반대 활동을 통해 싸움의 전선을 구축하고 정국 주도권을 잡는 방식이다.

내 것으로 상대와 경쟁하거나 내 것으로 국민을 설득하는 포지티브 방식이 아니라 상대의 언행을 지속적으로 공격해 실수를 유도하는 네거티브 방식이다. 물론 이러한 방식도 정책을 검증하는 데 필요하지만 과유불급이다.

보통 다음과 같은 과정을 거친다. 무언가로 유권자를 설득하는 일은 시간이 오래 걸리며 수고가 많이 들어간다. 더욱이 설득할 수 있는지도 의문이다. 그래서 자연스럽게 상대를 반대하는 쪽으로 활동 방향이 결정되고 어느 순간, 반대 활동 자체가 목적이 돼 선동하기 시작한다. 확인되지 않은 주장, 거친 언행 등 네거티브한 상황이 발생하고 이어진다.

이러한 전 과정에 국민 참여란 당연히 없고, 경험 있는 국회의원 몇몇이 여의도 문법으로 모든 결정을 하며 악순환의 고리를 완성한다. 문제는 이렇게 해 정국 주도권을 잡고, 선거에서 승리하는 경우는 드물다는 점이다. 엄밀히 따지면 자당의 적극 지지자만 결집해 확장성의 불확실성만 높일 뿐 아무런 도움이 되지 못한다. 그러면 왜 이러는 걸까?

2가지 이유가 있을 수 있다. ① 활동 평가가 제대로 이뤄지지 않기 때문이다. 무엇이 실제로 국민에게 도움이 되고 선거에 도움이 되는지 사후 평가가 부족하다. 그마저도 부족한 사후 평가는 갑자기 나타난 정치평론가, 선거전문가, 여론조사전문가의 몫이 된다. 정치와 선거도 업종 노하우와 업력이 필요한 분야다.

② 증거 기반의 활동 계획이 없다. 증거 기반의 활동은 필연적으로 목표와 계획, 사후 평가 기준을 제공한다. 증거 기반 활동은 책임성, 투명성, 유연성 등을 보장한다. 자연스럽게 국민 참여와 국민 설득의 길을 선택할 수밖에 없다.

증거 기반 정책 경쟁은 포지티브 정치로 이어진다. 튼튼한 기초와 현실적 필요에 의해 설정된 목표를 실현하기 위해서는 상대를 공격하는 것보다 자신의 정책적 견해와 근거를 알리는 것이 더 유리하다. 따라서 반대에 부닥친다 하더라도 협의하고 조정해서라도 목표에 가까이 가기 위해 노력한다. 이러한 노력은 국민 참여 정치로 이어지는데, 주장의 근거와 논리적 타당성이 있고, 사실에 기초해 문제 해결에 효과적으로 접근해 국민 신뢰를 얻을 수 있다.

연대와 협력의 정치 체계를 만들려면 어떤 길로 가야 할까. 해답을 찾기 위해 '시스템 다이내믹스'라는 방법론을 사용했다. 시스템 다이내믹스는 시스템의 동적인 변화를 설명하고 예측하는 방법론으로, 1961년 MIT 제이 라이트 포레스터 교수가 처음 제안했다.

이 방법론은 시간의 흐름에 따라 특정 변수들이 상호 작용하면서 시스템 전체가 변하는 것을 이해하는 데 초점을 둔다. 시스템 다이내믹스 검은 선(R1)으로 표시된 구조가 'A vs Not A'의 정쟁형 악순환 구조다. 이것을 증거 기반 정책 경쟁의 선순환 구조인 파란 선(R2)으로 흐름을 바꿔야 한다.

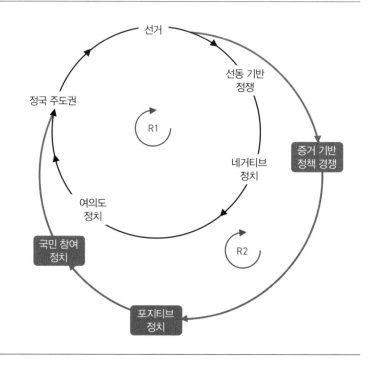

R1 누아르, R2 드라마

2023년 10월 30일, 집권 여당인 국민의힘이 경기도 김포시를 서울특별시로 편입하기 위한 의원입법을 추진 중이라고 밝혔다. 이는 선거에서 매번 패배했던 경기도 전략의 일환으로 해석할 수도 있다. 그래서 여야의 유불리와 이해관계가 발생할 여지가 있다. 그렇다면 야당이 어떤 입장을 취하는 것이 좋을까? 총선 정국을 앞두고 어떤 대응이 효과적일까?

적극 지지자 기반의 선거 전략을 선택한다면 상대의 정치적 의도를 규정하며 정쟁으로 몰고 갈 수 있다. 다양한 부정적 시각을 동원해 정책적 검토 이전에 공론화 자체를 무력화시켜야 할 것이다. 그렇지 않다면 복합 위기에 노출된 한국 사회의 문제를 해결하기 위한 방편으로 접근해볼 수 있다.

더 큰 제안을 통해 행정 구역 대개편을 공론화할 수 있다. 행정 구역 대개편으로 다룰 때 장점 중 하나는 기후 위기, 지방 소멸, 저출생, 고령화, 의료·교육 격차와 연결해 접근할 수 있다. 특히 의료 격차는 심각하다.

최근 20년간 지방에 서울만큼 병원과 의사가 있었다면 영유아를 4,455명 살릴 수 있었다는 언론 보도가 있었다.[1] 대부분 자원을 가지고 있는 수도권에서 출발하는 지방 자치와 균형 발전 논의는 그 실현 가능성을 높이는 의외의 결과를 가져올 수 있다. 문제는 그다음 단계에 있다.

집권 여당의 의제를 포지티브하게 접근한 야당이 총선에서 불리하지 않을까 하는 의구심이다. 우리 정치는 의도를 중시하고 방법을 천시해온 경향이 있다. 행정 구역 개편 문제를 국민 참여 방식으로 접근하는 것이 중요하다. 행정 구역 개편은 앞서 언급했듯이 다양한 사회 문제와 결부돼 있다.

국민 참여를 통한 공론화 과정이야말로 야당의 정책 영향력을 증대시키는 방법이자 교차 투표자 중심의 선거 전략이다. 국민 참여는 야당 주장의 설득력과 정당성을 높일 수 있다. 정책의 타당성을 국민과 함께 검증해 국민 신뢰를 확보할 수 있다. 정쟁을 최소화

---

1   민서영(2023. 11. 19), "지방에도 서울만큼 병원·의사 많았다면, 4455명 영아 살릴 수 있었다", 〈경향신문〉.

하는 데도 도움이 된다.

이러한 과정은 정쟁을 정책 경쟁으로 가져가는 시스템 다이내믹스 R2의 사례로 볼 수 있다. 야당이 집권 여당과 협력해 더 큰 정책을 주장하면 정책을 유불리로 다루지 않는다는 메시지가 국민에게 전달된다. 경쟁보다는 국가와 국민의 이익을 위해 연대와 협력의 정치를 보여줄 수 있다. 야당이 정치적으로 성숙하고 정책적 책임감을 발휘하면 정국 주도권을 확보할 수 있다. 정책 경쟁을 통한 정국 주도권 확보는 누아르보다는 드라마에 가깝다.

연대와 협력을 위한 점, 선, 면

뜨거운 변화에 대한 열망에도 불구하고 우리는 종종 문제 해결, 혁신, 전환을 혼돈하는 경우가 있다. 그 이유는 모호한 개념과 상호 연관성, 효과의 확장성 때문일 것이다. 예컨대 혁신이 문제 해결의 새로운 방식으로 여겨질 수 있고, 전환은 일부 혁신적인 측면을 포함할 수 있다.

또 문제 해결, 혁신, 전환은 모두 변화와 발전을 위한 과정이므로 비슷한 단계(발견·분석·실행 등)를 포함할 수 있다. 더 나아가 어떤 상황에서는 문제 해결로 시작해서 혁신으로 발전하고, 또 다른 상황에서는 전환의 과정으로 변화될 수도 있다. 사람마다 다양한 관점과 해석이 이의 구분을 어렵게 하기도 한다.

물리학적 개념에서 점(Point)은 크기가 없는 위치를 나타내고, 선(Line)은 길이만 가지거나 방향을 나타내며, 면(Plane)은 공간의 기초가 되는 평면을 형성한다. 문제 해결은 특정 지점에서의 작은 규모의 해결책을 찾아내며, 혁신은 긴 여정에서 새로운 방향을 제시하고, 전환은 더 큰 면적에서의 체계적인 변화를 나타냄으로 이해할 수 있다.

【표 7-1】에서 보듯 문제 해결과 혁신·전환을 개념, 특징, 목표, 활용, 개선 과제, 정치 혁신의 적용, 방법론으로 구분해 확인해볼 수 있다.

문제 해결, 혁신, 전환을 구분하는 것이 중요한 이유는 우리가 하고 있는 일, 해야 하는 일이 무엇인지 파악하고 그 성격을 규정해 효과적으로 변화를 도모해야 하기 때문이다. 이러한 구분은 대략 5가지 프로세스에서 순차적으로 차이를 보일 수 있다. 이는 문제 해결, 혁신, 전환을 구분함으로써 협력·연대를 강화하고 더 나은 결과를 끌어낼 수 있다.

① 목표를 공유하고 역할 분담하는 일 : 누가 어떤 문제를 해결하고, 누가 혁신을 주도하며, 누가 전환을 끌어내는지에 대한 명확한 이해는 협력과 조화를 촉진한다.

② 자원을 분배하고 효율성을 촉진하는 일 : 문제를 해결하기 위해 필요한 자원과 혁신을 위한 자원, 전환을 위한 자원과 방법이 다를 수 있다.

③ 협력과 신뢰를 구축하는 일 : 단계적인 접근은 단계마다 필요한 협력과 상호 의존성을 이해하고 그에 따른 신뢰를 구축하는 데 도움이 된다.

④ 역량과 전문성 활용하는 일 : 각 단계는 특정한 역량과 전문성, 명확한 구분을 통해 협력, 문제 해결에는 분석적인 역량, 혁신에는 창의적 사고가 필요하다.

⑤ 전략적 방향을 설정하는 일 : 문제를 해결하는 것만으로는 한

【표 7-1】 문제 해결(점)과 혁신(선)과 전환(면)

구분	문제 해결(점)	혁신(선)	전환(면)
개념	• 문제를 식별하고 해결하는 과정	• 새로운 아이디어나 방식을 도입해 변화를 끌어냄	• 현재 시스템이나 패러다임을 완전히 바꿈
특징	• 안정적이고 검증된 해결책 활용 • 경험과 지식에 의존	• 창의성과 혁신성 강조 • 실험과 도전 정신, 리스크 포함	• 체계적인 변화 요구 • 새로운 방향 제시
목표	• 주어진 문제를 해결해 상황 개선	• 새로운 가치 창출 • 경쟁력 형상	• 새로운 체계나 시스템 구축 • 근본적인 변화를 끌어냄
활용	• 안정적이고 신뢰성 있음 • 기존 지식과 경험에 의존 • 빠른 시일 내 적용 가능	• 새로운 아이디어와 가능성 제시 • 혁신과 성장 가능 • 새로운 시각 제공	• 근본적인 문제 해결 • 체계적이고 포괄적인 변화 • 새로운 방향 제시
개선	• 창의성과 혁신성 부족 • 한계 도달 가능성 • 변화에 제약	• 실패 가능성과 리스크 존재 • 안정성 부족 • 인정받기 어려울 수 있음	• 시감과 비용이 많이 소요 • 저항과 불확실성 • 즉각적인 효과 부재
정치 혁신	• 기존의 정책과 방식을 통해 발생하는 문제들에 대한 해결을 위해 지난 경험과 기존 지식을 활용하는 것	• 새로운 정책, 절차 혹은 아이디어를 통해 정치적 혁신을 이뤄 정책이나 제도적인 변화를 추구하는 것	• 현재의 정치 시스템과 패러다임을 바꾸며 체계적인 변화와 정치적인 방향을 새롭게 정립하는 것
방법	• 문헌 검토 • 전문가 토론	• 여론 조사 • 데이터 분석 • 숙의 토론	• 전략적 계획 수립 • 새로운 프로세스와 체계 구축

계가 있을 수 있고, 혁신과 전환을 통해 더 나은 방향을 제시할 수도 있다. 명확한 구분은 전략적으로 다양한 옵션을 고려하고 선택할 수 있다.

　최근 정치권의 제3지대가 형성되고 있다. 각 신당의 창당 취지가 민주당 대체, 국민의힘 대체라면 혁신에 가까운 노력일 것이다. 만약 각 신당이 정당 구도를 진보와 보수가 아니라 새것과 헌것으로 나눈다면, 비록 서로 다른 이념의 신당이라 할지라도 공동의 목표를 가진 전환적 노력으로 볼 수 있다. 반면 기존 정당의 문제 개선이나 부족한 정책의 보충이라면 문제 해결을 위한 신당으로 과도한 창당으로 비쳐질 수도 있을 것이다.

02 시대 변화의 4가지 증거

투표 지층의 변화

　시대 변화의 첫 번째 증거는 '투표 지층의 변화'다. 투표 지층은 유권자 중에서도 투표하는 유권자만 분석한 결과다. 한국의 선거 구도는 30년간 '기울어진 운동장'이었다. 1987년 대통령 직선제를 시행한 이후 지금까지 민주당은 주요 선거에서 25전 6승 19패, 승률 24%를 기록했다. 민주당이 이긴 여섯 번의 선거는 1997년 대선, 2002년 대선, 2004년 총선, 2017년 대선, 2018년 지방선거, 2020년 총선이 전부다.

　민주당이 승리한 여섯 번의 선거 중 최근 세 번의 선거는 연속적

【그림 7-2】민주당이 이긴 여섯 번의 선거

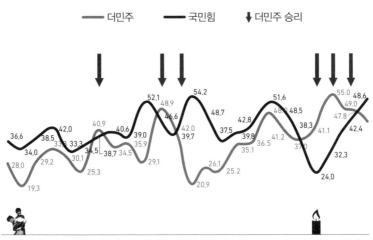

※ 위의 그래프는 1987년 대선부터 2022년 지방선거까지 각 선거에서 1당과 2당이 얻은 총득표수를 백분율로 환산하여 시계열 흐름으로 정리한 것이다.

이었으며, 이전 세 번의 선거 승리 때보다 상대와의 격차를 더 크게 벌렸다. 이러한 결과는 2016년 말에서 2017년 초까지 있었던 광화문 촛불 혁명 이후에 나타난 결과다. 따라서 촛불 혁명이 왜 일어났고, 투표 지층 변화에 어떤 영향을 미쳤는지를 확인하는 것은 2024년 총선을 앞두고 의미 있는 일이다.

광화문 촛불 혁명 이후, 기울어진 운동장이 평평한 운동장으로 바뀌었다. 촛불 혁명이 이전 30년간 기울어져 있던 투표 지층 상단을 붕괴시켰다. 광화문 촛불 혁명 이후 민주당 지지층은 39%에서 43%로 4%p 소폭 증가했다. 교차 투표자는 8%에서 16%로 2배 늘었다. 국민의힘 지지층은 53%에서 41%로 12%p 폭락했다. 광화문 촛불 혁명이 민주당의 지지층을 튼튼하게 만들었다기보다는, 국민의힘 지지층을 무너뜨렸다.

투표 지층이 붕괴하기 직전의 두 번의 대선을 살펴보자. 2012년 대선에서 박근혜 후보가 52%를 얻었고, 문재인 후보가 48%를 얻었다. 박근혜 후보가 얻은 52%는 30년간 국민의힘 평균 지층 값(53%)과 거의 일치한다. 다시 말해 자당의 소극 지지자만 동원해도 늘 이기는 선거를 30년간 해온 것이다.

【그림 7-3】 대선과 총선 결과(1987~2022)

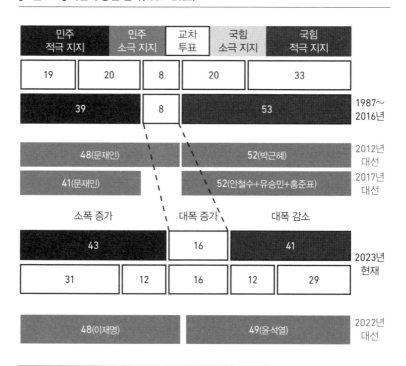

※ 위의 지층 그래프는 1987년부터 2022년까지 진행된 대선과 총선의 결과, 통계청의 사회·경제적 데이터, 여론조사 결과 메타 분석을 통해 얻은 투표 지층이다.

그간 국민의힘 입장에서는 교차 투표자를 추가로 얻기 위한 설득의 정치가 불필요한 상황이었다. 문재인 후보는 소극 지지자를 동원하고 교차 투표자를 설득하는 데 성공했다. 하지만 애초에 투표 지층(적극 + 소극 + 교차 = 47%) 자체가 두텁지 못해 석패했다.

2017년 대선에서는 안철수, 유승민, 홍준표 세 후보가 얻은 득표율 총합이 52%로 이전 대선의 박근혜 후보(52%)와 30년간 투표 지층(53%)의 값과 일치했다. 광화문 촛불 혁명 이후에도 지층 선거가 계속됐다. 문재인 후보는 41%를 얻어 민주당 소극 지지자를 동원하는 데는 성공했지만, 교차 투표자를 설득하는 데 실패했다. 직전 대선보다 득표율이 낮았음에도 불구하고 승리했다. 투표 지층이 붕괴했음을 확인할 수 있는 결정적 장면이다.

지금은 어떨까. 2022년 대선과 지방선거에서 민주당은 졌지만, 국민의힘 41%, 민주당 43%로 거의 대등한 투표 지층을 유지하고 있다. 이를 증명하듯 2022년 대선에서 이재명 후보는 48%, 윤석열 후보는 49%를 얻으며 투표 지층 위에서 선거가 진행됐음을 알 수 있다.

광화문 촛불 혁명이 투표 지층을 붕괴시킨 이유와 현재 상황을 다음과 같이 추정해볼 수 있다. 촛불 광장의 시민들은 국정 농단을 국민의힘만의 잘못을 넘어서 '낡은 정치 시스템의 총체적 오작동'이라고 받아들였을 가능성이 크다. 따라서 '정권 교체'가 아닌 '시대 전환'을 요구한 것이라 판단된다.

그러나 시민이 참여해 이루고자 했던 대전환을 향한 길을 어느 정치 세력도 열어주지 않았다. 민주당마저 촛불의 숙제를 전환으로 보지 않고, 문제 해결로 봤다.

현재는 투표 지층이 평평하고 대등하지만, 언제든 바뀔 수 있음을 염두에 둬야 한다. 교차 투표자가 2배 이상 증가했다는 것은 정치의 포용성, 정치 참여의 다양성, 선거 결과의 가변성이 증가하고 있다는 측면에서 사회 변화에 중요한 의미가 있다.

민주당은 1980년 광주민주화운동 7년 후인 1987년 대통령 직선제를 쟁취했다. 2017년 광화문 촛불 혁명 7년 후 2024년 총선을 치른다. 민주당은 2024년 총선을 시대의 전환점으로 정의해야 한다.

국민성의 변화

시대 변화의 두 번째 증거는 국민 성향의 변화다. '도전하는 국민'에서 '이타적 국민'으로 성향이 변하고 있다. 국민 성향을 파악하는 도구로 에니어그램을 활용했다.

에니어그램은 다른 진단 도구에 비해 사회 목표에 부합하는 성향의 특징을 강화(장점 심화, 목표 복무)하기보다는 자기성찰(단점 보완)과 사회 변화를 가져오는 주체의 의식과 태도를 파악(미래 예측)하는 데 도움이 된다.

에니어그램은 인간의 성향을 9가지 유형으로 진단하는 심리학적 도구이자 자기성찰 프로그램이다. 4세기경 중동에서 처음 등장한 것으로 알려졌으며 아랍과 유럽 세계로 전파됐다. 1960년대 미국에 소개됐고, 국내에는 1990년대 가톨릭을 중심으로 소개돼 활용 중이다. 【표 7-2】에서 에니어그램을 활용해 국민 성향의 변화를 파악했다.

2016년 8월과 2021년 7월 두 차례에 걸쳐 여론 조사로 국민 성

[표 7-2] 국민 성향 에니어그램

성향	건강할 때 중시 가치·능력	스트레스 상태에서 나타나는 행태	2016년 8월(%)	2021년 7월(%)	증감
1번 개혁가	정직·원칙·정의	완벽주의, 비판적, 융통성 없음	16	18	2
2번 조력가	친절·배려·봉사	의존적, 희생적, 가식적	19	35	16
3번 성취자	야망·성공·인정	이기적, 허영심, 가식적	5	10	5
4번 예술가	독창성·감수성· 낭만	우울증, 낮은 자존감, 소외	6	4	−2
5번 사색가	지식·분석·독립	소심, 냉소적, 고립	5	7	2
6번 충성가	안전·안정·예측 가능성	불안, 의심, 편집증	9	12	3
7번 낙천가	긍정·에너지· 모험	충동적, 공격적, 책임감 없음	5	1	−4
8번 지도자	강인함·용기·리 더십	폭력적, 공격적, 독단적	22	3	−19
9번 중재자	평화·조화·타협	수동적, 게으름, 무책임	13	10	−3

* 2016년 8월과 2021년 7월 여론 조사 : 전국 성인 남녀 1,000명 대상, ARS 조사, 95% 신뢰 수준에서 최대 허용 오차 ±3.1%

향을 진단했다. 두 조사를 비교해보면 8번 지도자 성향이 크게 줄고, 2번 조력자 성향이 크게 늘어난 것을 확인할 수 있다. 두 조사 사이에는 광화문 촛불 혁명과 코로나−19라는 시대적 변곡점이 있었다.

8번 지도자 성향은 6·25전쟁의 상처를 극복하고, 산업화와 민주화를 향해 도전하는 데 적합했으며, 1987년 IMF 경제 위기를 극복하는 동력이 됐을 것이다. 과거의 국민은 도전하고 극복하는 국민이었다.

2번 조력가 성향은 다층적이고 복합적 위기를 맞아 대응하는 상황 속에서 형성됐을 것이다. 도전하고 극복하는 국민에서 환경에 적응하는 국민으로 서서히 변화해가고 있다. 2번 조력가는 이타적이고 정이 많지만 예민하고 눈치가 빠르며 쉽게 상처받는 특징이 있다.

이들에게 정치적 긍정 방향은 서민적, 정직, 개혁적, 배려, 헌신, 포용, 겸손 등이다. 반면 정치적 부정 방향은 집착, 지나치게 비판, 독선적, 완고, 내부 분열, 과열 경쟁 등이다.

이타적인 국민과 연대·협력 정치는 이상적인 조합이다. 이타적인 국민은 공동체의 이익을 우선시하는 경향이 있으므로 사회적 화합과 조화를 추구하는 경향이 있다. 복잡한 사회 문제를 해결할 때도 신뢰를 바탕으로 협의할 수 있다. 사회적 불평등과 갈등의 완화, 민주주의의 강화에도 기여할 것이다. 국민 성향의 변화에 따라 한국의 사회 문화는 강인한 도전에서 배려와 협력으로 전환 중이다.

시대정신의 변화

시대정신은 법·질서와 공정에서 연대와 협력으로 변화하는 중이다.

한국 사회의 시대정신 변화를 파악하는 데 나선형 역동성 이론 (Spiral Dynamics)을 활용했다. 이 이론은 인간의 사고방식과 가치체계가 시간과 경험에 따라 일정한 패턴으로 발전 또는 퇴보한다는 이론이다. 시대 변화를 읽는 데 인구 통계와 경제 지표 외 각종 보건·교육·복지 통계도 활용하지만 이보다 유용한 정보는 선행 정보인 인간의 의식·태도·행동이다. 이런 측면에서 시대 변화를 읽는데 나선형 역동성 이론은 장점이 있다.

나선형 역동성 이론은 '8단계 밈 가치 시스템'으로 발전했다. 각단계는 색상 코드로 표현돼 한 사회의 고유한 가치와 태도·동기를 나타낸다. 이러한 코드, 즉 밈은 진화 생물학자 리처드 도킨스의 《이기적 유전자》에 처음 등장한 용어다. 생물학적인 유전자 '진(Gene)'처럼 개체의 기억에 저장되거나 다른 개체의 기억으로 복제될 수 있는 문화적 유전자를 뜻한다. 즉, '밈'은 인류·국가·도시·지역 등의 문화 특성을 규정하는 정보를 미래에 전달하는 기능을한다.

'밈'은 경제학과 결합해 '밈노믹스(Memenomics)'로 발전했다. 8단계 밈 가치 시스템에 의하면 사회 구성원의 노력과 환경 변화에 따라높은 단계로 성장하거나 낮은 단계로 퇴보하게 된다.

국민의 시대정신 변화를 파악하기 위해 2021년 7월에 여론 조사를 했다. 현재 한국 사회의 모습은 어떤지, 미래에는 어떤 사회로 성장하기를 기대하는지 물었다. 조사 결과, 현재 한국 사회는 빨강(33%)과 파랑(26%)의 밈 가치 시스템으로 대표된다는 응답이 많았다.

빨강 밈은 지배, 억압, 여성·청소년 등에 대한 약탈, 이기적, 폭력적, 자원 독점 등의 키워드로 표현된다. 자기중심적인 영웅의 시대, 악당의 시대이기도 하다. 조직폭력배, 제국, 독재 국가에서 이런 가치 체계를 볼 수 있다. 결정은 가장 힘센 사람이 하고 추종자

[표 7-3] 8단계 밈 가치 시스템

발전 단계	주요 특징	키워드	퇴보
2단계 보라 밈	혈연 및 부족 가치 시스템. 집단의 단결을 통해 생존에 집중. 개인 욕망의 희생을 통해 생존 기반 조성. 남성 모임, 조합, 프로 스포츠팀, 공동체 조직, 농업, 재개발, 개발도상국. 닫힌 경제 시스템.	관습, 전통, 이념, 독재. 공포와 신비주의. 예) 상층 조직문화	↑
빨강 밈	타인 배려보다 개인주의. 효과적 성과. 즉각적인 보상. 참여민주주의 장애 요인. 이방인·어린이·여성 등 약자에 착취 구조. 악당 또는 영웅, 강한 지도자의 시대. 보라로부터 파랑으로 가기 위해 빨강을 신속 통과해야 함.	지배, 억압, 약탈. 이기적. 폭력적. 자원 독점. 예) 현재 대한민국	
4단계 파랑 밈	바람직한 방향. 절대적 신념 기반의 진실의 시대. 문명사회의 특징이기도 함. 보이스카우트, 해병대, 종교, 민주주의, 시장경제. 흑백논리. 질서와 서열 중시. 경직성, 신기술 거부, 선입견, 품질적 풍요의 연기.	법, 질서, 진실, 공정, 공평, 평등. 예) 현재 인류 시스템	
5단계 주황 밈	투쟁의 원동력. 기술과 의학이 더 좋은 삶을 보장. 철학과 예술의 활성화. 물질을 중시하나 그것이 전부는 아니라는 관점. 수직·수평 조직의 균형. 법과 질서를 교묘히 활용하여 착취 구조를 합리화. 정신적 공허함 발생.	혁신, 과거 단절, 계몽. 위험 감수, 과학, 금융. 예) 단절과 혁신의 시대 도래	
6단계 초록 밈	내적 만족감으로 결핍을 충족. 결과보다 과정을 중시. 공동체를 우선함. 평등주의와 인도주의 중시. 사적 소유 인정하나 협력적 시민을 중시함.	연대, 평화, 환경, 도덕 예) 미래 대한민국의 상	
7단계 노랑 밈	공동체 기반 다양성과 개인주의 및 통합성. 정보와 역량 및 지식에 집중. 기능과 자연적 흐름에 동조하는 사회와 개인.	지식, 전문성, 직관적. 예) 통섭의 시대 시작	↓ 성장

* 실존하지 않는 1단계 베이지 밈 및 8단계 청록 밈은 제외했다.

【그림 7-4】각 밈의 현재 진단과 미래 기대

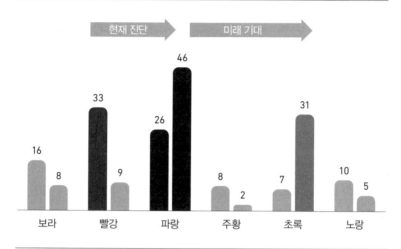

* 각 밈의 왼쪽 막대는 현재 진단, 오른쪽 막대는 미래 기대와 전망임. 2021년 7월 전국 성인 남녀 1,000명 ARS 조사.

들이 따르면 되는 사회다.

　파랑 밈은 법과 질서, 진실, 공정, 공평, 평등 등의 키워드로 표현된다. 파랑 밈의 시대는 자신의 자리를 지키며 규범을 따르는 시대로, 한 가지의 올바른 방향에 대한 복종, 강력한 법 등이 작용한다. 해병대와 스카우트 등이 이러한 파랑 밈 가치 시스템에서 작동하는 예다.

　그렇다면 미래의 기대는 어떨까. 미래의 한국 사회가 파랑(46%)과 초록(31%)의 밈 가치 시스템으로 대표되는 사회로 성장하기를 기대하고 있었다.

　초록 밈은 내적 만족감으로 결핍을 충족하고 결과보다 과정을 중시하는 특징을 보인다. 공동체를 우선하고 평등주의와 인도주의를 중시한다. 사적 소유를 인정하나 협력적 시민을 중시한다. 유대감, 내적 평화, 조화, 배려, 감수성, 환경, 도덕 등의 가치가 지배적인 사회다.

이타적 국민이 바라는 시대정신은 법·질서와 공정에서 연대와 협력으로 변화하는 중이다. 독점과 이기적 요인을 배제하고, 배려하고 협력하는 방향으로 이동하고 있다.

리더십 선호 변화

한국 사회가 원하는 리더상이 바뀌고 있다. 이러한 변화에는 2016년 말에서 2017년 초의 촛불 혁명과 2020년 시작된 코로나-19가 자리 잡고 있다. 2016년 8월과 2021년 7월, 전국 성인 남녀 1,000명을 대상으로 여론 조사를 했다. 선호하는 리더십을 에니어그램 유형에 맞춰 파악했다.

2016년 조사에서는 1번 개혁가(29%), 8번 지도자(27%), 9번 중재자(21%)가 높게 나와 대체로 고전적이면서도 전통적인 리더십 스타일을 선호했다. 5년 후의 2021년 조사에서는 2016년에 선호되던 3개 리더십 스타일이 모두 감소했다. 1번 개혁가와 8번 지도자 유형의 선호가 여전히 높았지만, 선호의 정도는 낮아졌으며 9번 중재자형의 선호는 절반 이상 떨어졌다. 대신 3번 성취가형의 리더십 스타일 선호는 상당히 높은 수준이었다.

이러한 변화를 요약하면 도전·통합·개혁의 리더십 선호가 도전·성과·개혁의 리더십 선호로 바뀌었음을 알 수 있다. '통합'이 '성과'로 대체된 이유는 무엇일까. 광화문 촛불과 코로나-19 과정에서 국민 의식 변화에서 비롯됐을 가능성이 크다. 연대와 협력의 시대를 가기 위한 혁신의 요구와 혁신의 리더십 선호가 상호 작용했을

【그림 7-5】 선호하는 리더십 에니어그램

리더십 스타일	2016년 8월 선호도(%)	2021년 7월 선호도(%)	격차
1번 개혁가(도덕, 공정)	29	20	−9
2번 조력가(이타성)	2	2	0
3번 성취가(실용, 목표)	4	22	18
4번 예술가(개성, 창의성)	2	1	−1
5번 사색가(지식 많음)	7	9	2
6번 충성가(책임감, 신중함)	7	11	4
7번 낙천가(다재다능, 열정)	1	2	1
8번 지도자(솔직, 과감)	27	22	−5
9번 중재자(외유내강, 화합)	21	10	−11

* 2016년 8월, 2021년 7월 조사. 두 조사 모두 전국 성인 남녀 1,000명, ARS 조사, 95% 신뢰수준에서 최대 허용 오차 ±3.1%

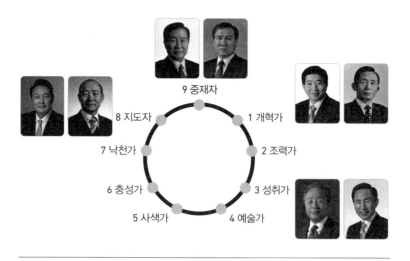

수 있다.

또 과거의 지도자상, 즉 비가 많이 와도 비가 오지 않아도 모두 임금 탓이었던, 시대의 절대적 가치였던 지도자 위치가 일을 제대로 하지 못하면 언제든 교체할 수 있는 수단적 가치로 바뀌었을 수 있다. 특히 위험 사회에서 국민의 생명을 지키고 삶의 질을 유지하기 위해서는 확실하고 분명한 준비와 성과가 필요하다는 여론 변화로 볼 수 있다.

3번 성취가는 창의적이고 혁신적인 아이디어를 통해 사회와 조직에 새로운 방향성을 제시하는 스타일이다. 이러한 스타일 선호가 상당히 높은 것은 사회가 새로운 아이디어를 적극적으로 받아들이고 높은 수준의 변화를 꾀하고자 하는 상황에 놓여 있음을 방증한다.

역대 대통령들의 리더십 스타일을 살펴보면 박정희 대통령은 1번 개혁가 스타일에 가깝다. 그는 위계적 리더십으로 경제 개발과 산업화에 성공했다. 지역주의 타파와 국민 통합을 정치 개혁의 중심 과제로 다뤘던 노무현 대통령도 1번 개혁가 스타일에 가깝다.

전두환 대통령과 윤석열 대통령은 8번 도전자 스타일에 가깝게 보인다. 대담하고 결단력이 있으며 자신감이 넘친다. 반면 공격적이고 자기중심적이며 오만할 수도 있는 스타일이다. 8번 스타일은 가신을 신뢰하고 보호한다.

이명박 대통령은 3번 성취가 스타일에 가깝다. 역대 서울시장 대부분이 3번 성취가 스타일에 해당하는 것으로 추측된다. 박원순 시장과 오세훈 시장도 이 스타일에 속한 것으로 보인다. 이재명 더불어민주당 당 대표, 김동연 경기도지사도 여기에 속하는 것으로 분석된다.

변화는 확정적이기보다는 과정에 더 가깝다. 8번 지도자 스타일과 1번 개혁가 스타일에 대한 선호가 어느 정도 유지된 채 3번 성취가(혁신) 리더십 스타일에 대한 선호가 지속 확대될 것으로 보인다.

03 4가지 증거가 가리키는 곳

공진화와 새로운 사회 협약

① 민주화·산업화 담론의 종식을 의미한다. 산업화와 민주화 담론은 거대한 맥락을 지닌 특정한 시기에 사고방식, 가치관, 문제 해결 방법을 규정하고 결정했다. 또 사회적 편향, 의사소통의 한계, 권력의 독점, 맥락의 의존성 등의 한계를 지니는 공통점이 있다.

민주화는 정치 구조를 민주주의로 개혁해 국민의 참여와 권리를 보장했고, 산업화는 경제적 발전을 통해 번영을 추구했다. 두 담론 시대의 정치 지형의 불균형, 목적론적 덕목과 강인한 국민, 단일한 목표 달성을 위해 동원이 정당화됐던 이기적·폭력적·자원 독점, 힘센 리더에 대한 맹목적 추종 등은 더는 유효하지 않음을 사회 변화 4가지 증거로 확인했다.

두 담론의 시대와 달리 지금은 정치 지형이 평평해졌고, 이타적인 국민성이 증가했으며, 연대와 협력의 시대가 도래하기 위해 성과를 내는 혁신 리더십을 필요로 하는 상황이다.

② 두 담론의 종식과 더불어 세기적 전환점을 맞이했다. 국내 정

치 상황에서 비롯된 2016년 말에서 2017년 초 광화문 촛불 혁명과 2020년에서 2021년 코로나-19는 밋밋하게 시작된 21세기의 실질적 시작이자 세기적 전환점일 수 있다. 이러한 시대 변화는 민주화 산업화 이후에 연대와 협력의 시대정신으로 공진화를, 시대 과제로 새로운 사회 협약(혁신)을 의미할 수 있다.

③ 사회 변화의 4가지 증거는 데이터(증거) 기반으로 확인한 결과다. 증거 기반의 경험주의 정치, 실사구시 정치가 정치 혁신의 중요한 가치임을 입증했다. 증거 기반의 경험주의 정치, 실사구시 정치는 필연적으로 국민 참여 정치, 국민 설득 정치로 연결된다.

새로운 사회 협약, 미래를 책임질 주인에게 질문하다

사회협 약이 필요한 이유는 연대·협력이 요구되는 이유와 같다. 투표 지층, 국민 성향, 시대정신, 리더십 선호의 변화가 새로운 사회 협약을 요구하고 있다. 사회 협약은 사회 구성원이 공동의 문제 해결을 위해 국가 수준의 정책 수립에 참여해 공식적인 합의를 이루는 과정이다.

주로 특별한 상황에서 기존 정치·행정 체계와 별개로 이뤄진다. 법과 제도가 잘 작동해 사회 구성원이 어려움과 갈등을 겪지 않는 이상적인 환경이라면 굳이 사회 협약을 추진할 필요가 없다. 지금 사회 협약이 필요하다는 것은 대한민국을 위기와 전환의 상황으로 진단했다는 의미다.

대한민국은 일제강점기와 전쟁의 폐허에서 일어나 산업화와 민주화를 이뤘다. 전 세계에서 유례를 찾기 힘든 위대한 성취다. 그러나 지금 대한민국이 부강하고 안전하며 행복한 나라라고 말하기는 힘들다. 성장의 이면에 짙은 그림자가 자리하고 있기 때문이다.

한국의 행복 지수는 OECD 국가 중 최하위권이다. OECD 국가 중 자살률은 1위다. 수많은 사람이 불행과 박탈감을 호소하고 있다. 양극화가 심화돼 빈부 격차가 점점 커지고 있다. 빈곤율이 높은 노인 세대, 노후 준비가 부족해 불안에 시달리는 중년층, 일자리가 부족해 취업난이 심각한 청년층, 입시에 신음하는 청소년 등 모든 세대가 고통을 안고 있다. 사회 갈등도 심각하다. 노사 간, 지역 간, 세대 간, 보수·진보 간 대립과 반목이 일어나고 있다.

기존 정치 시스템은 한국 사회의 위기와 갈등을 해결하지 못하고 누적시켜왔다. 기존 시스템을 손봐야 한다. 그러나 기존 체계와 관행은 오래되고 복잡한 이해관계가 얽혀 있다. 변화를 시도할 때 극심한 대립이 예상된다. 따라서 이해 당사자 간의 사회적 대화를 통해 이해 관계를 조정해야 한다. 그것을 협약의 형태로 만들고 제도화해 이행해야 한다.

그래서 설문 조사를 진행했다. 문항을 작성할 때 미노슈 샤피크 세계은행 부총재의 새로운 사회 협약에 관한 고민에서 영감을 받았다. 설문 조사는 지방자치데이터연구소가 2023년 8월 3~10일, 전국의 15~34세 200명을 대상으로 웹 패널 조사 방식으로 진행했다. 새로운 사회 협약의 다양한 측면에서 질문을 던지고, 이에 대한 미래 세대의 생각을 살펴봤다.

04 민주 정당과 대전환포럼의 과제

【그림 7-6】새로운 사회 협약에 대한 미래 세대의 생각

● 새로운 정책을 결정할 때, 나 자신이 어떤 계층에 속할지를 알지 못한 상태에서 결정해야 공정하다는 '무지의 장막' 원리가 있습니다. 한국 사회는 이러한 원리가 잘 지켜지고 있다고 보십니까? (%)

● 한국 사회는 불평등 완화 등 계층 간 이동이 잘 이루어지는 사회라고 보십니까?(%)

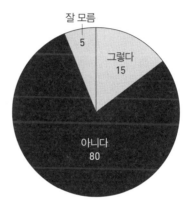

● 한국 사회에서 출산은 여성에게 불이익 이라는 주장에 대해 어떻게 생각하십니까?(%)

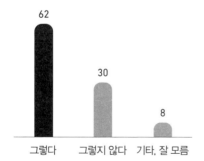

● 한정된 의료 자원을 놓고 세대 간 불만과 경쟁의 관점에서 벗어나 한 개인이 평생을 걸쳐서 사용할 의료 자원을 생애주기별로 분배하는 방법에 대해 어떻게 생각하십니까? 이는 다른 사람들의 생명과 자원을 두고 경쟁하는 것이 아니라, 생애 전체에 걸쳐 필요한 의료 자원을 운영하는 방법입니다.(%)

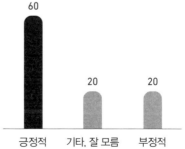

● 소득이 일정 수준 이하인 가구 또는 개인에게 현금 지원 또는 혜택을 제공하는 제도를 음의 소득 제도라고 합니다. 음의 소득 제도를 통해 가난한 계층이나 경제적으로 취약한 계층에게 일상의 최소생활을 보장하고, 사회적 격차를 줄이는 것에 대해 어떻게 생각하십니까?(%)

● 정부가 모든 시민에게 정기적으로 일정한 금액의 기본소득을 보장하는 기본소득 제도에 대해 어떻게 생각하십니까?(%)

● 정부 재정이 허락하는 조건을 만들어 25세가 되는 청년에게 현금 1억 원을 지급하는 기본자산 제도를 추진하려 합니다. 어떻게 생각하십니까?(%)

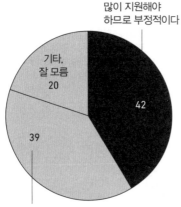

● 상속세를 확대하여, 사회 불평등을 완화하는 것에 대해 어떻게 생각하십니까?(%)

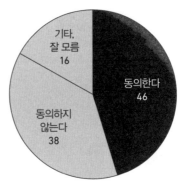

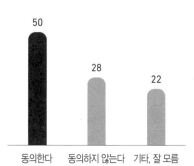

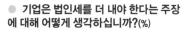

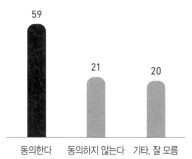

- 소득세보다는 재산세를 더 강화하는 것이 필요하다는 생각에 대해 어떻게 생각하십니까?(%)

50 동의한다
28 동의하지 않는다
22 기타, 잘 모름

- 기업은 법인세를 더 내야 한다는 주장에 대해 어떻게 생각하십니까?(%)

59 동의한다
21 동의하지 않는다
20 기타, 잘 모름

문제는 정치

한국 정치 현주소를 밈 가치 시스템으로 평가한다면 어떤 모습일까. 2021년 7월 여론 조사를 통해, "귀하가 지지하는 정당과 무관하게 한국 정치를 어떤 밈 가치 시스템으로 표현할 수 있는지"를 물었다.

보라 20%, 빨강 21%, 파랑 38%, 주황 2%, 초록 12%, 노랑 7% 등으로 나타났다. 한국 사회의 미래 전망인 파랑(46%)과 초록(31%)과는 정반대였다.

보라 밈은 관습·전통·이념·공포·신비주의 가치로 대표되는 사회다. 혈연이나 부족 의식 가치 시스템으로 집단의 단결을 통해 생존에 집중한다. 남성 중심 모임, 조합, 공동체 조직, 농업, 재개발, 개발도상국, 닫힌 경제 시스템 등의 특징을 나타낸다. 한국 사회 시대정신과는 크게 동떨어져 있다.

정당은 변하는 시대에 맞는 당의 가치관, 정체성, 역할 등을 재정립해야 한다. 또 여론 조사, 데이터 분석, 숙의 토론 등의 증기 기반 경험주의적 시도를 통해 한국 정치가 시대정신과 조화롭게 발전하며 복무할 수 있도록 혁신해야 한다. 이를 위해선 정당과 대전환포럼 같은 제3섹터는 공동 과제가 있다.

정책 협약 운동과 제3섹터

(1) 민주 정당과 제3섹터

정당이 일방적으로 정책을 수립하기보다는 이해관계자와 협력하는 것이 바람직하다. 환경 파괴와 기후 위기, 저성장, 삶의 질 저하 등의 문제가 지속적으로 시민의 자유와 공동체의 안녕을 위협하고 있다. 이런 사회적 문제들은 협력과 연대를 통해서만 해결할 수 있다.

민주 정당과 제3섹터가 좋은 사회를 만들기 위한 협치의 중심에 설 필요가 있다. 정책 협약은 민주 정당이 시민 사회와 협력해 좋은 사회를 함께 만들어가겠다는 선언이다. 또 공동 목표를 달성하기 위한 각각의 역할을 설정하고 노력할 것을 국민에게 약속하는 과정이다.

이런 과제를 수행하는데 민주 정당 원내에 정책협약위원회를 둘 필요가 있다. 민주 정당이 노동조합이나 직능 단체, 사회단체 등과 협력해 좋은 사회를 만들기 위한 공동의 역할과 노력을 다짐하는 정책 협약을 추진하는 게 바람직하다. 국회 상임위원회별로 이해관계 시민 사회와 정당이 함께, 좋은 사회를 만들기 위한 정책을 숙의 토론한 후 강령으로 축조하고 정책 협약을 진행하는 과정을 전

【그림 7-7】한국 정치의 현재 진단과 시대정신

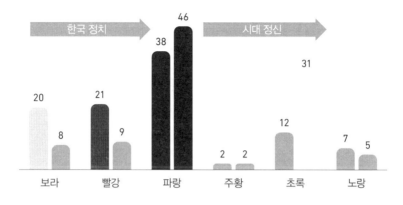

* 왼쪽 막대는 한국 정치의 현재 진단, 2023년 1월 전국 성인 남녀 500명 ARS 조사
오른쪽 막대는 시대정신, 2021년 7월 전국 성인 남녀 1,000명 ARS 조사

방위적으로 진행하자는 것이다.

(2) 정무적 정책 활동 모델

정책 협약 운동은 국회의원의 정무적 정책 활동 모델이 된다. 정책 협약 운동이 정치적 성과로 연결될 수 있다면, 스마트 국회로 가는 고속도로가 될 것이다. 또 당의 외연 확대와 국민적 신뢰도 제고에도 도움이 된다. 선거 시기 외에 공동의 목표를 이루기 위한 일상적인 대외 협력 구조를 확보할 수 있다.

정책협약위원회는 정당 조직을 강화하는 데도 도움이 된다. 민주 정당은 지역위원회를 근간으로 활동이 이뤄진다. 50대 이상, 특정 지역 출신, 자영업 종사자 또는 전업주부가 지역위원회 구성의 다수를 점한다. 지역위원회는 지역에 뿌리를 내리고 선거에 초점을 맞춰 운영한다.

【표 7-4】정책 협약 절차

구분	내용
1단계	정책 협약 제안 단체 접속과 협의 후 확정
2단계	구체적인 의제 설정을 위한 실무 회의
3단계	단체 지도부와 민주 정당 해당 상임위원회 의원 연석 회의, 원탁 토론
4단계	○○협회-민주 정당 2023·2024 정책 협약 초안 마련
5단계	초안 수용성 조사(○○협회 회원, 이해관계자 그룹, 일반 국민)
6단계	정책 협약안 확정과 공동 발표
7단계	정책 협약문 웹 문자 발송(협회 회원과 이해관계자 그룹), 언론 발표
8단계	협약 이행 방안 공동 세미나, 협약 이행 점검을 위한 분기별 간담회 추진

원내 정책협약위원회는 30~40대, 수도권과 대도시 중심, 화이트 칼라 등 학습 계층과의 사회화된 접촉면을 획기적으로 늘릴 수 있다. 제3섹터는 민주 정당과 정책 협약 계층을 연결하는 역할을 할 수 있다. 한국 사회의 인구 구조와 산업 구조의 변화에 따라, 민주 정당의 지배 구조와 활동 방식도 변해야 한다.

(3) 대전환포럼, 제3섹터 역할

대전환포럼의 정치 사회적 역할이 여기에 있다. 정책 협약 운동이 활성화되면 몇몇 분야는 정당의 하부 조직으로 편제하지 않아도 그에 준하는 공공성 높은 활동이 가능하다. 자율적 연대와 협력, 견제가 가능해진다. 제3섹터는 민주 정당과 다양한 이해관계자 시민 사이에서 최적화된 역할 공간을 갖게 될 것이다.

정당 조직 강화는 반드시 정당 정치 강화로 이어지지 않는다. 당원을 늘리고 조직을 확장하더라도 당 외부 대중과 이해관계자와 원활하게 소통하며 지지와 연대를 끌어낼 구조가 없다면 '우리만의 잔치', '찻잔 속 태풍'이 될 수 있다.

정당 활동을 하고 싶어도 여러 가지 이유로 하지 못하는 국민이 상당수 있으며, 개인적 성격과 신분 때문에 정당 가입을 꺼리는 사람도 많다. 이들과 연대할 방안을 찾아야 하는데 제3섹터가 그러한 역할을 할 수 있다.

제3섹터 조직을 통해 당의 동심원 외곽에 다수의 소극 지지자, 교차 투표자와 정책 연합을 구축할 수 있다. 그러기 위해서는 지방 정부, 여성, 청년, 대학생, 소상공인 등 당의 위원회 조직을 축소해야 한다. 조직에서 네트워크로, 이념 지향에서 정책 지향으로 관계를 재구성해야 한다.

예를 들어 정당은 당 소속 지방정부위원회를 축소하는 대신 가칭 '재단법인 지방정부협의회'가 외부에 설립될 수 있도록 지지하고 후원하는 것이 바람직하다. 정당은 지방 자치와 균형 발전의 총론에는 동의하지만, 세부적인 각론으로 들어가면 여러 이유를 들며 반대하는 경우가 많다. 정당은 당의 계층 조직과 이슈 조직을 당의

【표 7-5】중앙당과 원내 지배 구조

구분	중앙당 지역위원회 지배 구조	원내 정책협약위원회 지배 구조
출신	특정 지역	수도권, 대도시
나이	50대 이상	20 · 30대
직업	자영업, 주부	화이트컬러, 학습 계층
특징	지역 중심, 선거 조직	계층 중심, 이슈 조직

외연 확장의 도구로 접근하는 일을 멈춰야 한다.

제3섹터 운동은 민주 정당과 시민 사회, 직능 단체와의 가교 역할을 하며 지식인에게 진보적 공간을 제공할 수 있다. 정당이 공공성과 책임감을 갖춘 인재를 영입하는 시스템으로도 활용할 수 있다. 전략적 연대와 견제가 함께 존재하는 방식으로 당의 외곽과 제3섹터를 재구성하는 것이 필요하다.

민주 정당은 이해 당사자 대중을 동원하는 수준으로 관계하고 있는 계층별·분야별 위원회를 축소하거나 폐지하고, 정책 네트워크를 위한 연대와 협력에 힘쓰는 것이 필요하다. 제3섹터 역시 과거 실패 확률과 패턴을 잘 편집해야 한다. 급조된 과제를 해결하기 위해 조직의 지속 가능성의 한계를 무시하면 안 된다. 모든 것에 개입하는 무기력함에서 벗어나야 한다.

05 증거 기반의 경험주의 정치, 실사구시 정치

증거 기반 정치(Evidence-based politics)는 정치적 의사 결정이 권위, 억측 등의 주관적 요소에 바탕을 두고 이뤄지는 것을 비판하며 검증된 객관적인 증거에 기반을 둔다. 이럴 때만이 설득의 정치, 연대와 협력의 정치가 국민 신뢰 위에서 가능하다. 정치적 의사 결정을 철학적 방법론으로 보면 '추론 기반의 이성주의 정치'와 '증거 기반의 경험주의 정치'로 나눌 수 있다.

추론 기반의 이성주의 정치는 추론과 철학적 원리에 기반을 둔다. 이론적 논리, 철학적 원칙, 사고의 일관성을 중시하며 근본적인

원리를 따르는 깃을 강조한다. 즉, 논리적 추론과 이론에 따라 의사 결정하는 경향을 띤다. 이슈에 논리적으로 접근하며 이때 규범적인 원리를 우선 고려한다. 불변 원리를 강조하고 일관성 있는 정치를 지향한다.

증거 기반의 경험주의 정치는 경험적 증거와 실증적 연구에 기반을 둔다. 사실과 경험적 데이터를 강조하며, 실제 사례와 연구를 바탕으로 정책 결정을 내리려는 경향을 보인다. 의사 결정의 올바른 방향을 찾기 위해 현실 세계의 경험적 증거를 검토하려 한다. 이때 실제 데이터에 기반한 판단을 통해 현실적이며 타당한 결정을 내릴 수 있다.

추론 기반의 이성주의 정치는 원리에 따라 논리적으로 일관된 결정을 할 수 있지만, 현실적인 변수나 상황을 고려하지 않을 수 있어 실제 세계와의 연결성이 부족해질 위험이 있다.

증거 기반의 경험주의 정치는 현실 증거와 데이터를 기반으로 결정을 내리기 때문에 실세계와 적합성이 높고 정책을 수정하거나 적용하는 데 유리하다. 하지만 유동성 대응에 비용을 부담해야 한다는 단점이 있다.

추론 기반 정치와 증거 기반 정치 모두 강점과 약점을 갖고 있기에 이 둘을 혼합하는 것이 효과적이다. 하지만 현재 한국 정치는 추론 기반의 이성주의 정치에 치우친 모습이다. 증거 기반의 경험주의 정치, 실사구시 정치가 더 필요하다.